경세제민의 공공리더십
전직 장관 4인으로 본 공직리더의 길

도서출판 윤성사 262

경세제민의 공공리더십
전직 장관 4인으로 본 공직리더의 길

제1판 제1쇄   2024년 12월 20일

엮 은 이	한국행정연구원
연구 책임	은재호
연구 참여	최병윤·엄석진·양재완·최우재·김현준
연구 지원	나지석·송현호
펴 낸 이	정재훈
꾸 민 이	안미숙
펴 낸 곳	도서출판 윤성사
주 소	서울특별시 용산구 효창원로 64길 10 백오빌딩 지하 1층
전 화	대표번호_02)313-3814 / 영업부_02)313-3813 / 팩스_02)313-3812
전자우편	yspublish@daum.net
등 록	2017. 1. 23

ISBN 979-11-93058-66-4 (03350)

값 18,000원

ⓒ 한국행정연구원, 2024

저자와의 협의에 따라 인지를 생략합니다.

이 책의 전부 또는 일부 내용을 재사용하려면 반드시 사전에 저작권자와 도서출판 윤성사의 동의를 받아야 합니다.

잘못 만들어진 책은 구입하신 서점에서 교환 가능합니다.

경세제민의 공공리더십

전직 장관 4인으로 본 공직리더의 길 　　김명자·박재완·이주영·강경화

한국행정연구원 편
은재호·최병윤 외

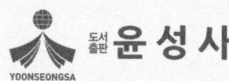

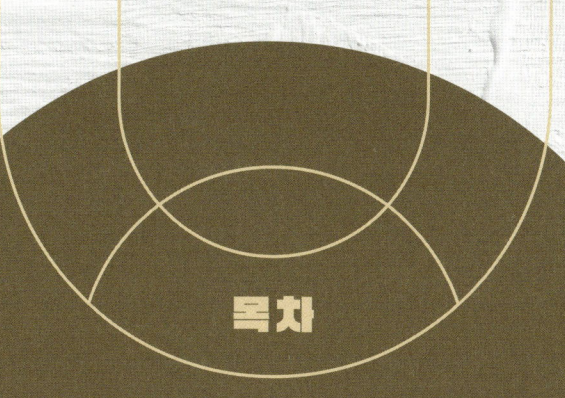

목차

발간사 · 8

머리말
우리 시대의 공공리더십을 생각한다 · 10
은재호

◆

김명자 전 장관 · 20
인터뷰어 엄석진 교수

◆

박재완 전 장관 · 80
인터뷰어 양재완 교수

◆

이주영 전 장관 · 158
인터뷰어 최우재 교수

◆

강경화 전 장관 · 204
인터뷰어 김현준 교수

◆

부록
KIPA 공공리더십 역량 진단지 · 259

발간사

오늘날 공공 부문이 직면한 도전은 갈수록 복잡해지고 있습니다. 불확실한 세계 경제환경, 기후 변화, 그리고 사회 갈등이 심화하는 가운데, 이러한 문제를 해결하기 위해 요구되는 공공리더십의 중요성은 그 어느 때보다 강조되고 있습니다. 특히, 위기를 기회로 전환하고 지속 가능한 미래를 모색하는 공공리더십은 국가와 사회 발전에 핵심적인 역할을 하고 있습니다.

이 책 『경세제민의 공공리더십: 전직 장관 4인으로 본 공직리더의 길』은 한국행정연구원이 이러한 시대적 요구에 부응해 선보이는 중요한 연구 성과물입니다. 공공리더십의 본질을 탐구하고, 이를 효과적으로 발휘하기 위한 모델과 진단지를 개발하며, 현장 사례를 통해 공공리더십의 다양한 면모를 조명한 이 책은, 이론과 실천의 접점에서 공공리더십의 새로운 지평을 열고자 하는 진지한 시도라 할 수 있습니다.

특히, 이 책에서 제시된 ROLE 모델은 공공리더십의 역량을 '윤리성과 신뢰(Raise)', '공익 추구와 변화관리(Outstanding)', '갈등 조정 및 방향 제시(Lamp)', '소통과 전문성(Echo)'이라는 네 가지 핵심축으로 체계화하고, 이를 실제로 활용할 수 있는 진단지로 발전시킨 점에서 큰 의의가 있습니다. 이러한 모델은 공공 조직뿐 아니라 민간 부문에서도 리더십 역량을 강화하는 데 기여할 수 있을 것입니다.

이 책에서는 각 분야에서 중요한 공공리더십을 실천해 온 김명자, 박재완, 이주영, 강경화 전 장관님의 사례를 통해 공공리더십 이론을 구체화하고 있습니다. 네 분의 리더십 여정은 단순한 과거의 성공 사례를 넘어, 오늘날의 복잡한 환경 속에서 리더십이 어떻게 발휘돼야 하는지에 대한 귀중한 교훈과 통찰을 제공합니다. 특히, 바쁘신 와중에도 심층 인터뷰와 자가진단을 통해 소중한 경험과 데이터를 나눠 주심으로써 이 책의 완성도를 크게 높여 주셨습니다. 이에 깊이 감사드리며, 네 분의 통찰이 독자들에게 실질적인 영감과 방향성을 제시하길 기대합니다.

이 책이 출간되기까지 수많은 연구진과 저자들의 헌신적인 노력이 있었습니다. 체계적 문헌 분석, 심층 인터뷰, 그리고 포토보이스와 델파이 기법 등을 활용한 연구 과정은 공공리더십 연구의 학문적 깊이를 더하고, 실천적 유용성을 높이는 데 크게 이바지했습니다. 이에, 한국행정연구원 연구진은 물론 실제 인터뷰를 진행하며 공공리더십의 실천성을 정립하는 데 도움 주신 엄석진(서울대), 양재완(한국외국어대), 최우재(청주대), 김현준(고려대) 교수님 등 참여 연구진 여러분께 깊은 감사의 마음을 전합니다.

끝으로, 이 책이 공공리더십의 함양을 위해 노력하는 모든 독자에게 큰 영감이 되기를 바랍니다. 공공의 이익을 최우선으로 삼는 리더십, 이를 통해 신뢰와 협력을 만들어가는 리더십이 우리의 조직과 사회에 더 널리 확산되기를 기대합니다. 또한 이 책이 학계, 공공 부문, 그리고 시민 사회를 연결하는 중요한 가교가 되기를 소망합니다.

2024년 12월
한국행정연구원 원장 권혁주

우리 시대의 공공리더십을 생각한다

왜 공공리더십인가?

리더십은 조직 경쟁력 강화와 성과 창출에 영향을 미치는 인적자원 개발에 매우 중요한 요소로 강조되고 있다. 특히 위기 상황에 직면했을 때 이를 극복할 수 있는 가장 즉각적이고, 가장 저비용의 대안으로 떠오르는 게 리더십이다([그림 1] 참조).

[그림 1] '리더십'과 '위기'의 엔그램 출현 빈도

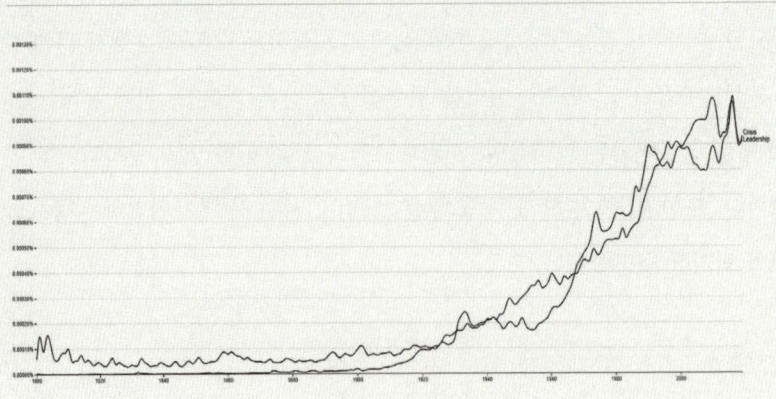

출처 : Google Ngram Viewer, 검색어: Leadership, Crisis(Case-Sensitive), 기간: 1800~2019, 언어: English, 평탄화(Smoothing): 0, 검색일: 2023년 4월 13일.

리더십에 관한 인류의 관심도를 보면, 구글이 엔그램(Ngram) 수 집계를 시작한 1500년 이래 완만한 증가세를 보이다가 20세기 후반에 들어서서 폭발적으로 증가한다. 또 이것과 '위기(crisis)'의 엔그램 변화를 덧붙여 살펴보면 두 표제어[01]가 상당히 높은 유사성을 가지고 공진화함을 알 수 있다. 리더십은 이처럼 인류가 위기에 직면할 때마다 가장 값싸고 가장 즉각적으로 동원할 수 있는 해법으로 주어졌던 '전가(傳家)의 보도(寶刀)'였다.

그런 만큼 리더십에 대한 연구도 적잖은데 리더십 연구는 크게 특성이론, 행동이론, 상황이론 등으로 나눌 수 있다. 이들은 모두 효과적인 리더의 특성과 기술, 그리고 행동이 무엇인지를 제시하며 주어진 맥락과 조건, 상황에 따라 리더십 효과성이 어떻게 달라지는지를 보여 줬다. 특히 1980년대부터는 구체적인 상황과 맥락의 특성을 반영하는, 실천성이 담보된 리더십 연구가 필요하다는 문제 의식에서 실제 상황에 적용하는 리더십 이론 구축에 국내·외의 연구가 집중됐다. 거래적 리더십, 서번트 리더십, 변혁적 리더십, 적응적 리더십. 진성 리더십, 윤리적 리더십 등에 관한 연구가 그것이다.

국내에서도 한국적 맥락에 맞는 적실성 있는 리더십 연구가 필요하다는 요구와 흐름이 존재했으며, 이는 한국 행정학계에서도 마찬가지다. "우리 사회를 이끌어 나가는 공공리더십의 특징과 속성은 무엇일까? 그리

---

[01] 표제어(標題語, headword)란 사전적 의미로 "표제가 되는 말, 사전 따위의 표제 항목에 넣어 알기 쉽게 풀이해 놓은 말"을 가리키는데(네이버 국어사전), 간단하게 말하자면 사전에 등재된 단어를 가리킨다. 비단 언어사전뿐만 아니라 백과사전, 데이터베이스 등에서 주제나 항목을 대표하는 단어나 도구가 표제어로서, 논문 초록의 주제어(keyword)나 단행본 저서의 색인(index)에 등재된 단어들도 표제어라고 할 수 있다. 표제어는 정보의 분류, 정렬, 검색, 접근 등을 쉽게 하려고 사용되며, 특정 주제나 개념에 대한 정보를 쉽게 찾을 수 있게 도와준다.

고 무엇이어야 하는가?"라는 질문이 그것이다. 경험적 성찰과 규범적 당위가 교차하는 이 질문은 '헬 조선'으로 통칭되는 우리 사회의 난맥상이 더해갈수록 그 중요성을 더해 가며, 우리 사회의 구원자가 돼 줄 '초인(超人)'에 대한 향수와 기대를 더 강하게 불러일으킨다.

공공리더십, 어떻게 함양할 것인가?

이 연구의 시작은 바로 여기, 공공가치와 공공성을 지향하는 공공리더십의 중요성과 필요성에 주목하면서부터다. 공공리더십은 무엇이고, 그 필요 역량은 무엇일까? 그 특성과 역량을 어떻게 개발할 수 있을까?

이 같은 질문에 답하기 위해서 한국행정연구원은 공공리더십의 개념을 탐색하고 구축하는 연구를 진행하며 다음과 같은 두 가지 작업을 수행했다.

첫째는 공공리더십 역량을 체계화하는 ROLE 모델의 구축이다. 공공리더십의 특성과 역량을 규정하는 ROLE 모델은 서로 밀접하게 상호 작용하는 여덟 개 역량의 규범적이고 당위적인 지향을 나타내는 네 단어, Raise, Outstanding, Lamp, Echo의 첫 글자를 따 만든 것이다. 이 모델에 따를 때 공공리더십이란 "개인의 내적 가치와 외부 환경에 관한 이해, 그리고 조직의 내부 동향과 외부 영향에 관한 반응을 통합적으로 조화롭게 관리하며 공공의 이익과 공공가치의 실현을 지향하는 리더십"으로 정의할 수 있다([그림 2] 참조).

[그림 2] 공공리더십 ROLE

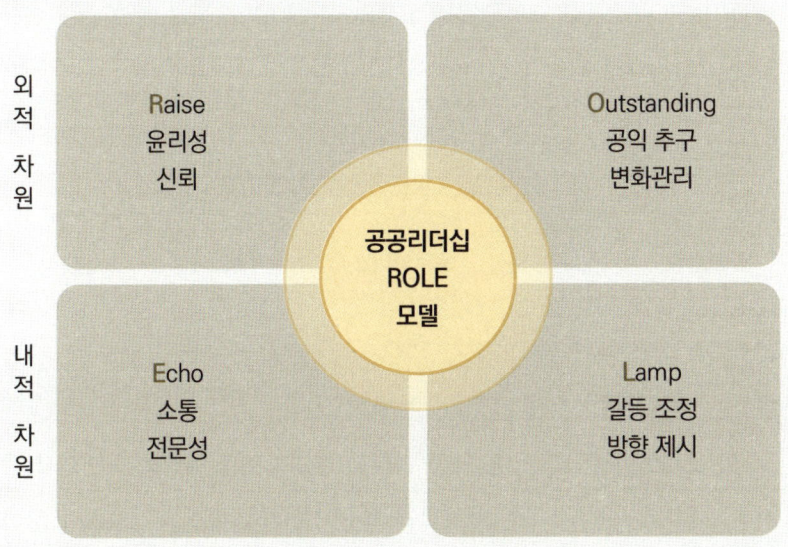

ROLE 모델은 진공 상태에서 어느 날 갑자기 생성된 것이 아니라 공공리더십의 개념화[02]를 위한 질적 연구의 결과로 생성됐다. 즉, 체계적 문헌 분석과 포토보이스(photovoice), 전문가 델파이를 시행하고 자료의 삼각 검증을 통해 구축한 결과물이 ROLE 모델이다. 체계적 문헌 분석은 공공리더십 역량을 48개 역량으로 구성하는 기반이 됐고, 포토보이스는 이를 15개 역량으로 수렴하는 계기가 됐으며, 델파이 조사는 이를 다시 14개 역량으로 통합하는 동력을 제공했다. 그리고 이들 14개 역량을 대상으

---

02   개념화(conceptualization)란 복잡한 현상이나 아이디어를 단순화해 이해할 수 있는 개념으로 전환하는 과정을 의미한다. 이 과정에서 연구자는 특정 현상이나 아이디어의 주요 주장과 변수를 결정하고, 이들 간의 관계를 규정함으로써 추후 비슷한 현상을 설명하는 데 사용될 개념 틀(개념적 준거 틀)을 구성하는 것이 목적이다. 개념화와 ROLE 모델 구성 방법에 대한 자세한 내용은 은재호·최병윤(2023), 공공리더십의 개념화와 진단지표 개발, 한국행정연구원 참조.

로 시행한 탐색적 요인분석과 확인적 요인분석 결과, 애초의 48개 역량을 총 여덟 개 역량으로 수렴해 최종적으로 네 개 영역, 여덟 개 역량의 역량 모델로 구축됐다.

〈표 1〉 분석 방법에 따른 공공리더십 필요 역량 수

분석 방법	체계적 문헌 분석	포토보이스	델파이조사	요인분석
도출 역량 수	48	15	14	8

이 모델에 따를 때 첫째, 공공 리더는 대외적으로 윤리성과 신뢰를 향상(Raise)하고, 공익 추구와 변화관리 역량이 현저하게(Outstanding) 돋보이도록 노력할 책임의 담지자다. 또, 대내적으로는 갈등 조정 역량과 방향 제시 역량을 갖춰 조직 구성원들이 한마음으로 나아갈 방향을 밝혀 주는 등불(Lamp)의 역할을 다하고, 소통과 전문성 역량을 바탕으로 조직 구성원들에게 지속적인 울림(Echo)을 줄 수 있는 역량 확보가 필수다.

둘째, 이러한 역량을 측정하고 개발할 수 있게 하는 진단지 개발이다. 진단지 개발은 드벨리스(Robert F. DeVellis)가 제시한 척도 개발 절차를 원용했으며, 측정 개념 구체화 → 예비 문항 구성 → 전문가 선정 → 예비 문항 내용타당도 검증 → 예비 문항 확정 → 1차 사전 조사 → 2차 본조사 → 측정 도구 최적화의 순으로 진행했다. 특히 1차 사전 조사와 2차 본조사에서는 정부기관(중앙 및 지방행정기관), 준정부기관, 공공기관, 기타 공공기관 등 5개 집단별로 120 표본씩을 수집, 각 회당 600 표본을 2회 수집함으로써 총 1,200 표본을 수집해 분석했다. 설문조사 방식은 상급자에 대한 자기 보고식 척도를 활용하는 규준적(normative) 형식을 채택했다.

ROLE 모델을 통해 도출한 여덟 개 리더십 역량을 측정하는 문항으로는 총 56개 문항을 구성했다. 그리고 이를 'KIPA 공공리더십 역량 진단지'로 완성해 즉시 활용 가능한 형태로 가공했다(이 책 뒤에 실은 〈부록〉 참조). 이 진단지는 인사 고과, 평정 등 평가 목적으로도 활용할 수 있지만, 무엇보다도 공공 리더로서 자신이 보유한 강점과 약점을 파악하고 자기 주도적으로 리더십 역량을 개발하는 데 필요한 시금석(試金石)으로 활용할 수 있다는 데서 첫 번째 의미를 찾을 수 있다.[03]

ROLE 모델의 두 번째 의미는 이것을 바탕으로 공공리더십 교육 프로그램 개발이 가능하다는 것이다. IPA(Importance Performance Analysis) 분석을 통해 현재 수준과 바람직한 수준 또는 자기평가와 동료평가 수준을 비교, 분석하면 〈표 2〉와 같은 자가진단표를 만들 수 있고, 이를 바탕으로 세부 역량별로 개발의 우선순위를 확인할 수 있다.

〈표 2〉 역량별 개발 우선순위 도출

		바람직한 수준(동료평가)	
		High	Low
현재 수준 (자기평가)	High	유지·강화 역량	과잉 노력 역량
	Low	집중 개발 역량	추후 개발 역량

[03] 이를 위해서는 다양한 진단 결과를 바탕으로 데이터 풀을 구축하고, 개인별·조직별 상대 비교를 통한 해설(debriefing) 자료를 개발하며, 이를 통해 맞춤형 코칭 자료를 개발하는 것이 향후 과제로 남는다.

이 표를 바탕으로 하면 개인 수준에서는 물론 조직 수준에서의 교육훈련 프로그램 개발도 가능하다. 그리고 이 자료를 기반으로 공공리더십 교육훈련(역량 개발) 프로그램을 개발하면 프로그램 개발에 드는 시간, 비용, 노력 등 자원의 효율적 활용이 가능할 것이다.

이 책의 구성과 독해 방법

이 책은 이상에서 살펴본 공공리더십의 개념과 역량 모델에 기초해 현대 한국 사회의 주요 의사결정자로 활동한 김명자(전 환경부 장관), 박재완(전 기재부 장관), 이주영(전 해양수산부 장관), 강경화(전 외교부 장관), 네 분의 리더십을 분석하고 있다. 지난 정부들에서 주요 부처 장관직을 수행하며 우리 역사의 고비마다 영광과 상처를 함께 나눴던 그들의 막중한 책임과 권한의 무게를 그들의 리더십으로 재구성(re-construction)한 것이다.

이를 위해 엄석진(서울대 교수), 양재완(한국외국어대 교수), 최우재(충주대 교수), 김현준(고려대 교수), 네 분의 리더십 연구자를 초대해서 각자 한 분의 리더십을 분석하도록 요청했다. 리더십 분석을 위해서는 관련 자료와 시대적 맥락에 대한 고찰뿐 아니라 당사자를 대상으로 한 심층 인터뷰를 진행했다.

이 책의 각 챕터는 두 파트로 구성했다. 첫 번째 파트는 이 작업의 주요 분석 도구가 심층 인터뷰와 관련 자료 분석인 까닭에 심층 인터뷰 내용을 요약, 정리하도록 했다. 심층 인터뷰는 미리 작성한 인터뷰 프로토콜에 따라 여덟 개 역량에 대한 인터뷰이(interviewee)들의 경험과 생각을 담되, 본인이 장관직을 수행하는 동안 겪었던 주요 사건에 대한 소회도 함께 구술하도록 요청했다. 다만 과거에 대한 '회고'란 언제나 'presentation'(사실)과 'representation'(사실이라고 믿는 것) 사이의 아슬아슬한 줄타기인지라 인터뷰어(interviewer)들은 무엇이 사실이고 무엇이 객관인지에 대한 판단과 평가가 아니라 그들의 소회에서 드러나는 리더십 요인들을 살펴보는 데 집중했다.

이어서 각 연구자가 관찰하고 분석한 네 분의 리더십을 독자들이 읽기 쉽고 알기 쉽도록 정리해 각 챕터의 두 번째 부분에 실었다. 여기에서는 네 분 장관께서 응답한 자가진단 결과를 함께 소개함으로써 각 응답자의 리더십 패턴을 소개하는 한편, 네 연구자는 이를 분석 자료로 삼았다. 따라서 각 챕터의 이 두 번째 파트는 리더십에 대한 연구자들의 관점과 주장을 온전히 담고 있어 독자들 입장에서는 네 장관의 리더십뿐 아니라 각 장관의 리더십을 바라보는 네 연구자의 리더십론을 살펴볼 수 있는 흥미로운 기회가 될 것이다. 아무쪼록 이 지점에서 독자들은 분석자를 분석하는 메타 분석자의 재미와 기쁨을 함께 누려 보길 바란다.

마지막으로 네 분 장관께서 응답한 자가진단 설문지(KIPA 공공리더십 역량 진단지)의 원형을 부록으로 담아, 자기 자신의 리더십 역량을 측정하기 원하는 독자들의 요구에 부응하고자 했다. 이 진단지는 비단 공공 조직의 구성원들뿐 아니라 민간 조직에서 일하고 있지만 자신의 리더십 특성이 얼마나 공공성을 지향하는지 알고 싶은 독자들에게도 유용한 도구가 될 수 있다.

공공리더십은 국내에서든 국외에서든 일반적으로 공공 부문의 리더십을 설명하는 개념으로 사용되는데, 대부분 공공가치를 생성하고 공공정책을 구현하며, 공공 조직을 관리하는 데 필요한 역량과 행동을 지칭하곤 한다. 그래서 민간 부문의 사적 리더십과 공익과 공공가치의 극대화를 추구하는 공공 부문의 리더십이라는 이분법적 대립이 상식으로 정착돼 있다. 하지만, 두 유형의 리더십은 리더십의 기본 원칙과 역량을 공유하고 많은 경우 서로 호환 가능하다는 게 우리의 관점이다.

공적 가치를 추구하며 공익의 실현을 목표로 하는 공공리더십은 CSR[04]과 ESG[05]를 추구하는 민간 부문 리더십과 모순되지 않으며, 오히려 민간 부문의 사적 리더십이 지향하는 조직성과 극대화를 지향하는 경우가 다반사이거니와 한때 전 세계를 풍미했던 신공공관리(New Public Management: NPM) 패러다임은 그 대표적인 예 가운데 하나다. 즉, 공공리더십은 공공 부문만의 전유물이 아니며, 민간 부문 역시 특정 조건과 맥

---

[04] CSR은 기업의 사회적 책임(Corporate Social Responsibility)을 의미한다. 기업이 존속하기 위한 이윤 추구 활동 이외에도 사회적 규범(법령)과 윤리를 준수하고, 기업 활동에 의해 영향을 받거나 영향을 주는 직·간접적 이해관계자와 협력해 사회의 법적·경제적·윤리적 책임을 감당할 뿐 아니라, 기업의 리스크를 줄이고 기회를 포착해 중장기적 기업 가치를 높이기 위해 취하는 일련의 노력과 의지를 사회적 책임경영이라고 할 수 있다. CSR은 일반적으로 다음 4단계로 구분된다. 제1단계는 경제적인 책임으로, 이윤 극대화와 고용 창출 등의 책임을 말한다. 제2단계는 법적인 책임으로, 회계의 투명성, 성실한 세금 납부, 소비자의 권익 보호 등의 책임이다. 제3단계는 윤리적인 책임으로, 환경·윤리경영, 제품 안전, 여성·현지인·소수인종에 대한 공정한 대우 등의 책임을 말한다. 마지막으로 제4단계는 자선적인 책임으로, 사회 공헌 활동 또는 자선·교육·문화·체육 활동 등에 대한 기업의 지원을 의미한다(출처: 기재부 시사경제용어사전 https://www.moef.go.kr/sisa/dictionary/detail?idx=65).

[05] ESG는 Environmental(환경), Social(사회), Governance(지배구조)의 첫 글자를 조합한 단어로 기업의 친환경 경영, 사회적 책임, 투명한 지배구조를 의미한다. Environmental(환경)은 기업이 환경에 관한 영향을 어떻게 다루는지와 관련이 있고 Social(사회)은 기업이 사회적 책임을 어떻게 다루는지와 관련이 있다. 또 Governance(지배구조)는 기업의 경영 방식과 투명성에 관한 평가와 관련이 있다. 따라서 ESG는 환경, 사회, 지배구조 측면에서 기업 가치에 직·간접적으로 영향을 미치는 중장기 비재무적 성과지표로서 기업이 '지속 가능한' 비즈니스를 달성하기 위한 세 가지 핵심 요소이기도 하다. 따라서 기업의 지속가능성, 기업 가치, 그리고 비재무적 성과지표가 ESG의 핵심 키워드라고 할 수 있다(출처 : 위키백과 https://ko.wikipedia.org/wiki/환경_사회_기업_지배구조).

락 속에서는 공익을 추구하며 공적 가치를 실현하는 공공리더십의 주체가 될 수 있다는 것이다.

따라서 지금은 민간 부문에서 일하지만 여전히 '공적인 것(Res Publica)'에 관심을 갖는 독자라면 누구나 이 진단지를 활용해 자신의 리더십에 투영된 공적 가치, 즉 자신의 공공리더십을 진단해 볼 수 있다. 다만 자가진단은 언제나 관대화 경향을 띠는 까닭에, 즉 자기 자신에 대한 평가는 많은 경우 타인에 대한 평가보다 더 관대해지는 경향이 있기 때문에 앞서 암시한 것처럼 자가진단과 동료진단을 교차해 두 결과값의 차이(gap)를 바탕으로 자신의 리더십 역량을 측정하는 게 (이 책에서는 그렇게 못했지만) 가장 바람직한 형태가 될 것이다.

네 분의 장관께서 경험한 우리 역사의 단편과 그들의 숨 가쁜 리더십 여정에, 그리고 그들을 분석한 네 분 연구자의 조밀한 리더십 입론에 독자 여러분을 초대한다.

2024년 11월
연구책임 은재호

김명자 전 장관

◆ 경력 사항

2023년 5월~현재: KAIST 이사장
2022년 12월~현재: 대통령직속 국민통합위원회 고문
2020년 11월~현재: 대한민국과학기술유공자(과학기술유공자회 부회장)
2020년 7월~현재: 한국과학기술단체총연합회 명예회장(회장 2017-20)
2018년 3월~현재: 한국지속가능발전기업협의회(KBCSD) 명예회장
2018년 2월~현재: 한국환경한림원 이사장
2010년 4월~현재: 김대중평화센터 이사
2021년 3월~2023년 3월: (주)효성 이사회 의장
2018년 1월~2021년 8월: 아시아인프라투자은행(AIIB) 국제자문관 (연임)
2004년 4월~2008년 5월: 국회의원(비례대표/국방위원회/국회윤리특별위원장)
1999년 6월~2003년 2월: 제7대 환경부 장관
       (헌정 최장수 여성 장관/국민의정부 최장수 장관)
1974년 3월~2016년 2월: 숙대교수/명지대 석좌교수/서울대CEO 초빙교수
       /KAIST 초빙특훈교수

◆ 학력 사항

서울대학교 문리과대학 화학과 학사
미국 University of Virginia Ph.D.

김명자 전 장관

인터뷰어
엄석진 교수

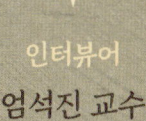

제 1 부
김명자 전 장관과의 공공리더십 인터뷰

I. 들어가며: 공직에의 몰입과 공공리더십에 대한 생각

◇ 장관님은 '국민의 정부' 최장수 장관을 지냈습니다. 환경문제가 심화되면서 환경행정이 바람 잘 날 없다고 하던 때였는데요. 공직에 헌신하지 않고서는 공공 리더로 성공하기 어려운데, 무엇이 장관님을 몰입하게 만들었을까요?

꿈도 일 꿈만 꿨습니다. 원래 일벌레 기질 때문이지요. 거기에 더해 국가와 국민을 위해 공복(公僕)으로서 책무와 사명을 다 해야 한다는 소명의식이 컸습니다. 해야 될 일이라고 판단하면 반드시 하고, 해서 안 될 일이라면 안 한다는 원칙을 지키고자 했습니다. 중요한 것은 "그 판단이 얼마나 옳은가"인데, 건전한 양식과 양심이 기준 아닐까요.

1999년 6월, 바로 앞에 여성 장관이 한 달 만에 물러나는 풍파를 겪은 뒤, 아무런 정치적 끈도 없는 여교수가 장관으로 오자 부처 분위기가 썰렁했습니다. 난감했지요. 몇 달 뒤, "조직 분위기가 잘 잡힌 것 같다"는 말을 들었습니다. 인사(人事) 때문이었습니다. 외부에서 청탁이 들어오면 직접 찾아가 설득했습니다. 사람마다 자질과 적성에 차이가 있다는 것을 인정하면서 적재적소에 배치하며 공평무사(公平無私)에 유념했습니다. 인사(人事)가 만사(萬事)임을 절감했고요. 조직이 화합 모드로 전환되면서 일에 몰입할 수 있었습니다.

◇ 공공리더십에 대한 장관님의 생각은 어떠신지, 공공 리더의 자세와 역할에 대한 견해를 듣고 싶습니다.

장관직을 마친 뒤, 또 국회의원직을 마친 뒤, 대학·지자체·단체 등에서 리더십 강의를 꽤나 했습니다. 사실 공직에 있을 때는 "리더십이 이러저러해야 한다"는 생각을 할 겨를이 없었어요. 리더십은 언론과 전문가 평가를 받게 되는 것 아닌가요. 리더의 기본에 대한 제 생각은 공공이건 민간이건 간에, 역사의 때, 즉 시대 변화를 잘 읽고 그 세상을 이끄는 비전과 리더십을 발휘해야 한다는 것입니다. 21세기 복합위기 시대, 각 부문의 리스크를 제대로 관리하지 못하면 순식간에 위기로 번집니다. 따라서 국정 운영에 참여하는 공공 리더의 핵심 역량은 위기관리라고 생각합니다.

더욱이 가치관의 혼돈이 심각합니다. 사회가 통제에서 분산으로, 중앙집중식에서 네트워크로, 획일화에서 다원화로 바뀌었습니다. 미디어 환경이 전대미문의 SNS로 바뀌면서 확증 편향에 의해 사회가 양극으로 갈리고 있습니다. 세대·지역·계층·젠더 간 차이도 큽니다. 다원화된 세상에서는 조화와 균형이 중요합니다. 어느 이슈건 간에 여러 요인이 복합돼 있기 때문에 해법 또한 통합적이라야 합니다. 리더의 덕목 가운데 통찰력이 가장 중요하다고 생각합니다.

환경부는 1980년 환경청으로 출발해 1990년 환경처, 1994년 환경부로 승격됐습니다. 역사가 짧은 데다, 다른 부처들의 경제 진흥에 대해 브레이크를 건다는 불평에 시달리면서, 조직의 사기도 낮았습니다. 21세기 들어 환경문제의 다양화·국제화에 따라 행정 수요는 급증하고 있었습니다. 환경부의 업무와 기능은 공공 목적을 위한 규제 행정이므로 경제 부처와의 협의 조정은 물론 이해집단과 국민의 이해를 구하고 설득하는 일을 잘 해야 합니다. 다원화 사회에서 결코 만만치 않은 일이지요. 좀 얼떨떨했는데, 저의 재임 기간 동안 환경부는 법적 근거에 의한 정부부처 업무평가에서 2001년과 2002년 제1회, 2회 연속 최우수 부처로 선정돼 대통령 표창을 받았습니다. 이해관계가 첨예하게 충돌하는 환경행정에서 장관의 리더십과 환경부 구성원의 파트너십이 있어 가능하지 않았을까요.

II. ROLE 모델 리더십 인터뷰

1. Raise(윤리성, 신뢰)

 재임 시 정책 결정에서 윤리적 딜레마의 대표적인 사례는 무엇이었는지, 어떻게 해결하셨는지 듣고 싶습니다.

우선 윤리 개념부터 얘기해야겠네요. 윤리(ethics)란 사람으로서 마땅히 행하거나 지켜야 할 도리라고 알고 있습니다. 전통적인 동서양의 윤리

개념에는 차이가 있는 것 같습니다. 동양에서의 윤리는 사회적 조화와 의무, 깨달음과 연관돼 개인과 사회, 우주의 상호연결성을 강조했습니다. 유교적 전통사회에서는 예(禮)와 인(仁)을 통한 올바른 행위로 자신의 역할과 책임을 다함으로써 사회적 조화를 구현하는 것입니다. 한편 서양 공리주의에서는 밀(John Stuart Mill)의 주장처럼 '최대 다수의 최대 행복' 추구였습니다. 이제는 별 구분이 없는 것 같습니다.

이렇게 본다면 모든 정책이 윤리적이라야 한다고 생각합니다. 저의 경험으로는 윤리적 딜레마가 심했던 사례가 새만금 프로젝트의 재검토였습니다. 그 뒷얘기는 베스트셀러 한 권을 쓸 수 있을 정도라고 말한 적이 있습니다. 1991년에 시작돼 1조 원이 투입된 이 사업은 정책결정의 투명성이 미흡했고, 환경의식은 찾아보기 어려웠습니다.

해묵은 새만금 이슈를 다시 다루면서, 개발과 보존의 극한 대립으로 살벌한 분위기였습니다. 정부 부처 간 주장도 제각각이었습니다. 농림부는 쌀 부족 우려가 심각하니 논으로 간척해야 한다고 했습니다. 전라북도는 복합산업단지로 개발해야 한다고 했다가 농지 개발로 주장을 바꿨습니다. 해양수산부는 갯벌 생태계가 중요하니 간척을 일단 중단해야 한다고 했습니다. 환경부는 수질영향평가 담당 부처로서 동진호는 수질 기준을 충족할 것으로 보이나 만경호는 그렇지 못하다고 제동을 걸고 있었습니다. 정책결정의 총괄 책임은 국무조정실 몫이었습니다.

난마같이 엉킨 사연들을 풀어 가는 과정에서 자신의 스타일로 해법을 만들 수 없다는 한계를 절감했습니다. 저는 일차적으로 환경부 본연의 임무에 충실해야 한다는 쪽으로 방향을 잡았습니다. 국립환경연구원의 수질 예측 모니터링에 따르면, 만경호는 실행 가능한 모든 대책을 추진하더라도 호소 바닥에 무산소층이 형성돼 조류 경보가 발생할 것이라는 결론이었습니다. 그 결론을 눈감아 버릴 수는 없었습니다. 시화호 오염의 아픈 경험이 있는 터라 그런 전철을 다시 밟을 수는 없었습니다. 험악한 우여곡절을 겪으면서 그 결론을 고수하는 가운데, 한편은 찬성 쪽에 힘을 실어 주지 않는다고, 다른 편은 목소리 높여 좀 더 적극 반대하지 않는다고 비판의 화살을 겨눴습니다.

◇ 그렇다면 새만금 프로젝트 재검토 과정에서의 의사결정에서 중요하게 고려한 윤리적 요소는 무엇이었나요?

재검토 과정에서 환경윤리를 비롯해 지역사회와 국민의 신뢰, 국가 정책사업에 대한 신뢰 등 여러 요인에 대한 저의 고민은 깊었습니다. 거기 더해 정부를 비롯한 우리 사회의 협상 능력에 대해 실망하지 않을 수 없었습니다. 반대되는 주장이 부딪쳐 폭발할 지경이었으나, 두 견해의 타당성에 대한 검토의 기회조차 갖지 못하는 상황이었으니까요. "몇 날 며칠 밤이 걸리더라도 끝장 토론이라도 한번 해봤으면 좋겠다"고 말했지만 넋두리일 뿐이었습니다. 어느 공무원은 "장관님이 총괄을 맡으시면 어떻게 해서든 풀어 낼 텐데요"라고 했습니다. 당시 해수부 장관이던 노무현 전 대통령은 저를 따로 만나 "해수부는 환경부의 주장을 지지한다. 다만 정치인으로서 전면에 나서기가 어려운 사정도 있으니, 소신대로 잘 진행하면 지원하겠다"고 했습니다.

결국 해를 넘기고 또 넘기면서 반목하던 끝에 가닥이 잡힙니다. 타협안은 환경부의 영향평가를 반영한 절충안이었습니다. 즉, 과학적 근거를 중시하는 쪽으로 윤리 이슈를 풀어 간 것입니다. 골자인즉 동진강 유역은 원안대로 개발하고, 만경강 유역은 수질 개선 추이를 확인하기까지 유보한다는 것이었습니다. 그 과정은 험난했습니다. 문건에 요약된 내용도 그렇고, 언론에 발표된 내용도 회의 결과와 같지 않아서 놀랐습니다.

"구체적으로 말할 수는 없지만, 새만금 프로젝트는 국책사업이 경제적·과학기술적 요인에 의해 결정되는 것이 아니라 정치적·지역적·사회적 요인들에 얽혀 결정되는 것임을 보여 준 대표적 사례라 할 수 있습니다. 그러한 정책결정은 그 사회의 발전 단계와 의식 수준이 반영되는 것인데, 10년 전에 공론화가 제대로 됐더라면 아마도 새만금사업이 이런 식으로 되지는 않았을지 모릅니다."

"좀 더 민주적이고 합리적인 사회가 되려면 정부의 의사결정 과정도 좀 더 투명하고 공정해야 합니다. 국가 주요 정책에 환경성이 사전에 반영되지 않는다면, 그로 인해 치르게 될 사회적 비용이 날로 증가할 것입니다. 진정 환경선진국이 되기를 원한다면, 국가의 주요 정책, 법, 제도, 국책사업 등의 기획 단계에서 지속가능성을 평가하는 단계로 나아가야 할 것입니다. 이것이 바로 선진국이 전략환경평가 제도를 도입하고 있는 배경입니다. 우리는 아직 갈 길이 없습니다. 10년쯤 더 걸려야 할지 모르겠습니다. 문제는 우리는 생태용량이 취약한 가운데 급격한 산업화와 초고속 도시화를 이룬 결과 환경오염 과부하로 인한 사회적 피해가 매우 크다는 것입니다." 저는 이렇게 말했습니다.

◇ 그 과정에서 국민과의 신뢰를 지키기 위한 가장 중요한 원칙과 가치는 무엇이었습니까?

저는 인생사에서 무신불립(無信不立)을 믿는 사람입니다. 공직에서는 더 말할 것 없지요. 새만금 정책이 결정되면, 환경부 장관 자리에서 물러나야 할 것으로 판단하고 있었습니다. 그러나 결과는 그렇지 않았습니다. 국민의 정부 시절은 환경단체 활동이 가장 왕성했던 때인데, 새만금사업을 통째로 막지 못했다고 물러나라고 주장할 법한 시민단체들이 가만히 놔뒀습니다. 아마도 과학적 근거와 정책 사업의 연속성이라는 두 가지 원칙을 지키고자 한 노력을 신뢰한 게 아닐까요.

새만금사업은 이후 2002년 대선 선거운동 과정을 거치면서 다시 한바탕 격랑에 휩쓸립니다. 모든 변수를 검토해야 한다는 점을 인정하면서도 정책 추진에서 결코 일관성을 경시할 수 없다는 것이 고민이었습니다. 시대 변화에 따라 환경의식이 높아지고 새로운 과학적 사실이 밝혀지는 과정에서 재검토가 불가피한 상황에 처하기도 하지만, 그렇다고 추진되던 정책 사업을 원점으로 백지화할 수가 없다는 것이 정부의 한계이자 책무이고 국민에 대한 신뢰라고 봤습니다.

결국 모든 상충되는 요인들을 종합 검토하되 비용-효과적 측면에서 가장 피해가 적은 대안을 택한 것입니다. 다만 종합적 검토에서 편향된 특정 시각에서 접근해서는 합당한 결론을 낼 수 없으므로 전문가 집단의 과학적이고 객관적인 판단과 자문을 중시했습니다. 새만금 프로젝트 해법에 대한 저의 접근에 대해 김대중 대통령은 "조용히 일 처리를 잘 하고 있다"고 평가했던 것으로 어느 언론은 기록하고 있었습니다.

◇ 재임 시 국민과의 신뢰를 구축하기 위한 활동이나 프로그램은 어떤 것이 있었는지요. 효과는 어느 정도라고 보시는지요?

세상이 초고속으로 바뀌고 있어 리더십도 바뀌어야 합니다. 그러나 시대가 변해도 변하지 않는 덕목이 있고, 그것은 신뢰라고 생각합니다. 퇴임 후 리더십 강연을 하면서 *Elizabeth I, CEO*(2000년 Prentice Hall Press) 책과 영화를 많이 인용했습니다. 비상한 리더십으로 국가 위기를 융성의 기회로 반전시켜 '황금기(Golden Age)' 신화를 창출한 엘리자베스 1세는 "군주는 국민으로부터 신뢰와 존경과 사랑을 얻어야 한다"면서, 리더십은 '정책 비즈니스'가 아니라 '대중 비즈니스'라고 했습니다. 그의 연설 서두는 'My loving People'이었습니다.

시대가 변해도 국민 신뢰는 리더십의 필수 조건입니다. 환경 이슈의 중요성을 알리고 신뢰를 얻으며 협력을 이끌어 내기 위한 메커니즘 구축이 매우 중요하다고 판단했습니다. 그래서 엄청난 조직 체계를 구축했습니다. 예를 들면, 민간환경단체정책협의회, 종교단체환경정책협의회(6개 교단), 생활환경운동여성단체연합(20개 전국 조직)을 결성해서 든든한 서포터를 얻었습니다. 문화계·언론계·작가·방송인을 대상으로 생태기행 프로그램을 시작했습니다. 취임 3개월 뒤인 1999년 10월 1박 2일 일정으로 '문학과 환경의 만남' 생태기행에 나섰습니다. 소설가 8명, 시인 5명, 문학평론가 7명 등 국내의 저명 문인 20명이 설레는 마음으로 함께 길을 떠났습니다. 천리포 수목원에서 멸종위기 보호 식물을 둘러보고, 안면도에서 모감주 나무 군락, 천수만 화룡천변 모래톱 등 철새 도래지 등을 둘러보고 글도 썼습니다.

환경부 직장협의회의는 환경사랑운동 전파에 나섰습니다. 과천 청사 공간을 얻어 알뜰매장도 차렸습니다. 언론계 논설위원을 대상으로 정기적인 정책설명회를 열고, 언론방송계를 망라해 이메일 서비스를 강화했습니다. 환경부 최초로 출범한 환경홍보사절 위촉이 백미였습니다. 당시 위촉된 홍보사절은 강원룡 목사, 송월주 스님, 박완서 소설가, 이미자 가수, 김주영 소설가, 김남윤 서울대 음대 교수, 김창숙 탤런트, 이시형 박사, 강동석 연세대 음대 교수, 이경자 소설가, 이금림 방송작가 등 우리나라 최고의 종교, 예술, 문화계 인사 20여 분이었습니다. 그분들이 천연가스버스 사업, 낙동강수계특별법 제정, 물절약 캠페인 등에 결정적인 도움을 주셨습니다. 이런 네트워크 활동으로 신뢰가 쌓였습니다. 저의 청을 들어 주고 적극 동참해 준 이분들께 내내 감사한 마음으로 살고 있습니다.

◇ 정책사업 추진에서 국민 신뢰가 손상된 위기 상황이 있었나요? 그 위기는 어떻게 극복을 했는지요?

3년 8개월 재임 기간 중 가장 에너지 소모가 크고 공격을 많이 받았던 사건이 수돗물 바이러스 검출 소동이었습니다. 사태의 본질을 이해하려면 어느 정도의 과학적 지식과 설명이 필요한데, 그것을 국민과 언론을 향해 빠르게 명확하게 이해시킬 수 있는 커뮤니케이션 방법이 마땅치 않았습니다. 정부의 홍보는 외면당했고, 1990년대 초의 수돗물 파동과 낙동강 페놀사고와 그 대처 과정에서의 정부 불신도 큰 몫을 했습니다. 그래서 장관과 환경부의 신뢰가 6개월간 위기 상황에 처했습니다.

환경부는 1990년대 중반부터 일부 정수장에 대한 수돗물 바이러스 검출 조사 사업을 하고 있었고, 그 조사 결과가 저의 재임 때 나오기 시작했습니다. 사태의 발단은 "수돗물에서 바이러스가 검출됐다"는 보고가 정식으로 장관에게 올라오기도 전에 이미 언론에 흘러들어가 취재가 시작됐고, 환경부가 그것을 뒤늦게 인지한 것입니다. 절차를 다 밟아 발표하다가는 뒷북치기가 될 것이고, 은폐 의혹이나 늑장 대응이라는 비난을 받을 것이 뻔했습니다.

환경부는 그동안 "수돗물에 바이러스가 없다"고 말하고 있었는데, "검출됐다"고 발표하게 되고 보니 난감해진 거죠. 대책회의에서는 간부들이 국민 동요를 우려해 망설였지만, 저는 언론보다 앞서 환경부가 먼저 발표를 해야 한다고 판단했습니다. 그 판단에 대해 대통령이 주재하는 국무회의에서 보고했습니다. 그에 앞서 수돗물 바이러스가 건강에 미치는 위해성, 검출 방법, 처리 비용, 개선 대책 등에 대해 환경부 내외 전문가들을 총동원해 종합 문건을 미리 준비했습니다. 실무자들은 밤낮 없이 일해야 했지요. 국무회의는 한시라도 빨리 대책까지 포함해 발표를 해야 한다는 저의 판단에 힘을 실어 주었습니다.

숨김 없는 결과가 그대로 언론에 발표되자, 예상대로 언론, 국회, 일부 환경단체가 나날이 격렬한 비판을 쏟아 냈습니다. 저명 교수인 한 전문가는 "전국 정수장에 대해 바이러스 검출 조사를 상시로 해야 한다"고 주장하고 국회와 일부 환경단체는 그편을 들었습니다. 그런데 바이러스 검출에 쓰는 실험 기법은 매우 까다롭고 외제에 고가였습니다. 물속의 바이러스 검출에 대한 표준 방법에 대해서도 논란이 무성하고, 결과 해석에 오류가 빚어질 가능성도 상존합니다. 가장 결정적인 한계는 실험 결과를 얻는 데 거의 두 달이 소요되기 때문에 수돗물을 쓰고 흘려보낸 지 두 달이 지나 그 수돗물에서의 검출 여부 결과가 나온다는 사실입니다. 즉, 검출 결과를 적시에 활용할 수가 없는 일에 1천억 원 이상의 국고를 투입해야 한다는 것은 비과학적이고 어이없는 주장이었습니다. 그런 조사에 막대한 세금을 투입한다는 것은 세계적으로 유례 없는 난센스였습니다.

누구는 국정감사 답변에서 웬만하면 "그렇게 하겠노라고 답변할 법한 일이었다"고도 했습니다. 그러나 몇 달 동안 인신공격 수준의 수난을 겪으면서도 저는 이 사태의 해결 대책을 선진국처럼 정수장에서 침전, 응집 등을 철저히 하고 탁도와 소독 능력 등을 엄정히 평가 조치하는 것으로 잡았습니다. 소규모 영세 정수장의 시설을 확충하고 공정을 향상시키는 조치를 총망라하도록 했습니다. 저의 최후 전략은 세계 최고의 물 전문가를 초청해 국제 콘퍼런스를 개최하는 것이었고, 실제로 그로써 6개월 간 지속된 수돗물 바이러스 사태가 종결됐습니다.

주위에서는 장관직이 날아가고도 남았을 일이라고 했습니다. 그런데 그게 아니라 오히려 김대중 대통령의 신망을 두텁게 하는 계기가 됐습니다. 심야 KBS TV 뉴스 프로그램에 출연해서 짧은 시간에 조목조목 조리 있게 설명할 것은 하고 국민의 이해를 구할 것은 정중하게 구했다며, 김 대통령은 이튿날 청와대 수석회의에서 칭찬을 했습니다. 위기를 기회로 만드는 탁월한 재능을 갖고 있다는 말도 들렸습니다. 저의 업무 스타일은 사태 파악은 비관적 관점에서 하고 추진 과정에서 나타날 시행착오에 대해서는 최대한의 방지 장치를 마련하는 것입니다. 근본적으로 낙관주의자이지만, 큰 일이나 작은 일에서 최악의 상황을 상정해서 한 치의 차질 없이 철저히 준비해야 한다고 구성원들에게 강조합니다.

2. Outstanding(공익 추구, 변화관리)

◇ 공익을 위해 추진한 정책 사업 중 가장 자랑스러운 성과는 무엇이라고 생각하시는지요?

환경부 정책 사업은 다 공익 관련인데, 특히 갈등 조정에 난관을 겪었던 몇 가지가 있습니다. 2003년 2월 27일 저의 장관 이임사가 인터넷에 올라 있는데, 그 내용을 인용하겠습니다. "몇 가지 대표적인 예로서 4대강 수계 특별법 제정, 동강유역 생태계 보전지역 지정, 국립공원 구역 조정, 수돗물 바이러스 검출 논쟁, 수도권 대기질 개선 대책 입법 예고, 경유차 대책 수립, 천연가스 버스 도입 등등 얽히고설킨 민감한 현안을 해결할 때, 우리 환경부는 스스로 인내와 끈기를 시험하면서 끝내 대화와 타협을 일궈 냈고, 글자 그대로 민관의 파트너십이 빚어낸 값지고도 알찬 열매에 함께 기뻐했습니다."

이 중에서도 갈등 해결의 1순위 업적으로 꼽는 것이 낙동강, 금강, 영산강-섬진강의 3대강 특별법입니다. 특히 낙동강 수계 특별법 제정은 거버넌스의 최고 성공 사례가 됐습니다. 강원도 황지에서 발원해 경상북도와 남도를 돌아 부산에서 바다에 이르는 낙동강은 그 주변의 산업화, 도시화라는 축복의 반대급부로 날이 갈수록 오염되며 죽어 가고 있었습니다. 그러나 상류와 중류, 하류에 도시와 농촌이 얽혀 애면글면 살면서 지역 간 갈등의 골은 대화조차 불가능할 정도로 깊었습니다. 그 난중지난의 과제를 교수 출신 여성 장관이 풀어내리라고 믿는 사람은 없었습니다. 그런데 한마디로 폭발 상황의 임계점에서 대화를 통해 환경과 경제 사이의

극적인 화해와 협력을 일궈 낸 것입니다.

법률 통과 뒤에 유례가 드물게 김대중 대통령 집무실에서 정부와 대립하던 지역 대표들이 배석한 가운데 서명식을 했습니다. 이때 호남 대표로 참석한 현고 스님(주암호수질보전협회장)은 김대중 대통령께 이렇게 말했습니다. "(前略) 끝으로 이 법을 제정하기까지 보여 준 김명자 환경부 장관의 노력과 생각은 매우 인상적이었으며, 적절했습니다. 탁월한 인재 등용에 경의를 표하면서 저희 환경인들처럼 대통령님께서도 김 장관께 많은 격려를 해 주셨으면 합니다(後略)."

낙동강 특별법 제정은 '국민의 정부'의 최우수 국정과제 성공 사례로 선정돼 2003년 3월 노무현 대통령 주재의 제1차 국정과제 워크숍에서 제가 발제를 했습니다. 노무현 대통령 참여정부 조각에서 건설교통부 장관으로 내정돼 TV와 신문에 사진까지 났습니다. 며칠을 고심한 끝에 청와대에 연락해서 사양했습니다. 제가 갈 자리 같지가 않아서였습니다. 나중에 그리로 갔더라면 총리로 가는 길인데 그랬냐고 하는 말도 들었습니다. 저는 그런 계산을 해 본 적이 없이 살았습니다. 다시 장관 후보로 몇 번 검토됐는데, 국회의원 자리에 있겠다고 했습니다.

◇ 아, 그랬군요. 정책 추진에서 공익을 우선해야 한다고 하더라도 이해관계 집단의 이익이나 정파적 이익과 충돌하게 되는데, 공익을 위협하는 도전을 어떻게 극복하셨습니까?

네, 지역사회, 산업계, 정치권 등과 이해관계가 충돌합니다. 4대강 수계관리 특별법의 골자는 수질 관리를 위해 사전 예방 대책으로 규제는 강화하면서 규제받는 지역을 제외한 온 국민이 새롭게 물이용부담금(7천억 원)을 내서 규제 지역 등을 지원하는 내용이었습니다. 우선 규제 강화에 대한 지역 반발과 댐 건설과 공단 건설 등에 대한 반발이 컸습니다. 진주·부산·대구에서 열려고 하던 공청회는 폭력 시위와 장관 화형식 등으로 파장이 되고, 진주와 부산에서는 지리산 댐 건설계획과 위천공단 건설 등을 둘러싸고 팽팽히 대치했습니다. 대구와 경북은 물을 살리기 위해 더 이상 규제를 받을 수 없다고 죽기를 한하고 반대운동에 나섰습니다. 낙동강을 놓고 남과 북, 동과 서로 갈려 대립한 겁니다.

언론은 공청회조차 열지 못하는 정부를 향해 비난을 퍼부었습니다. 환경부의 계획은 초장부터 난관에 부딪힙니다. 지역공청회를 앞두고 정보 보고가 올라왔는데, 대규모 폭력 시위로 사태가 위험하니 장관이 내려오지 말라는 것이었습니다. 그러나 약속을 지키기 위해 내려갔고, 삼엄한 분위기에서 공청회를 주재했습니다. 대강당에는 지역주민들이 띠를 두르고 진을 치고 앉았고, 수십 명의 사복 형사가 만일의 사태에 대비해 배치돼 있었습니다. 우려와 달리 공청회는 별 탈 없이 진행됐습니다. "한 바탕 하려 했더니 여성 장관이 애쓰는 걸 보니 행동할 수가 없었다"며 장관이 내려간 것에 답례를 해 준 것입니다.

한번은 봉화 지역주민대책위원회에 참석해야 했는데 날씨가 좋지 않았습니다. 그러나 예정대로 헬기를 띄웠습니다. 헬기 내에서 만일의 경우 "어디에 떨어지는 게 좀 더 안전할까" 생각하며 밖을 내다봤습니다. 서로 싸우는 상황인데 주민들이 꽃다발로 우리를 환영했습니다. 우리 팀은 그때 지역대책위원들과 친구 사이가 됐습니다. 환경부는 자칭 '드림 팀'이라면서 영남지역의 시민단체, 언론계, 주민들을 만나고 또 만났습니다. 3

년간 통산 3백여 회 만나며 전국 3대강 수계를 돌아다녔습니다.

온갖 거친 반응으로 비난을 퍼붓던 지역사회가 마음을 열기까지 크고 작은 도시와 마을을 뛰어다니며 밤낮없이 대화했고, 그때 마신 술도 몇 말은 될 것이라 했습니다. 서로 투쟁하던 사이가 서로 협력하는 파트너가 될 수 있었던 것은 투명성과 소통에 의한 신뢰가 열쇠였다고 생각합니다. 물이용부담금을 새로 부과하면서 제 명함은 그것을 알리는 홍보물로 만들어 이색 명함이라고 언론을 타기도 했습니다. 그리고 김주영 소설가, 이문구 소설가 등 문인 그룹이 낙동강 유역을 답사하고 감동적인 물사랑 실천선언문을 작성했습니다. 제 임기 동안 환경부 대회의실에 액자로 걸려 사람들의 마음을 사로잡았습니다.

◇ 조직 구성원들이 리더의 정책 비전을 이해하고 함께 목표 달성을 위해 나가는 것은 기본입니다. 그러나 현실에서는 그리 쉽지가 않습니다. 비전을 공유하고 구현하기 위해 어떻게 노력하셨는지 듣고 싶습니다.

앞에서 잠깐 말씀드린 저의 이임사에 관련되는 대목이 있는데, 그것이 정확한 답변이 될 것 같습니다. 한 가지 덧붙이면, 우리 실국장 회의는 시끄럽지 않을 정도로 말이 많았습니다. 장관 앞에서 너무 하는 것 아니냐는 말까지 있었으니까요. 뒤에는 간부회의가 조용해졌다는 말도 들렸습니다.

"(前略) 돌이켜 보면, 처음 장관직을 맡게 됐을 때 기쁘고 영광스럽기보다는 마음이 무거웠습니다. 일이 두려운 건 아니었으나, 아무리 애쓴다 해도 환경정책을 수립하고 시행하면서 단기간에 가시적 성과를 우리 국민이 느끼기에는 너무 상황이 어렵다는 것을 잘 알고 있었기 때문입니다. 더욱이 오랜 교수 생활로 비판받기보다는 비판하는 입장에서 사반세기를 보내던 사람이 장관이라는 '어려운' 자리에 옮겨 앉고 보니, 새로운 일터에 적응하는 일이 만만치 않아 보였습니다. 부임 당시 환경부 식구들을 비롯한 많은 사람의 '회의적'인 시각을 느끼면서 솔직히 난감한 기분도 들었습니다.

처음 두어 달은 낯선 느낌으로 힘들게 보냈으나, 1999년 가을 낙동강 대책의 정부안 수립에 매달려 연말에 극적으로 타결지으면서 '무슨 일이라도 풀 수 있을 듯한' 자신감도 생겼습니다. 1999년부터 장관 업무 활동에서 가장 높은 점수를 받으면서 여섯 차례 개각에서 유임되며 김대중 대통령과 임기를 함께하는 장관으로 물러나게 되니, 무한한 영광임과 동시에 이것이 결코 혼자의 힘이 아니라는 것을 절감하게 됩니다.

교수 출신으로 행정의 아마추어를 뽑아 최장수 장관의 영예를 안겨주신 김대중 대통령께 진심으로 감사의 말씀을 드립니다. 그리고 특히 언론계를 비롯해 시민단체, 여성계, 학계, 문화계, 산업계, 지역주민 등 모든 분께 머리 숙여 감사의 말씀을 드립니다. 아울러 그동안 국민의 정부 각료로 일하면서 이리저리 부딪치게 되는 환경 현안을 풀어 가는 데 적극 협조해 주신 국무위원 여러분, '발목 잡는' 환경부 때문에 고생하신 정부 부처와 산업계 여러분께도 너그러운 이해를 구합니다. 지난번 국회 마지막 상임위에서 제게 과분한 칭찬과 격려를 보내 주셨던 모든 위원님께도 깊은 감사를 드립니다.

저 자신은 교수 시절로부터 일터와 일의 성격이 바뀌긴 했지만, 합리성을 존중하고 크고 작은 일에 최선을 다해 성실히 임한다는 것이 원칙이었습니다. 그러나 오늘날의 복합적이고 다원화된 시스템 속에서 개인의 능력만으로 뛰어난 성과를 거둘 수 없다는 것은 분명합니다. 그런 뜻에서 밤낮없이 고생하면서 사명감과 열정으로 일해 주신 여러분이 있었기에 오늘의 제가 있을 수 있었다는 말씀을 꼭 드리고 싶습니다.

 오랫동안 고락을 함께 했던 여러분과 이별하는 것이 얼마나 섭섭한가는 아마도 떠난 뒤에 더 절실할지도 모르겠습니다. 그러나 그동안 온갖 고생과 뜨거운 보람을 함께 하면서 동지로서 맺어진 끈끈한 유대는 비록 물리적으로 장소를 같이하지 않더라도 언제 어디서나 이어지리라고 생각합니다. 여러분에게 받았던 성원과 지지의 무게가 그만큼 컸고, 기쁨과 애환의 기억이 그만큼 깊기 때문입니다. 환경부의 전통 속에 우리 함께 한 날들의 소중한 추억과 성취가 길이 간직되고 발전의 원동력이 될 수 있기를 바랍니다.

 돌이켜 보면 지난 3년 8개월 동안 우리는 혼신의 힘을 다해서 참 많은 일을 했습니다. 저는 업무 수행에서 "누가 뭐라 하더라도 우리가 해야 할 일은 반드시 하고, 해서는 안 될 일은 하지 말아야 한다"는 것을 원칙으로 삼고, 여러분의 판단과 능력을 믿고 존중했습니다. 그리고 저 자신을 여러분에게 무슨 이야기든지 터놓고 마음대로 할 수 있는 상대가 되기를 희망했습니다. 그것이 얼마나 성공적이었는지는 그동안 우리가 해낸 일이 말해 준다고 저는 믿고 싶습니다. 난마처럼 얽힌 현안을 한 올 한 올 풀어 가면서 21세기에 걸맞은 사전 예방적, 통합적 환경정책의 새 틀을 짜는 데 성공했다는 것은 우리 환경부의 팀워크의 결실이라고 믿기 때문입니다. (後略)"

◇ 그 당시 특별히 고려된 요소나 전략이 있었습니까?

전략적으로 접근한 건 없고, 하던 대로 했습니다. 이임사의 관련 부분을 인용해서 답변을 이어가겠습니다.

"저는 환경행정 업무를 수행하면서 결과도 중요하지만 과정과 절차도 못지않게 중요하다는 믿음으로 일관했습니다. 주체 간, 부문 간 갈등과 이해관계가 첨예하게 대립하는 현안을 풀어 가는 데는 이해당사자는 물론 국민의 폭넓은 이해와 참여를 이끌어 내는 것이 중요합니다. 그런 과정에는 단순히 전문성의 차원을 넘어 통찰력과 조정 능력, 정성과 끈기의 다양한 덕목이 필요합니다. 시민단체에 끌려 다닌다거나, 목소리를 안 낸다거나, 사실을 은폐한다거나, 뒷짐 지고 있다거나, 눈치를 본다거나 하는 비난에 접할 때는 곤혹스러움도 없지 않았으나, 흔들림 없이 최선의 방법을 택해 최고의 성과를 얻어야 한다는 신념으로 스스로를 채찍질했습니다. 때로는 고생해서 멀리 돌아가는 것처럼 보이기도 했지만, 우리는 그것이 지름길이라 믿고 일했습니다. (中略)

21세기 새로운 문명으로 전환하는 격동기에 거의 4년간을 바람 잘 날 없다는 환경부 장관 자리에서 일하고 보니 소회도 많고 에피소드도 많습니다. 어찌 이 자리에서 다 말할 수 있겠습니까만, 고난은 그냥 지나간 것이 아니라 겸허함 속에 우리의 능력을 키워 줬다고 생각합니다. 환경부 위상이 높아졌다는 말씀을 들을 때 가장 기쁘고, 마치 훈장을 받는 듯했습니다. (中略)

총론과 달리 각론에 들어가면 아직 우리의 의식 속에는 '개발 우선'의 신화가 자리하고 있고, 환경의식이 자라나는 가운데 그로 인한 사회적 갈등이 그치지 않고 있습니다. 환경의 질에 대한 국민의 기대 수준이 날로 높아지면서 환경행정 수요는 더욱 증대되고 있습니다. 우리가 가야 할 길은 멀고 험난합니다. 우리 환경부 사람들은 관련 주체들을 더욱 이해시키고 설득시켜 협력을 이끌어 내는 일을 누구보다도 유능하게 해내야 합니다. 그동안 공들여 쌓아 온 녹색 거넌스(governance), 참여 거넌스의 좋은 모델을 확산시켜 환경 선진국 진입을 실현시켜야 합니다. 여러분은 해낼 수 있습니다. 지금껏 이룬 성과를 바탕으로 항상 겸손하면서 당당하고, 따뜻하면서 냉철하고, 열정적이면서 논리적으로 여러분에게 주어진 사명에 충실하십시오. 상충적으로 보이는 '가치'(환경과 경제)를 조화시키고 통합시키는 것이 여러분의 임무가 아니겠습니까.

저는 오늘까지 혼신의 힘을 다해서 일했고, 지금 물러나면서 빛나는 졸업장을 받은 것 같아 참으로 가슴 뿌듯합니다. 우리의 노력과 정성이 이처럼 풍성한 결실을 맺고 영광스런 평가를 받은 것은 어쩌면 우리 팀의 3년간 성적표가 아니겠는가 생각돼, 미흡함이 많다는 걸 잘 알면서도 쑥스럽게 무작정 자랑스럽습니다. 국민의 정부 들어 법적 근거에 의해 처음 실시했던 법적 근거에 의한 '정부업무평가'에서 환경부가 2년 연속 최우수 부처로 선정된 것은, 음지에 햇빛 든 것처럼, 환경행정의 앞날을 환히 밝혀 줄 것이라 믿습니다. 저는 이제 떠납니다만, 여러분은 이제 그 영예를 더욱 승화시켜 반드시 환경부를 가장 앞서가는 정부 부처로 만들어 주시기 바랍니다. 여러분의 '헌신과 열정', '전문성과 협상 능력', '정직과 성실성'을 계속 가꾸고 키워 나가십시오. 그렇게 무장함으로써 여러분 앞에 놓인 수많은 난제를 풀어 가야 합니다.

이제 저는 오늘로 정든 환경부와 이별합니다. 지금 이 시간 이렇게 몸은 떠나도 마음 한 부분은 여기 남을 것입니다. 환경부 장관으로서 소신껏 일하고 주위의 광범위한 도움에 힘입어 여러분과 함께 일궈 낸 결실, 그리고 우리가 공유했던 경험과 가치, 긍지와 자부심은 평생 제 인생의 소중한 자산이 되어 삶을 풍요롭게 하리라 확신합니다. 그 동안 밤을 낮 삼아 공휴일도 없이 묵묵히 일해 준 여러분을 보면서 저는 공직사회, 관료사회의 든든한 저력을 느꼈고 감동했습니다. 국가 발전의 원동력이 거기서 나온다는 확신을 갖고 저는 이 자리를 떠납니다.

그 동안 일하면서 저의 엄격한 기준 때문에 혹시라도 여러분의 마음에 상처를 주거나 아프게 한 일이 있었다면 용서해 주십시오. 그러나 제 자신에게도 엄격했다는 것을 이해해 주신다면, 그리고 사사로운 마음이 아니라 우리의 맡은 바 본분을 더 잘 하기 위한 충정이었다는 것을 이해하신다면 여러분의 섭섭함은 달래질 수 있으리라 믿습니다. 그리고 언제 어디서나 좋은 인연으로 남기를 기원합니다. 만남이 있었기에 헤어짐이 있고, 삶의 순리대로 우리는 작별을 합니다. 10년쯤 지나서 누가 가장 성실한 삶을 살았는지 내기를 할 것을 제안하면서 떠납니다. 제가 없더라도 "술 조금 마시라"던 저의 말은 기억해 주십시오. 여러분 부디 건승하십시오. 그 동안 정말 감사했습니다."

3. Lamp(갈등 조정, 방향 제시)

◇ 공직 생활 중 겪었던 가장 큰 조직 내 갈등은 무엇이었으며, 어떻게 해결하셨습니까?

환경부에서 일하는 동안 인사(人事)로 인한 조직 갈등을 겪지 않고 별로 내부 갈등이 별로 없었던 것이 저로서는 매우 감사한 일입니다. 언론 보도를 인용하겠습니다.

[중앙일보 최철주 논설위원실장 2002. 2. 1] 長壽 여성 장관
1999년 6월 또 한 명의 여성이 환경부 장관에 임명됐을 때 '얼마나 오래 자리를 버텨 내나 보자'는 짓궂은 농담이 나돌았다. 온갖 시비에 휘말렸던 역대 환경부 여성 장관들에 대한 야유였다. 초여름 찬바람 속에서 등장한 당시의 김명자 장관이 이번 주 초 개각에서 또 유임됐다. 장관 재직 31개월. 국민의 정부에서 최장수 장관이라는 타이틀을 계속 유지하고 있다.
그는 이미 엘리트 여성들의 연구 대상이 됐다. 남성들이 지배하는 정관계의 묘한 역학 구도에서 그가 소리 없이 환경정책을 펴나갈 수 있는 장수 비결에 대해 갖가지 분석들이 나오고 있다. 김 장관은 전문성으로 무장하고 있다. 과거의 학력, 경력 등이 환경 업무와 연관성을 가졌다. 3대강 수질개선 대책, 세계 환경문제 등에 대한 소신을 내세울 기반이 구축됐다. 공무원들이 하는 이야기를 '알아듣는다'가 아니라 거꾸로 '알아듣게 할 수 있는' 지식을 갖고 있다.
조직을 장악하는 데 성공했다. 취임 이후 여러 차례의 인사에서 3백 50여 명을 승진시켰고, 이에 따른 반발은 최소한에 그쳤다. 일 잘하는 사람과 그렇지 못한 사람들을 구분하는 기준이 엄격했다. 시민단체, 학계, 언론계와 끊임없이 대화하는 능력을 보였다. 그는 특정 조직과의 마찰도 잘 소화해 냈다. 각료가 되기 전 시민단체의

자문 역할 등을 맡으면서 다양한 견해에 귀를 기울이는 훈련이 돼 있다. 비판자의 입장에 선 언론의 속성을 읽고 '환경친화적 언론'에 관심을 보여 왔다.

남성의 벽을 '여성스러움'으로 돌파하고 있다. 이해관계자들을 설득시키는 교섭력이 그 배경에 깔려 있다. 지금까지 여성 장관들은 성격이 강하고 때로는 투쟁적이었으나, 그는 유연하면서도 호소력 있는 스타일로 정책을 추진했다. 까다로운 국회와 예산 당국도 그를 이해하는 편에 섰다. 3대강 물관리 종합대책을 둘러싼 군중 시위에 공권력 투입을 거부하고 자신에 대한 화형식도 조용히 넘어갈 수 있었던 것도 그의 강인한 성격과 여성스러운 접근의 효과였다. "남자 장관이었더라면 한바탕 덤벼들 터인데…"라는 불만도 수그러들었다. 민원이 많고 이해 충돌이 잦은 환경부에서 정권에 부담이 될 일들이 사전에 잘 처리되고 있다는 점을 김대중 대통령이 만족해한다는 이야기가 나오고 있다. 김 장관의 업무 추진력이 앞으로 예상되는 여성 장관 시대에 어떻게 평가될지 관심거리다.

[조선일보 김윤덕 기자 2003. 3. 1]
"최장수 여성 장관 기록한 김명자 전 환경: "직원보다 나 자신을 더 모질게 채찍질했습니다."
(前略) 김대중 정부 최장수 장관이자 대한민국 역대 최장수 여성 장관인 김명자 전 환경부 장관의 3년 8개월 만의 퇴임식, 인사말 몇 마디로 끝나곤 했던 기존의 퇴임식과는 달랐다. 여직원들이 특별히

준비한 축가, 작별이 아쉬운 직원 대표의 울먹임 섞인 송사에 최장수 여성 장관을 기록한 김명자 전 장관은 "일하는 과정에서 내가 여러분에게 모질게 했다면 미안하다. 하지만 나 자신에게는 더 모질게 채찍질했으니 이해해 달라"는 말로 퇴임사를 맺었다.

1999년 6월 배우 손숙 씨에 이어 환경부 장관으로 임명됐을 때만 해도 그는 환경부 직원들에겐 '가까이 하기엔 너무 먼 존재'였다. "말수도 적고 감정이 얼굴에 잘 드러나지 않아 장관이 부르면 겁부터 먹었다"는 이인기 공보관. 일화도 많다. "홍보물에 올라가는 문장 한 줄도 그냥 넘어가는 법이 없어 장관이 빨간 색연필 들고 떴다 하면 다들 초긴장 상태에 들어갔죠. 재임 기간 동안 집무실에 비치된 종이휴지를 한 통도 채 쓰지 않은 지독한 분입니다."

재입각설 등 퇴임을 앞두고도 남다른 주목을 끌었던 김명자 전 장관은 스스로를 "특별할 것 전혀 없는 평범한 여성"이라고 말했다.(中略) 그의 공과 사에 대한 '칼 같은' 구분은 부임 초기 일어난 '아키코(明子) 사건'으로 일찌감치 소문났다. 환경부 고위 간부가 기자들과의 회식 자리에서 장관 이름을 일본식으로 부르며 성적 농담을 던진 사건. 여론이 나빠지자 단호하게 사표를 수리했다. "정년 퇴임이 얼마 남지 않았는데 그냥 넘어가도 될 일 아니었느냐"는 물음에, 그는 "그게 인생사다. 삶은 냉혹한 것"이라고 잘라 말했다.

하지만 그에게 모진 면만 있는 건 아니다. 월드컵 때 밤샘 근무하는 환경미화원을 찾아다니며 김이 모락모락 나는 시루떡을 직접 돌리고, 환경부 말단 직원들 생일까지 일일이 챙길 만큼 자상한 사람이다. 「3대강수계물관리특별법」 제정 또한 그의 부드럽고 섬세한 '여성적 리더십'이 일궈 낸 결실이다. '대통령 할아버지라도 성사시키지 못한다'는 우스갯소리가 있었을 만큼 이해관계가 복잡하게 얽혀 있던 사안, 바위 덩어리처럼 꼼짝하지 않던 지역주민들 마음을 움직인 건 장관이 직접 쓴 수만 통의 편지와 허물없이 만나 나눈 수십 차례의 대화였다.

여성 장관으로서의 고충도 없지 않았다. 일을 어떻게 처리하는가보다는 무슨 옷을 입고 머리 스타일은 어떤지에 더 관심을 보이는 사람들. "그럴수록 넓은 시야로 나 자신을 객관화시켜 보곤 했다"고 털어놓는 그는, "남의 눈에 띄는 자리에 있는 여성은 하고 싶은 대로, 감정대로 행동해서는 안 된다. '조용한 싸움'에도 강해야 한다"고 조언했다.

마지막으로 후배 여성들을 위해 성공 전략을 들려달라고 하자, "게을러서 전략 같은 건 세우고 살지 않는다"며 웃는 김 전 장관. "결국은 사람 아닌가요. 상대의 마음을 열 수 있는 능력, 화합을 이뤄 내는 리더십을 갖추는 훈련이 필요하지요. 그리고 성실해야 합니다. 내 경우, 날 필요로 하는 곳이 있으면 힘닿는 대로 도왔습니다. 희한한 건, 한번 맺은 인연이 지금도 계속 이어지고 있다는 겁니다."

일화를 하나 소개하면, 국회의원으로 있을 때 의원실로 인사위원회의 두 분이 프리지아 꽃다발을 들고 방문했습니다. 무슨 일인가 싶었는데, 정부 부처 조사를 했더니 제가 다시 왔으면 좋겠다는 장관으로 나와서 한번 만나 보고 싶어서 왔다는 것이었습니다. 감동이었지요.

◇ 재임 중 환경행정의 비전과 목표는 무엇이었으며 그 설정에서 가장 중요하게 고려한 요소는 무엇이었는지요?

21세기 환경행정의 비전과 목표를 설정하며 '역사의 때'와 시대정신을 바로 읽어야 한다고 생각했습니다. 당시 국제사회 화두는 지속가능발전(Sustainable Development)으로의 패러다임 전환이었습니다. 환경부는 2000년 대통령 국가지속가능발전위원회(PCSD) 출범을 주도해 간사부처가 됐고, 산업계 협조를 구해 2002년 한국지속가능발전기업협의회(KBCSD)를 발족시켰습니다. 그 인연으로 KBCSD 회장을 거쳐 현재는 명예회장입니다.

2000년 10월 『김대중 대통령 새천년 환경비전(New Millenium Environmental Vision)』 책자를 발간했습니다. 대통령의 환경 어록입니다. 2024년 김대중 대통령 탄생 100년을 기념해서, 작년에는 김대중 평화포럼(Peace Forum), 금년에는 김대중 평화 페스티벌 국제회의가 목포에서 열렸습니다. 저는 두 회의에서 기후 복합위기 시대 특별 강연을 하면서 김대중 대통령 새천년 환경 비전을 소개했습니다. 강연 준비로 자료를 찾다가 그 책자를 기억해 내고 읽으면서 감탄했습니다. 그 서두의 '인간과 자연이 공존하는 생명공동체'가 바로 비전이었고, 환경윤리의 강조였습니다.

제가 쓴 출간사에는 (前略) "과거 전쟁의 맥락에서 평화의 개념을 추구해 왔다면, 21세기 새로운 시대에는 인간과 자연의 진정한 화해를 구현하는 것으로 평화의 의미를 확장해야 한다고 믿습니다.(後略)"라고 썼습니다. 그리고 '환경정책의 새로운 패러다임 구축' 주제 아래 '번영의 토대인 지속 가능 발전 추구', '사전 예방을 통한 지혜로운 환경문제 해결'. '대중의 참여와 협력에 기반한 환경정책'이 있고, '환경 개선을 통한 국민의 삶의 질 향상'에 '안전한 음용을 위한 깨끗한 물의 안정적 공급', '청정 대기질 확보', '폐기물 감축과 재활용: 순환경제', '자연생태계 보존', '환경산업과 기술 발전을 통한 새로운 부가가치 창출', 그리고 '국제 환경 이슈에 대한 선제적 대응'을 정책과제로 넣었습니다.

2002년 환경 월드컵으로 만들기 위해 '붉은 악마'를 미리 만나 쓰레기 문제에 대한 협조도 구했습니다. 동네마다 클린 리더를 선정하고, 휴식 시간에 경기장 화면에 쓰레기 치우는 동영상을 올리는 등 노력한 결과, 길거리 응원에서도 쓰레기가 전혀 없는 경기라고 놀랍다는 외신 보도가 나왔었지요. 드라마에서 환경 관련 에피소드가 나오면 반가워서 연기자들과 연출자를 만나 감사의 뜻을 전했습니다. 환경은 '모두가 피해자이고 모두가 가해자'라는 말이 있습니다. 모두의 협조를 구해야 한다는 뜻이지요.

제가 부임할 당시는 아직 기후 위기라는 용어는 쓰지 않고 개도국과 선진국 사이에서 기후 변화 대응의 책임론이 갈등을 빚고 있던 터라 기후변화당사국 총회에 환경부 차관이 참석하는 등 적극적이 아니었습니다. 그러다가 1999년 제가 총회에 참석해서 "한국이 '공통의 그러나 차별화된' 책임을 다하겠다"고 연설했습니다. 그 당시 국내 관심 주제는 물, 황사, 생태계 보전, 폐기물 등이었습니다. 저희가 새로 짠 21세기 환경정책 틀은 '사후 처리에서 사전 예방으로의 전환'이었고, 대표 정책사업은 환경과 경제의 상생을 실현하기 위한 에코-2 프로젝트였습니다.

◇ 조직의 비전과 목표를 효과적으로 달성하기 위해 어떤 방식으로 접근했는지요?

접근 방식의 공통 원칙은 있지만 정책사업별로 맞춤형이었지요. 천연가스(CNG) 버스 보급 사례를 들겠습니다. 천연가스 버스는 매연이 없고 대기 오염물질 배출이 70% 줄어드니까 꼭 해야 될 사업인데, "왜 이리 힘든 걸 시작했을까" 푸념이 나올 정도로 고생했습니다. 우선 예산 확보였습니다. 대통령께서 부르지 않는 경우 특별히 독대를 요청한 일이 없는데, 따로 뵙기를 청했습니다. "2002년 월드컵에서 대기질의 국제 경기 기준을 맞추려면 CNG 버스를 도입해야 합니다. 훗날 사람들은 도시 공기를 맑게 해 준 CNG 버스가 돌아다니는 것을 보며 국민의 정부를 기억하게 될 것입니다"라고 말씀드렸습니다. 대통령께서는 고개를 끄덕이셨고, 예산 부처를 설득해 월드컵 개최 10대 도시부터 보급하는 것으로 큰 예산을 확보했습니다.

할 일은 너무 많았습니다. 중앙정부와 지자체가 재원을 1:1로 부담하는 매칭 펀드를 조성해 사업체의 손실을 최소화하고, CNG 1대당 경유 버스와의 가격 차이에 해당하는 2,250만 원을 지원하고, 부가가치세와 취득세를 면제했습니다. 당초 자동차 제작사는 소극적이었습니다. 새로운 시장 창출이 아니라 기존의 경유차 버스 시장을 대체하는 수요인데다 CNG 버스 생산 라인 구축의 초기 투자비가 부담이었던 거죠. 정부가 버스 가격 차액을 보조한다고 했지만, 중단될지 모른다는 우려도 있었습니다.

관련 업계와 전문가들도 회의적이었고, 심지어 환경부 내에서도 "그게 잘 될 수 있겠냐" 했습니다. 그러나 장관과 담당 부서 구성원들은 겁도 없이 '2002년 월드컵 특수가 아니면 꿈도 못 꿀 일'이라며 밀어붙였습니다. 2002년 월드컵을 "클린 월드컵으로 만들자"는 캠페인을 대대적으로 벌이면서, 관련 부처 참여를 설득하고, 중장기 계획을 언론에 공표하고, 대규모 발대식 행사를 개최하는 등 분위기를 띄웠습니다.

당초 엔진 개발은 G-7 차세대자동차기술개발사업의 일환으로 산업자원부, 과학기술처 등과의 공동 개발이었으나, 보급의 불확실성에 대한 우려로 결국 환경부가 떠안게 된 것이었습니다. 「대기환경보전법」 개정으로 CNG 버스 보급의 법적 근거를 만들고, TF를 구성해 부처 간 협의에 들어갔습니다. CNG 버스 차량과 CNG 충전소 등에 대한 안전 기준과 구조 기준도 새로 정해야 했고, 숱한 규제 조항을 완화해야 했습니다. 제정 또는 개정된 법률과 제도는 70여 건이었습니다. 「조세특례제한법」 개정에 의한 CNG 버스의 부가가치세와 취득세 감면, 충전소 법인세 감면, 관세법 개정에 의한 관련 부품 관세 감면, 「고압가스안전관리법」 개정에 의한 안전관리 기준 설정과 이동식 충전 차량 도입 등을 추진하면서, 때로는 행정소송으로 때로는 국무조정실을 통해야 했습니다. 타 부처 소관 법률 개정, 특히 그것도 규제 완화에 대한 협의는 참 어려웠습니다.

CNG 버스 보급의 최대 장애 요인은 충전소 건설이었습니다. 가솔린 충전소를 같이 쓸 수가 없기 때문에 별도 설치해야 하는데, 대도시 충전소 안전성에 대한 오해와 불안, 님비 현상으로 난항에 직면했습니다. 국회에서는 연일 예산 집행률이 저조하다고 질타하고, 언론도 동조했습니다. 급기야 「국토의계획및이용에관한법률」 개정으로 전용 주거지역을 제외한 전 지역과 그린벨트에까지 충전소가 들어갔습니다. 저는 소규모 충전소 준공식에도 일일이 참석했고, 이미자 가수가 환경부 홍보사절로 동행 지원했던 기억이 납니다.

설상가상으로 관련 부처의 56억여 원 기술 개발 자금으로 LPG 버스가 개발되고, CNG 버스와 같은 조건으로 정부가 보급해 달라는 요청이 들어왔습니다. 자동차 제작사는 한정된 국내 버스 시장에서 경유, CNG, LPG의 3파전이 된다면 규모의 경제에 반한다는 이유로 적극 반대했습니다. LPG 버스 연료는 기존 택시나 소형차용 LPG 연료와는 성분이 달라 기존 충전소를 이용할 수 없었습니다. 그러니 환경부로서는 LPG 버스의 보급에 찬성할 수가 없었습니다. 그러나 관련 부처와 업계는 정부, 국회, 언론 등 요로에 두루 건의를 했고, 그에 따라 환경부는 집중 포화를 당했습니다. 후에 LPG 버스는 경제성, 환경성, 정책 부합성, 인프라 등에서 CNG 버스보다 열악하다는 결론이 납니다. 제가 환경부 일을 마치고 나오니 가장 잘한 일이 CNG 버스 보급이라고 하더군요. 미세먼지가 크게 줄었지요. CNG 버스를 보면 흐뭇하고, 고생한 직원들이 고맙습니다.

4. Echo(소통, 전문성)

◇ 조직 구성원들과 잘 소통하기 위해 어떤 노력을 하셨습니까?

리더로서 구성원과의 소통은 기본이지요. "Leadership is conversation."이란 말도 있으니까요. 제가 최장수 장관이 된 것은 구성원들의 기여가 없이는 불가능한 일이었고, 환경부 가족들 사이의 소통이 잘 되지 않았다면 안 될 일이었습니다. 소통에 대한 내용이 들어 있는 언론 보도를 인용하겠습니다.

[연합뉴스 심규석 기자 2003. 2. 27]
김명자 전 환경부 장관의 최장수 비결
김명자 환경부 장관이 지난 99년 6월 현직에 취임한 이후 3년 8개월이란 최장수 장관직을 끝내고 2월 27일 환경부를 떠났다. 김 전 장관은 재임 기간 환경부를 정부업무평가 2연패의 부처로 만들만큼 탁월한 행정 능력을 과시했다는 데 환경부 안팎의 의견이 일치한다. 역대 최장수 장관인 김 전 장관이 이런 기록을 남긴 데는 섬세함과 치밀함이라는 여성의 장점이 크게 작용한 것은 부인할 수 없지만, 주변에서는 손가락으로 꼽아도 모자랄 정도로 강점이 많다고 입을 모았다. '적극적인 협상력', '개혁적인 행정 마인드', '신중한 결정과 강한 추진력', '섬세함과 치밀함' 등이 대표적이다.
곽결호 기획관리실장은 김 전 장관의 장수 비결에 대해 "신뢰를 바탕으로 이해당사자 간의 상충되는 의견을 조정하며 차선보다는 최선을, 일보 후퇴보다는 전진을 바탕으로 한 선진적인 정책을 만들어 온 결과"라고 강조했다. 실제 김 전 장관은 「3대강 물관리 특별법」을 제정할 당시 현장에서 이해 당사자들을 직접 설득하고 성실과 정직이 뭔지를 보여 주면서 처음부터 끝까지 역할을 다하는 모습을 보여 줬던 것으로 유명하다. 물론 환경부 내에서도 상반되는 각 실국의 의견을 받아들여 조정하는 과정에서 이러한 추진력, 조직관리 능력이 충분하게 발휘됐다. 외부의 입김을 막고 편파 인사를 배제한 것은 물론 능력과 성과 위주로 부처를 관리한 것이 최장수 기록의 밑바탕에 깔려 있다는 것이 대체적인 시각이다.

환경부의 한 직원은 김 전 장관의 업무 스타일을 정확한 문제 인식 → 의견 수렴 → 원칙에 따른 결정 → 강력한 추진으로 특징지었다. 산업자원부와 건설교통부 등 경제부처의 강한 반발에도 불구하고 원칙을 포기하지 않았기 때문에 수도권대기질개선특별대책 수립과 「수도권대기환경개선특별법」 입법예고가 나올 수 있었다는 것이다. 또 폐기물 분야의 선진정책으로 일컬어지는 생산자책임재활용(EPR) 제도를 도입해 올해 1월 1일부터 시행에 들어갈 수 있도록 진두지휘하는 모습도 연출했다. 물론 다원화, 복합화된 사회에서 돋보인 여성으로서의 섬세함과 치밀함도 최장수 장관이라는 기록을 만들어 낸 일등 공신으로 꼽힌다. 이해당사자 간의 파트너십을 중시하고 조화와 협조를 이끌어 내는 능력이 중요한 덕목으로 부각되는 현실에서 여성적인 시각과 접근이 오히려 강점이 된 것이다.

환경부와 국회를 거쳐 과학기술단체의 장을 여럿 맡았습니다. 어디서나 조직 구성원에 대해 최대한 선한 눈으로 보려고 했습니다. 2016년에 한국과학기술단체총연합회 50년 사상 최초의 여성 회장으로 선출돼 일하게 되면서, 회관 담당 용역회사의 청소 등 관리요원들에게 점심을 대접하고 작은 선물을 건넸습니다. 여러분이 실은 가장 중요한 일을 하고 있다고요. 역사상 처음 있는 일이라 했고, 지금도 가면 반기는 분들이 있습니다. KAIST 이사장으로 도곡캠퍼스로 나갈 때도 가끔 행정원, 환경미화원들과 점심을 하면서 얘기를 나눕니다. 어디를 가나 소외감을 느끼는 구성원에게 마음이 쓰입니다. 2002년 월드컵 끝나고 환경미화원 여러분을 부

부동반으로 온양온천 여행을 하도록 했습니다. 그때 홈페이지에 "정부가 이렇게 마음 따뜻한 일도 하느냐"고 칭찬을 많이 받았습니다.

◇ 조직의 리더가 갖춰야 할 전문성에 대한 견해를 듣고 싶습니다. 전문성이 얼마나 중요하다고 보시는지, 리더로서 갖춰야 할 다른 덕목은 어떻게 생각하시는지요?

전문성을 특정 분야에 국한시켜 말한다면, 저는 자연과학자로서 환경부 일을 하면서 수돗물 바이러스 검출 소동이나 차세대 핵심 환경기술 개발 사업 등에서는 과학 전문성이 큰 자산이었습니다. 그러나 행정조직을 이끄는 리더로서 특정 분야의 전문성은 제한된 기능을 할 뿐이고, 국무위원으로서 통합적·전략적 사고를 하는 것이 중요하다고 봅니다. 그리고 조직의 비전과 발전 방향, 추진 전략에 대해 공감하고 자신의 일에 자부심을 갖고 적극 참여하는 조직문화 조성의 리더가 돼야 합니다.

조직이 본연의 기능과 역할을 잘 하려면 구성원들이 자신의 업무의 가치를 중시하고 동기 부여가 돼야 하므로 사기를 높이는 리더가 돼야 합니다. 구성원 개개인의 역량을 인정하고 자부심을 가질 수 있도록 응원해야 합니다. 저는 모임에서 '내가 맡은 일은 내가 가장 잘 해야 한다'를 강조했습니다. 그런데 교수 시절부터 옆의 사람들이 뭉쳐서 신나게 일하도록 하는 힘이 있다는 얘기는 들었어요. 다른 사람들이 자신의 일이라고 여겨 열심히 함께 일하도록 도움을 이끌어 내는 능력이 최고의 리더라고 생각합니다. 요즈음 같이 복잡한 시스템에서 혼자서 잘 할 수 있는 일이 어디 있나요.

저의 리더십에 대한 생각은 논리 정연한 합리성에 기초하되 접근 방식에서는 감성에 호소하는 따뜻함과 고차원적 통찰력을 갖추는 것이 리더십의 요체이고, 성별에 따른 리더십보다는 양성(兩性)의 특질이 어우러지는 균형 감각의 리더십, 그리고 사람을 잘 쓰는 능력이 핵심이며, 특히 언행일치가 중요해서 "이것 하나 지키고 살면 잘 사는 것"이라고 믿습니다.

장관직의 리더가 갖춰야 할 덕목과 자질에 대해서 저에 대해 언론에 실린 기사를 인용하겠습니다. '김명자 장관의 성공 5계명'이라고 이름 붙인 내용입니다.

[동아일보 김순덕 논설위원 2002. 10. 14]
"(前略) '김명자 5계명'을 대안으로 생각해 봄직하다. 역대 여성 장관으로서만이 아니라 현정부 최장수 장관으로 기록되고 있는 김 환경부 장관을 잘 뜯어 보면 여성이 남성 중심의 조직사회에서 생존 및 성공하는 방법을 알 수 있다.

첫째, 실력은 기본이다. 그렇지만 실력이 가장 중요한 건 아니라는 게 더 중요하다. 나머지 계명을 못 지키면 있는 실력을 보여 줄 기회마저 놓치기 때문이다. 둘째, 튀지 않아야 한다. 신입 여직원 정도라면 귀엽게들 봐 주겠지만 지위가 올라갈수록 공격적인 모습으로 보여서 좋을 게 없다. 설치지 않으면서 할 일을 하는 것이 정치력이고 리더십이다.

다만 셋째, 내부는 확실하게 장악해야 한다. 김 장관은 능력에 따른 인사로 조직을 사로잡았다. 아직 인사권을 휘두를 자리에 있지 않다면 '남자다운' 인간관계로 주변에 좋은 인상을 심는 게 필요하다.

> 넷째로 외모도 무시 못 한다. 사람들이 북녘 여자 응원단에 열광하는 것처럼 예쁘면 여자로 사는 게 한결 수월해진다. 전략적 활용을 해볼 만하다. 그러나 다섯째, 김 장관이 언젠가 지인에게 털어놓았듯 가슴속에 숯덩이 하나는 지닐 각오를 해야 한다. 남자에겐 당연한 걸로 여겨지는 개인적 행복을 포기하거나 가족을 희생시켜야 할 가능성도 크다. 여성의 사회 참여는 계속 늘고 있지만 내 집 아닌 곳에서 여자가 살아남기는 아직도 힘든 세상이다."

에피소드를 하나 소개하면, 평소 자기관리가 철저하다는 평을 듣는데, 폭탄주를 넉 잔이나 마셨다는 기사가 난 일이 있었습니다. 그것도 청와대 비서실장이 홍일점 여성 장관이 애쓴다고 격려차 환경부 임원들을 초대한 자리였으니 비서실장과 장관이 술판을 벌였다고 하게 된 겁니다. 그 시절은 신문 가판이 나오던 때라 가판에 실린 걸 보고 기겁을 해서 공보관실에서 기사 빼달라고 사정한 끝에 겨우 뺐다고 안심했지요. 그런데 그걸 본 다른 언론사가 조간에 실었습니다. 그런데 그때 가판에 실린 기사의 내용이 묘했습니다. 교수 출신 여성 장관의 조용한 처신이 화제였는데, 업무 선상에서 뭐든 '할 때는 한다'는 뉘앙스로 나쁘지 않게 썼더라구요. 「3대강 수계 특별법」이 여야 만장일치로 의결된 날에는 직원들과 자축하는 자리에서 폭탄주가 돌았습니다. 한잔에서 끝내려 했는데, "건너야 할 강이 셋이었는데 어느 강을 버리겠느냐"고 해서 기꺼이 석 잔을 마셨습니다.

우리 사회에서는 리더십에서 아직도 남성과 여성이 구분되는 것 같습니다. 저는 그런 구분을 하지 않는 편이지만, 여성계에 강연을 하면서 이렇게 얘기합니다. "차가운 머리도 중요하지만 따뜻한 가슴도 때로는 매우 중요하며, 상황이 다급해도 마음에 와 닿는 신뢰를 쌓는 것이 먼저다. 여성 특유의 협상과 조정 능력이 중요하다. 그런데 여성계는 사회에 진출해서 협상력을 보인 전통과 경험이 상대적으로 짧으므로 그만큼 학습과 강한 의지가 필요하다. 다원화된 사회일수록 다양한 요소들을 아우르고 조화와 균형을 잡는 전인적(全人的) 감각이 중요하므로 여성성은 강점이 될 수 있다. 그러나 리더십의 가장 중요한 덕목은 깊은 통찰력이다. 그리고 설득력과 성실함, 정정당당함과 언행일치를 위해 자기성찰과 수련에 정진해야 한다."

Ⅲ. 나오며: 성공한 공공 리더로서의 회고와 지향

◇ 장관님은 행정과 정치 분야뿐만 아니라, 학계·과학기술계·기업·언론·시민단체에 이르기까지 다양하고 광범위한 영역에서 공공 리더로서 성공적으로 책무를 다해 오셨습니다. 그 성공 비결은 무엇이라고 할 수 있을까요?

리더십에 대한 특별한 생각이 없이 주어진 자리에서 하루하루를 충실하게 살려고 노력했을 따름입니다. 그러니 비결이 따로 있을 수 없는데요. 다만 진인사대천명(盡人事待天命)을 계명으로 여기고, 최선의 노력을 한 결과에 대해서는 연연하지 않으려고 노력했습니다. "욕심을 버리자"는 주문도 자주 외우고, 사람들을 선의로 보려고 노력했습니다. 특히 나이가 들면서는 좋은 사람들이 제 곁에 있는 걸 축복이라 느끼며 살고 있습니다. 과총에 있을 때도 비상근직인데 상근으로 일하며 3년간 300여 회의 포럼과 전문가 회의를 했다네요. 퇴임 선물로 멋있는 영상 자료를 만들어 줬습니다.

환경부 장관 시절에 함께 일했던 공무원들과도 계속 가족처럼 마음을 터놓고 얘기하며 모입니다. 고교 동창 소모임은 50여 년 이어지고 있고, 17대 국회의원 소모임도 2008년부터 지금까지 한 달에 한 번씩 모입니다. 그러고 보니 이력서에도 나오지만 한번 맡은 자리는 임기가 정해진 공직 말고는 10여 년 계속되는 게 많습니다. 최근에는 세대 교체하라고 스스로 내려놓기를 하고 있어, 몇 개는 줄였습니다. 김대중평화센터 이사, 김대중 노벨평화상기념관 이사도 십여 년 하고 있는데, 그대로 계속이고 김대중 대통령 강연(과학기술, 환경)을 하고 있습니다.

여지껏 수많은 인터뷰를 하면서, 여성 리더로서의 성공 비결 질문이 단골 메뉴였습니다. 저는 리더십이 젠더 특성으로 갈린다고는 보지 않습니다. 일찍부터 여성이 소수인 과학기술계에 있다 보니 '홍일점'에 익숙해져서 남녀 비교에 무뎌진 것 같습니다. 물론 초대 여성과학기술인지원센터 이사장, 여성과학기술단체총연합회 회장 등을 맡으면서 후배들을 위한 프로그램을 만들었지요. 그러나 그냥 리더로 일했고, "여성치고는 어떻다"라는 식의 표현은 좋아하지 않습니다. 최근에는 우리 사회가 인구 지진 상태가 되고 보니, 국가 차원에서 여성 인력 활용의 절박함을 누구보다 절실히 느끼고 있습니다.

제가 국회의원 시절 홈페이지에 내걸었던 슬로건은 '합리성과 감성의 거버넌스 리더십'이었습니다. 한편에 논리성·합리성·이성이 있고, 다른 편에 감성·직관·유연성·관계성이 있다면 이들 덕목이 조화와 균형을 이루는 것이 이 시대가 요구하는 리더십이라고 생각합니다. 그러나 가장 중요한 것은 이 모든 것을 아우르는 통찰력이라고 믿습니다. 매니지먼트는 일을 옳게 하는 것이고, 리더십은 옳은 일을 하는 것이라고 합니다. 리더의 자질로는 비전, 헌신, 소통, 통합은 물론 열정, 용기, 스태미나, 위기 상황에서의 평정심, 유머 감각, 도덕성에다 운까지 따라 줘야 한다고 합니다. 한마디로 전인적 인간형이라야 한다는 뜻이지요.

◇ 장관님의 리더십은 다양한 분야를 아우를 뿐만 아니라, 세대를 거듭해서 이어져 오고 있는 것이 매우 놀랍습니다. "그 시기에 맞는 리더십이 있다"는 것이 일반적인 통념인데, 장관님은 그에 해당하지 않는 것 같습니다. 시대 변화에 따른 세대 차이와 사회 변동에도 불구하고 리더의 자리를 지키는 비결은 무엇일까요?

과찬이십니다. 제가 교수 시절에 학생들에게 늘 강조했던 것이 '지적 호기심'을 가지라는 것이었습니다. 이미지 시대라 여성들은 외양 가꾸기에 치중하기 쉬운데, 내면의 성숙이 더 중요하다는 걸 깨우쳐 주고 싶었습니다. 17대 비례대표 국회의원이 된 뒤 중앙일보에 국회의원 이념 성향을 분석한 결과가 나왔습니다. 그 도표를 보니, 제가 딱 중앙에 위치해 있었습니다. 저는 '이쪽'에 대해서도 할 말은 하고 '저쪽'에 대해서도 할 말은 하는 편입니다. 그러면 생존하기 어렵지 않나 싶기도 한데, 그렇지 않은 것 같습니다. 정치적인 의도나 사심 없이 '할 말은 하는 합리적인 사람'으로 보이나 봅니다. 정권 교체에 별 영향을 받지 않고 위원회 일은 고루 맡았습니다.

세대 차이는 참 크다고 느낍니다. '열려 있다'는 자세가 중요하겠지요. "세대 차이를 인정한다. 그럼에도 나는 당신을 이해하려고 노력한다"고. 여러 가지 차이에도 불구하고, "그 다름을 인정하고 존중하고, 너와 함께 하고 싶다"는 마음을 전달하고 소통하는 게 화합으로 가는 지름길입니다. 작년부터 각 분야의 40~50대 산학연관언 전문가 그룹과 사적인 공부 모임을 매달 하고 있습니다. 여기 참석하는 분들이 설레는 마음으로 모임 날을 기다리게 하는 게 제 목표이고, 저 자신 충전하는 기회로 삼고 있습니다. 특히 까마득한 여성 후배들이 분야에 상관없이 저보고 건강하게 오래 활동해달라고 하는데 그 진심이 느껴집니다.

◇ 공공 리더로서 오늘날을 살아가고 있는 공직의 후배들에게 남기고 싶은 말씀은 무엇인지요?

저는 우리 사회의 심각한 '분열'을 걱정하고 있습니다. 분열과 갈등으로 사회적 행복지수가 위협받고 있습니다. 사회관계망 서비스(SNS)가 없던 시절로 돌아갈 수는 없는데, 이러한 소셜미디어 환경에 필요한 새 질서와 윤리는 정립되지 못하고 있습니다. 확증 편향에 의해서 갈라진 양쪽의 목소리에 휩쓸려 대의정치가 실종된 지 오랩니다. 기술의 가치가 인간의 가치를 앞설 것이라는 우려가 나오고 있었는데, 이미 그런 상황입니다. 정치와 상관없는 이슈도 모조리 정치적으로 해석하고 편 가르기를 하고 있습니다.

극심한 사회 분열과 갈등을 극복할 수 있는 동력을 어디서 어떻게 찾아야 할지 보이질 않아 안타깝습니다. 공공 리더의 역할이 그 어느 때보다도 중요한 시점입니다. 사회의 공익을 위해 봉사한다는 책임감으로 공공 리더는 사회에 긍정적인 영향을 미칠 수 있어야 합니다. 시대의 흐름이 정부가 국민을 통치하는 거번먼트(government) 시대에서 정부와 시민사회가 공공의 목표를 향해서 함께 의사결정을 하는 거버넌스(governance) 시대로 바뀌었습니다. 의사결정 단계에서 정확하고 객관적인 정보를 충분히 공유하고, 전문적 검토로 공론(公論)을 조성하고, 그것을 토대로 '여론(輿論)'이 형성되면서 정책결정에 함께 해야 할 것입니다. 그 과정을 순조롭게 진행할 수 있는 공공 리더십을 발휘해야 할 것입니다.

제 2 부
김명자 전 장관의 리더십 분석

Ⅰ. 들어가며: Well-rounded Leader의 전형

김명자 장관은 화학을 전공하고 학계, 행정, 입법, 기업, 언론, 시민단체 등 다양한 분야에서 공공 리더로서 활동해 왔다. 교수 출신으로서 김대중 대통령 정부에서 환경부 장관으로 임명돼 '헌정 사상 최장수 여성 장관'과 '국민의 정부 최장수 장관'의 기록을 남겼다. 또한 비례대표 국회의원(2004~08년)으로서 국방위원회(간사)에서 국방 연구개발(R&D) 강화와 병영문화개선위원장으로 기여했다. 이후 현재까지 한국과학기술단체총연합회 50년 사상 최초의 여성 회장(2017~2020년), 한국지속가능발전기업협의회 회장(최초 여성 회장), 민간 부문 대기업 이사회 의장(최초 여성 의장) 등을 역임하고, 법적 근거에 의해 2020년 대한민국과학기술 유공자로 선정됐다. 2023년부터는 KAIST 52년 역사상 최초의 여성 이사장으로 활약하고 있다.

그의 리더십에서 주목하는 이유는 리더십을 발휘하는 분야가 너무나 다양하고 넓을 뿐만 아니라, 그 기간도 50년을 넘고 지금도 현역이라는 점이다. 맡은 직함이 봉사직이라 하더라도 20개가 넘는다. 그가 미국에서 박사학위를 받고 숙명여대 화학과 교수로 부임한 것이 1974년이니, 강산(江山)이 다섯 번 변하는 세월이었다. 그 세월은 엄청난 변혁의 시간이었다. 권위주의 통치의 고도 성장기를 지나, 민주화와 IMF 외환 위기 등 세계화 시기를 거쳤다. GDP 규모는 1974년 195억 4천만 달러에서 2022년 1조 6천 643억 3천만 달러로 85.2배 상승했다. GDP 순위는 1974년 30위에서 2021년 세계 10위로 뛰었다. 한국 경제의 산업구조는 농어업·섬유산업 위주에서 IT·전자·금융 산업으로 고도화됐다(대한상의, 2023).

급격한 경제 발전에 따르는 한국의 사회, 정치, 행정의 변화를 고려할 때, 한 사람이 이렇게 긴 시간 동안 다양한 분야에서 공공 리더로서 활약하는 사례는 결코 흔하지 않다. 그동안 많은 공공 리더가 활약했지만, 한 분야에서 두각을 나타내거나, 어느 한 시기에 '반짝'하는 경우가 많았다. 더욱이 여성으로서 김명자 장관은 어떻게 반백 년 동안 아직까지 다양한 영역에서 공공 리더로서 활약할 수 있을까? 그의 성공적인 리더십의 비결은 무엇일까?

Ⅱ. 조화와 균형의 리더십

　김명자 장관의 성공적인 리더십의 특성으로 필자는 '조화와 균형의 리더십'에 주목한다. 다양하고 갈등적인 요소들을 조화시키고 그 사이에서 균형을 맞추는 리더십이다. 그 특징을 살펴보자.
　첫째, 남성 편향적 문화로 인한 적대적 환경에서 세련된 여성적 접근이 돋보인다(박통희, 2004). 남성적 문화 주도의 2000년대 한국 행정에서, 오히려 여성성을 무기로 성공적인 장관직을 수행한 것이다. "여성으로서 공직을 수행하는 것이 오히려 도움이 된다"는 긍정파다. 이해 당사자 간의 파트너십을 중시하고 조화와 협조를 이끌어 내는 능력이 중요한 덕목으로 부각되는 현실에서, 여성적인 시각과 접근이 오히려 강점이 된다고 본 것이다(연합뉴스, 2003년 2월 27일자).
　다음과 같은 글을 올린 적도 있다. "많은 사람이 여성으로서 공직을 수행하는 데 어려움이 없느냐고 물었다. 그때마다 나는 오히려 도움이 된다고 말한다. 실제로 우리 사회에서 여성이 얻을 수 있는 혜택은 불이익만큼이나 많다. 남성들이 갖기 힘든 감수성과 '수다'로 단련된 의사소통 능력, 그리고 보살핌, 모성의 본능은 매우 중요하고 소중한 능력이다. 게다가 상대적으로 공적 관계나 연줄이 적은 점은 공정하고 합리적으로 문제를 풀어 나가는 훌륭한 밑천이 될 수 있다. 이제 앞으로 여성들이 일할 기회는 급속히 많아지고 있다('지속 가능한 미래를 위하여')."

그렇다고, 여성성만을 무기로 삼은 게 아니다. 성과를 올리기 위해 최선을 다 하되, 감정적으로 행동하지 않았다. 남성 지배 사회에서 소수인 여성들이 살아남는 최선의 전략은 성과를 내는 것이라는 확고한 소신을 가지고 있다(박통희, 2004). 나아가 그는 "남의 눈에 띄는 자리에 있는 여성은 하고 싶은 감정대로 행동해서는 안 됩니다. 조용한 싸움에도 강해야 합니다(조선일보, 2003. 3. 1. 박통희[2004] 재인용)"라며 실력과 절제된 자세를 강조했다.

둘째, 성과와 배려 간의 조화와 균형이다. 그는 능력과 성과 위주로 부처를 관리하는 원칙을 확고히 하고 외부의 압력을 굳건히 이겨 냈다. 그렇지만, "월드컵 때 밤샘 근무하는 환경미화원들을 찾아다니며 김이 모락모락 나는 시루떡을 직접 돌릴 만큼, 또 환경부 말단직원들 생일까지 일일이 챙길 만큼" 환경부 직원들에 대한 자상한 배려로도 화제가 되었다(조선일보, 2003. 3. 1.).

셋째, 조직 내부와 외부로부터의 요구 사이에서의 조화와 균형이다. 그가 환경부 정책을 결정하는 과정에서 가장 긴밀하게 협의한 이해관계자는 환경부 공무원들이었다. 그리고 학계, 연구원 등 전문가 그룹의 검증과 자문을 위한 협의를 거쳤고, 시민단체나 언론과도 긴밀한 관계의 끈을 유지했다. 즉, 가장 많이 반영된 것은 환경부 공무원 의견이었으나, 전문가 그룹과 시민단체 의견도 최대한 존중했다.

넷째, 다양한 이해관계 간의 조정과 균형이다. 갈등과 대립이 빈번한 환경부 업무를 추진하면서 양 극단의 논리가 부딪칠 때는 평균 전략을 취함으로써 무리 없는 완충 상태에서 차분히 일을 풀어 나가는 원만함을 보여 줬다. 무엇보다도 갈등 조정을 위한 논의는 냉철한 논리와 합리성에 근거하되, 일정 부분 감성에 호소함으로써 협조를 끌어냈다(박통희, 2004).

III. 완벽주의 리더십

김명자 장관의 '조화와 균형의 리더십'을 절충적 리더십으로 이해하면 오판이다. 조화와 균형을 달성하기 위해서는 더 많은 준비와 철저한 전략이 필요하다. 어느 하나를 포기하거나, '선택과 집중'하는 전략은 오히려 쉽다. 완벽히 준비되지 않으면, 조화와 균형은 달성되기 어렵다. 정책 추진과 조직관리의 모든 요소가 완벽하게 통제되고 실행되지 않으면 조화와 균형이 이뤄지지 않는다. 그의 '조화와 균형의 리더십' 이면에는 '완벽주의 리더십'이 자리하고 있다고 판단된다. 그의 리더십에서 '조화와 균형'과 '완벽주의'는 '동전의 양면'과 같다고 할 수 있다.

그의 완벽주의 리더십은 연구진이 인터뷰와 함께 실시한 '리더십 특성 진단' 결과에서도 그대로 드러나고 있다. '리더십 특성 진단'은 공공리더십 역량 모델인 'ROLE 모델'에 입각해 측정했다. 'ROLE 모델'에 따르면, 공공리더십은 "개인의 내적 가치와 외부 환경에 관한 이해, 그리고 조직의 내부 동향과 외부 영향에 관한 반응을 통합적으로 조화롭게 관리하며 공공의 이익과 공공가치의 실현을 지향하는 리더십"으로 정의할 수 있다.

'ROLE 모델'은 공공리더십을 4개의 영역으로 구분하고, 각 영역은 2개의 부문으로 구성됐다. 'ROLE 모델'을 구성하는 각 부문은 다음과 같다. (1) 윤리성, (2) 신뢰, (3) 공익 추구, (4) 변화관리, (5) 갈등 조정, (6) 방향 제시, (7) 소통, (8) 전문성 부문이다. 각 부문별 문항에 대해 김명자 장관이 자기 기입식으로 점수를 기입해 리더십 역량을 측정했다.

먼저, 김 장관의 리더십 중 윤리성 요소의 진단 결과는 [그림 1]과 같다. (7)번 항목(나는 법률과 규칙에 위반해 업무를 수행하는 구성원이 없는지 수시로 점검한다)와 (8)번 항목(나는 업무 이해관계자에게 부정부패 방지를 위한 방침을 적극적으로 알린다)은 5점 만점에 4점이 부여됐으며, 나머지 항목은 모두 5점이다.

[그림 1] 윤리성 부문 리더십 진단

문항	점수
1. 나는 윤리의 중요성을 인식하고 있다	5
2. 나는 윤리적 판단 기준을 명확히 이해하고 있다	5
3. 나는 업무 수행이나 의사결정 시 규정과 절차 등 윤리적 기준을 적용한다	5
4. 나는 구성원들에게 비윤리적 행동을 하지 않도록 지도한다	5
5. 나는 준법에 관한 강력한 의지를 구성원들에게 보여 준다	5
6. 나는 업무 수행 시 법규와 조직 내부 기준 및 절차를 준수한다	5
7. 나는 법률과 규칙에 위반해 업무를 수행하는 구성원이 없는지 수시로 점검한다	4
8. 나는 업무 이해관계자에게 부정부패 방지를 위한 방침을 적극적으로 알린다	4
평균	4.75

신뢰, 공익 추구, 변화관리, 갈등 조정, 방향 제시, 소통, 전문성으로 구성된 ROLE 모델의 요소들의 진단 결과는 [그림 2]부터 [그림 8]에 나타난 바와 같다. 변화관리 요소의 (1)번 항목(나는 평소 직무 분야에 대해 늘 새로운 것을 학습하고 우리 조직의 행정서비스에 연계, 적용한다) 항목만 4점이 부여됐고 나머지 모든 항목은 모두 5점이 부여됐다.

[그림 2] 신뢰 부문 리더십 진단

문항	점수
1. 나는 구성원들을 공정하게 대한다	5
2. 나는 대내외적인 관계 형성 시 편견을 배제하려고 노력한다	5
3. 나는 의사결정을 위한 과정 및 절차를 일관되게 적용한다	5
4. 나는 의사결정 과정 및 절차에서 객관성을 가지고 판단한다	5
5. 나는 성별, 지연, 학연, 교육수준 상관없이 공정하게 평가한다	5
6. 나는 신뢰할 수 있다	5
7. 나는 구성원들을 속이지 않느다	5
8. 부하 직원들은 내가 제시한 공식적인 메시지를 믿고 따른다	5
9. 나는 내가 제시한 공식적인 메시지와 행동의 결과에 책임을 다한다	5
평균	5

[그림 3] 공익 추구 부문 리더십 진단

문항	점수
1. 나는 국민과 사회의 이익과 발전에 깊은 관심이 있다	5
2. 나는 행정서비스를 기획할 때 국민과 사회의 이익을 가장 우선시하고 있다	5
3. 나는 국민과 사회의 이익이 되는 행정서비스를 제공하기 위해 노력한다	5
4. 나는 실행된 행정서비스가 국민과 사회의 이익이 되는지 정기적으로 점검하고 개선한다	5
평균	5

[그림 4] 변화관리 부문 리더십 진단

문항	점수
1. 나는 평소 직무 분야에 대해 늘 새로운 것을 학습하고 우리 조직의 행정서비스에 연계, 적용한다	4
2. 나는 이해관계자와 갈등이 발생할 상황을 예측한다	5
3. 나는 변화하는 주변 환경을 지속적으로 파악하기 위해 정보를 수집한다	5
4. 나는 내 분야 외의 다양한 영역에 대해서도 예의주시한다	5
5. 나는 정보를 수집하기 위해 접근 가능한 다양한 방법을 활용한다	5
6. 나는 구성원들이 환경 변화를 받아들일 수 있도록 적극적으로 설명한다	5
7. 나는 다양한 채널과 방식으로 조직이 추구하는 정책 방향을 전달한다	5
평균	4.857

[그림 5] 갈등 조정 부문 리더십 진단

문항	점수
1. 나는 갈등 발생 시 다양한 의견을 중재하려고 노력한다	5
2. 나는 갈등을 해결하기 위해 다양한 의견을 제공한다	5
3. 나는 의견 충돌 시 대화를 통해 상대방의 관점을 이해하려고 노력한다	5
4. 나는 의견 불일치 시 구성원들과 함께 해결하려고 노력한다	5
5. 나는 상대방의 의견을 절충해 공동 해결안을 찾으려고 노력한다	5
평균	5

[그림 6] 방향 제시 부문 리더십 진단

문항	점수
1. 나는 위기 상황 발생 시 유관 부서와 협의하고 통제 및 권고 사항을 신속히 파악한다	5
2. 나는 한정된 자원을 고려해 우선순위에 맞게 신속히 대응한다	5
3. 나는 위기 상황에서도 적극적으로 위기 관련 정보와 대응 계획을 공유한다	5
4. 나는 위기 상황 발생 시 공식적인 커뮤니케이션을 추구한다	5
5. 나는 조직 목표나 정책을 앞장서서 실천하고 지지한다	5
6. 나는 조직이 추구하는 정책 방향을 구성원들에게 공유한다	5
7. 나는 조직이 추구하는 정책 방향을 구성원들이 공감할 수 있도록 노력한다	5
8. 나는 조직이 추구하는 정책 방향에 일치하는 행동을 한다	5
평균	5

[그림 7] 소통 부문 리더십 진단

문항	점수
1. 나는 구성원의 의견을 적극적으로 경청하기 위해 노력한다	5
2. 나는 목표 달성을 둘러싸고 벌어지는 이해관계자들과의 문제를 관심 있게 듣는다	5
3. 나는 업무에 있어 새로운 아이디어나 관점을 받아들이려고 노력한다	5
4. 나는 상대방의 피드백을 수용하려고 노력한다	5
5. 나는 구성원의 의견과 가치를 존중한다	5
6. 나는 구성원의 다양한 입장을 이해한다	5
7. 나는 구성원의 욕구와 감정적 변화에 민감하게 주의를 기울인다	5
8. 나는 의사결정 시 논리적으로 설득하고 상대방의 관점에서 공감을 끌어 낸다	5
평균	5

[그림 8] 전문성 부문 리더십 진단

문항	점수
1. 나는 내 의견을 효과적으로 전달한다	5
2. 나는 상대방의 요구를 정확히 파악하고 지원한다	5
3. 나는 현재 업무와 관련해 전문성을 보유하고 있다	5
4. 나는 업무상 이슈가 발생하면 적절한 해결책이나 아이디어를 제공한다	5
5. 나는 새로운 상황이 요구하는 변화 방향에 맞는 해결안을 찾아서 적용한다	5
6. 나는 복잡한 자료와 정보들이 가지고 있는 이슈와 메시지를 잘 파악한다	5
7. 나는 한정된 자원을 고려해 업무 우선순위를 잘 파악한다	5
평균	5

이와 같은 결과를 종합한 결과는 [그림 9]에 제시된 바와 같다. 윤리성, 신뢰, 공익 추구, 변화관리, 갈등 조정, 방향 제시, 소통, 전문성으로 구성된 ROLE 모델의 요소들 중에 윤리성은 4.75, 변화관리는 4.857점이 나왔고, 그 외의 요소들은 모두 5점 만점으로 평가됐다. 공공리더십을 구성하고 있는 어느 한 요소도 소홀히 생각하지 않는 김명자 장관의 완벽주의 리더십 스타일을 그대로 보여 주는 결과라고 해석된다.

[그림 9] 부문별 리더십 진단 종합

문항	점수
1. 윤리성	4.75
2. 신뢰	5
3. 공익 추구	5
4. 변화관리	4.875
5. 갈등 조정	5
6. 방향 제시	5
7. 소통	5
8. 전문성	5

그의 완벽주의 리더십은 여러 자료를 통해 재확인할 수 있다. 대학교수 시절에는 "조용하지만 개강 첫 수업이라고 대충 때우는 법이 없었으며, 학점 또한 짜게 주는 깐깐한 교수로 유명했다"(조선일보, 2003. 3. 1. 박통희[2004]에서 재인용). 그는 교수 시절에 "여성 과학자, 며느리, 아내로서의 1인 3역을 잘 소화해 냈느냐?"는 질문에 대해 다음과 같이 답변했다. "더 이상 할 수 없다고 생각하는 점에서 잘했다"는 언급이 그의 완벽주의 성향을 잘 보여 준다고 생각된다.

> "내가 더 이상 할 수가 없다고 생각하는 점에서 잘했다고 자부합니다. 나로서는 더 이상 노력할 여지가 없다고 할 만큼 최선을 다했으니까요. 아이들 키우고 시어른 병구완하면서 강의 준비하고 실험 연구까지 하는게 쉬울 수 없죠. 하지만 모든 것이 중요한 일인 만큼 실수하지 않도록 노력했지요"(안여림 외, 2006: 93).

위의 인터뷰는 김 장관의 좌우명인 '진인사대천명(盡人事待天命)'의 자세를 그대로 보여 준다(동아일보, 2002. 9. 22. 박통희[2004]에서 재인용). 그는 하루하루 주어지는 크고 작은 일에 최선을 다하고 그 결과는 그대로 받아들이겠다는 '진인사대천명'의 자세로 일했다고 여러 차례 언급했다. 이와 같은 완벽주의는 그의 직무 태도에서도 그대로 드러난다. 교수 시절에 그랬듯이, 장관직에 있는 동안에도 지각이나 결근을 한 번도 하지 않았다고 한다. 원칙적이고 엄격한 태도를 자신이 스스로 솔선수범했다.

> "장관이 된 후 단 하루도 결근한 적이 없어요. 못 아프죠. 아프면 안 되죠. 일반적으로 남성들에 비해 취약하다고 하는 것일수록 더 신경을 썼어요. 지각이나 약속 어기는 것은 저 스스로 참을 수 없어요"(우먼타임스, 2002. 12. 10.; 박통희, 2004에서 재인용).

> "일하는 과정에서 내가 여러분에게 모질게 했다면 미안하다. 하지만 나 자신에게는 더 모질게 채찍질했으니 이해해 달라"(김 장관의 장관 이임사 중, 조선일보, 2003. 3. 1).

나아가 공직자, 특히 남성 편향적 가부장적 문화가 잔존하는 한국의 공직사회에서의 여성 공직자는 "국민의 공복이라는 철저한 직업 정신으로 항상 준비된 인재라는 인식을 심어 주어야 한다"고 강조했다(박통희, 2004: 225).

이와 같은 '조화와 균형의 리더십' 그리고 '완벽주의 리더십'이 동전의 양면처럼 존재하는 김 장관의 성공적 리더십은 역설적으로 김 장관 본인에게 많은 자기희생과 '마음의 상처'를 요구했을 것이다. 그 스스로 "가슴속에 숯덩이 하나는 지닐 각오를 해야 한다"(동아일보, 2002. 10. 15)고 언급한 바 있을 정도다. 또한 김 장관의 리더십을 지금의 젊은 세대들은 조금은 답답하게 느낄 수도 있을지 모르겠다. 그의 리더십을 연구한 젊은 여성 과학도들은 다음과 같이 총평을 남겼다.

> "인터뷰를 하기 전에 내가 상상했던 선생님의 모습은 '철의 여인'이었다. 한 치의 실수도 없이 맡은 일을 똑부러지게 해내는 당찬 여성. 실제로 만나 뵌 김명자 선생님은 기대했던 그대로 '여장부'셨다. 그러나 선생님의 당찬 모습 뒤에는 부드러운 여성성이 있었다. 김명자 선생님의 섬세한 리더십은 바로 그 부드러운 카리스마에서 나오는 것임이 느껴졌다. 여성성을 바탕으로 남성 중심의 관료사회를 개혁한 일은 분명 멋진 일이다. 하지만 아이러니하게도 그러한 평가를 받을 수 있는 높은 위치에 올라가기까지는 '무식하고 우직하게' 기존 시스템을 따라가 줘야만 했다. 환경부 장관이 돼 자신의 소신을 펴게 되기까지 선생님이 걸으셨던 험난한 과정을 보면서, 전 과목 올 A+를 받은 친구의 성적표를 구경할 때 느끼는 부러움과

착잡함이 뒤섞인 답답한 기분이 들었다"(안여림 외, 2006: 98).

그러나, 거꾸로 김 장관의 완벽주의 리더십이 그런 답답함, 그런 자기희생을 감수하게 만들었다고 생각한다. 나아가서는 자기희생과 고뇌, 답답함을 감수할 수 없다면 공직을 맡아서는 안 된다는 점을 김 장관의 리더십이 보여 주고 있다고 생각한다. 성공적인 공공 리더가 되는 것은 즐겁고 화려한 길을 걷는 길이 아니라, 하루하루 자기를 희생하며, 답답해 하면서도 공익과 시민들의 발전, 그것도 지금 존재하지 않는 미래 세대까지 고려하면서 묵묵히 헤쳐 나가야 하는 "시대정신에 대한 소명감과 노력"(「헌정」, 2024. 10)의 길임을 김 장관의 사례는 보여 주고 있다.

Ⅳ. 준비와 축적의 리더십

김 장관이 자주 언급하는 경구가 있다. 과학자 루이 파스퇴르(Louis Pasteur)가 말한 "행운은 준비된 자에게 온다(Fortune favors the prepared mind)."는 경구다. 김 장관의 성공적인 리더십에는 준비와 축적의 시간이 있었다.

김 장관은 화학자이기도 하지만 과학사(科學史)를 연구하는 인문학자이자 사회과학자이기도 하다. 1980년대부터 대학에서 교양과학사를 가르치기도 했다. 그 스스로 과학사 연구와 강의가 다른 일을 하는 데 중요한 계기와 준비가 됐다고 밝히기도 했다.

> "문명사 속의 과학기술과 다른 분야 사이의 상호 작용은 참 흥미로운 주제였습니다. 이 길로 들어서도록 인도해 준 선생님은 저보다 3년 후배인 서울대 김영식 교수(당시 화학과 소속)였습니다. 하버드대학에서 이학박사를 하고 프린스턴대학에서 문학박사를 받은 독보적인 배경의 존경할 만한 대학자를 만난 것은 참 고마운 일이었습니다. 그 당시 김영식 교수의 과학사 및 과학철학 협동과정에 청강생으로 수업을 듣기도 했습니다. 그 계기가 제 커리어의 중요한 한 점(dot)이 돼 다른 점들과 연결된 것이라는 생각이 듭니다"(「화학세계」, 2023. 10).

이와 같은 과학사 연구의 일환으로 토머스 쿤(Thomas S. Kuhn)의 『과학혁명의 구조』, 제레미 리프킨(Jeremy Rifkin)의 『엔트로피』 등 굵직한 역서를 내기도 했다. 나아가 과학사 연구는 그가 과학자의 사회적 책임에 주목하는 계기가 됐다. 대외 활동의 범위도 넓어졌다. 신문 칼럼을 비롯해 TV 출연도 활발했다. 지금은 유튜브를 통해 자주 만나게 되는 '과학 커뮤니케이터'의 원조 격이었다. 1990년대 10년간 KBS 객원 해설위원을 맡았고, 1990년대 초 KBS의 '과학 2001' 프로그램의 진행자로도 활동했다(여성국회의원단체, 2023).

1980년대 말부터 정부에서 과학정책과 과학기술 관련 자문위원 일도 많이 했다. 그가 정계로 입문하는 계기가 된 것은 김영삼 대통령 시절 대통령 자문기구인 국가과학기술자문회의 위원을 맡고, 다시 김대중 대통령 시절에 연임을 한 경력이 작용했다. 당시 자문위원은 현재와는 달리

10명으로 소수였다. 그는 소위원장으로 과학기술, 경제 관련 대통령 보고서를 여러 건 썼다. 1991년에 출간한 『동서양의 과학 전통과 환경운동』은 환경 위기를 어떻게 극복할 수 있는지에 관한 저술로 환경부의 기능 설계 및 및 정책 방향성 형성에 도움이 되는 저술이었다(여성국회의원단체, 2023).

결론적으로 과학자로서 증거 기반의 사고방식과 연구를 통해 축적된 과학적 방법론, 과학사 연구자로서의 인문학적·사회과학적 현실 인식, 거기에 다양한 저술 활동 및 사회봉사 활동과 대외 활동은 그녀가 인식했든, 하지 못했든, 성공적 공공리더십을 위한 준비이자 축적이었다. 전임 환경부 장관의 급작스러운 낙마에 따른 갑작스러운 장관 임명에도 불구하고 환경부가 처한 정책환경과 환경부 내부의 요구 사항을 잘 이해하고 있었던 이유 중 하나이기도 했다. 아래의 인터뷰 내용을 통해, 그도 이 점을 잘 알고 있음을 알 수 있다.

> "제가 항상 견지하고자 한 것은 환경부에서도, 국회에서도 그리고 그 후에도 과학적으로 사고하고 과학적 방법론에 입각해 문제를 접근하고 푸는 것이었습니다. 자연과학의 학문적 배경과 훈련이 사회적 현상을 다루는 문제풀이에서 특이한 메커니즘으로 작동했다고 느끼고 그것이 저의 오늘을 만들었다고 말씀드릴 수 있습니다. 그 모든 이유로 저는 자연과학 분야로 시작해서 행정, 입법, 민간 부문에서 일하고 있는 것에 대해 감사와 함께 자부심을 갖고 있습니다"(「화학세계」, 2023. 10).

지금도 그는 과학기술과 사회의 변화를 강조하면서 과학을 전공한 정책가, 정책의 경험을 바탕으로 과학의 사회적 의미를 강조하는 과학자로서 활동하고 있다. 최근에는 그 범위를 넓혀 팬데믹, 산업혁명, 국가 발전을 두루 아우르는 저술들인 『팬데믹과 문명』, 『산업혁명으로 세계사를 읽다』, 『원자력, 무엇이 문제일까?』 등을 발간하는 등 과학기술의 사회적 책임과 국가 발전을 위한 정책 제언을 활발하게 제시하고 있다.

"과학기술은 사회 혁신 실현에도 기여할 책무가 있습니다. '삶의 질 향상', '공공복지 안전', '기후 위기 해결', '따뜻한 과학' 등이 주요 의제가 되고 있기 때문입니다. 보건, 의료, 교육, 위생, 환경, 안전 등 사회적 목표 달성에 기여하는 과학기술혁신 정책에서 과학자의 역할이 중요한 시대입니다. 과학자로서 사회, 경제, 문화, 윤리, 가치관에 이르기까지 스펙트럼을 넓혀 관심과 전문성을 갖출 필요가 있습니다. 그래서 일반 국민과 사회에 다가가는 과학기술계가 돼야 예산 지원의 기반도 튼튼해집니다"(『화학세계』, 2023. 10).

"근대사를 보면 산업혁명에 앞장선 국가가 세계사의 주역이 됐고, 그 과정에서 개방과 혁신은 불가결의 요소였습니다. 혁신이 최고의 가치가 되는 분야가 바로 과학기술이고, 과학기술 혁신(STI)은 국가 경제와 사회 발전의 막강한 원동력입니다. R&D 특허, 기술 이전, 창업에 의한 상용화와 시장 진출로 경제적·사회적 이익을 국민에게 돌아가도록 하고 국가 경쟁력 강화에 더욱 기여해야 한다고 믿습니다. 융합형 인재, 여성 인력, 학제적 프로그램, 실질적 국제협력의 활성화가 과제입니다"(「화학세계」, 2023. 10).

V. 나오며

　김명자 장관의 조화와 균형의 리더십, 완벽주의 리더십, 준비와 축적의 리더십은 지금의 한국 사회와 공직사회에 주는 울림이 크다. 무엇보다도 극단적으로 분열돼 있고, 그 분열을 더욱 심화시켜 자신의 이익을 극대화하려는 세상에서 '조화와 균형의 리더십'은 공공 리더가 가져야 할 지향점으로 충분하다. '조화와 균형'을 강조하는 그가 우리 사회의 가장 큰 문제로서 분열을 이야기한 것(인터뷰 참조)은 어쩌면 너무 당연한 것이기도 하고, 또 한편으로는 지금 공공 리더들이 무엇을 지향해야 하는지를 조용히 지적한 것이라고 생각된다. 그 조화와 균형을 달성하기 위해서는 완벽주의가 필요하며, 관용, 학습, 공익에의 헌신이라는 준비와 축적의 시간이 필요함을 보여 줬다.

　김 장관은 공공 리더가 되기 위해서는 모든 것에서 최선을 다하는, 완벽을 지향하는 완벽주의 리더십이 있어야 함을 보여 줬다. 공직의 가치를 자기의 이익을 달성하려는 수단 정도로, 정치적 승리의 전리품 정도로, 개인적인 이익을 위해서는 언제나 버릴 수 있을 만큼 가벼운 것으로 여기는 작금의 한국 사회에서, 공직의 무게를 견디지 못하는 리더는 성공할 수 없음을, 성공적인 리더가 되기 위해서는 희생과 고뇌를 묵묵히 짊어지고 올라가야 함을 김 장관의 리더십은 보여 주고 있다. 그것이 바로 김 장관의 리더십이 분야에 상관없이, 시기에 상관없이 호명되고 요청되는 이유일 것이다.

　마지막으로 김 장관의 리더십 연구를 통해 여성과 남성, 문과와 이과 등 우리 사회에서 흔히 논의되는 이분법에 입각해 리더십과 행정 현실을 바라보는 시각도 재검토해야 한다는 학술적 함의도 얻을 수 있었다. 물론, 김 장관의 성공적인 리더십에 여성성이 일부 기여했을 수도 있겠다. 김 장관이 활동했던 2000년대의 분위기가 여전히 남성 중심의 가부장적 공직문화가 잔존했기에 김 장관의 리더십 중 여성성이 부각됐을지도 모르겠다. 그러나, 현재의 공직문화와 한국 사회의 발전을 고려할 때, 김 장관의 리더십은 남성 리더와 여성 리더 모두가 가져야만 하는 보편적 리더십이다. 김 장관의 리더십 연구를 통해 여성과 남성, 문과와 이과 등과 같은 이분법이 구시대적인 발상임을 다시 한번 더 인식할 수 있었다.

참고 문헌

김주영, '21세기는 이런 여성 지도자를 원한다.'(http://www.visionmj.com/kmj/main3_d.htm)

대한상의. (2023).「통계로 본 한국경제 50년」. 대한상공회의소.

박통희. (2004). 교환적 거버넌스형 리더십: 전 환경부 장관 김명자에 대한 연구.「편견의 문화와 여성 리더십: 여성 공직자의 역할모형」. 대영문화사.

안여림 외. (2006).「과학해서 행복한 사람들: 세계의 여성 과학자를 만나다 프로젝트」. 사이언스북스.

여성국회의원단체. (2023) 김명자: 협상과 조정 능력이 탁월한 학자이자 정치인.「여성의정 발간 여성의원 인물사」.

동아일보, 2002년 9월 22일자, 닮고 싶고, 되고 싶은 과학자 김명자 환경부 장관

동아일보, 2002년 10월 15일자, 동아광장: 여자로 살아남기.

연합뉴스, 2003년 2월 27일자, 김명자 전 환경장관의 최장수 비결

우먼타임스, 2003년 10월 25일자, 최장수 장관에서 캠퍼스로 다시 돌아간 김명자 서울대 기술정책대학원과정 CEO 초빙교수

조선일보, 2003년 3월 1일자. [사람들] 최장수 여성장관 기록한 김명자 전(前) 환경부 장관.

조선일보, 2016년 3월 5일자, 줄줄이 유리천장 깼다. 이젠 500만 과학인 대표 한국과학기술단체총연합회 첫 여성회장 선출된 김명자 전 장관, 교수·장관·국회의원… 성실함으로 일군 官運

중앙일보, 2023년 5월 10일자 김명자 전 장관, KAIST 첫 여성 이사장 됐다

「헌정」. 2024년 10월호. 김명자 카이스트 이사장(17대 의원)의 삶과 비전. "열정·성실이 가장 중요한 덕목이자 성공 요인이지요." 헌정회.

「화학세계」. 2023년 10월호. 화학세계가 만난 화학자: 카이스트 김명자 이사장. Fortune favors the prepared mind. 대한화학회.

YTN 사이언스, 2024년 3월 26일, 위대한 과학기술인 김명자 편

박재완 전 장관

◆ 경력 사항

2023년 1월~현재: 학교법인 성균관대학 이사장
2023년 2월~현재: 경제교육단체협의회 회장
2016년 3월~2022년 3월: 삼성전자 사외이사, 이사회 의장
2011년 6월~2013년 3월: 제3대 기획재정부 장관
2010년 8월~2011년 6월: 제2대 고용노동부 장관
2008년 6월~2010년 7월: 대통령 국정기획수석비서관
2008년 2월~2008년 6월: 대통령 정무수석비서관
2004년 5월~2008년 2월: 제17대 국회의원(비례대표/한나라당)
1996년 3월~현재: 성균관대학교 행정학과 교수, 명예교수
1980년 5월~1996년 2월: 국가안전보장회의, 감사원, 재무부, 대통령비서실 근무

◆ 학력 사항

서울대학교 경제학 학사
하버드대학교 정책학 석사, 박사

박재완 전 장관

인터뷰어
양재완 교수

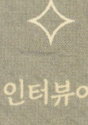

제 1 부
박재완 전 장관과의 공공리더십 인터뷰

Ⅰ. 들어가며: 소탈하고 겸손한 첫인상

성균관대학교 600주년 기념관의 이사장실에서 박재완 전 기재부 장관을 처음 만났을 때, 가장 먼저 눈에 들어온 것은 서글서글한 눈매였다. 마주하는 순간, 그의 따뜻한 시선이 사람을 편안하게 만드는 힘을 지니고 있음을 느낄 수 있었다. 박 이사장은 배낭을 가볍게 메고 출근하는 소탈한 모습으로 다가왔고, 마치 오랜 친구를 대하듯 따뜻하게 인사를 건넸다. 소박한 옷차림에도 불구하고 그의 내면에서 우러나오는 진심 어린 겸손함이 자연스럽게 느껴졌다. 그는 그날 아침의 끔찍한 교통 정체를 뚫고 인터뷰를 하러 온 연구진에 대한 감사의 인사도 잊지 않았다. 박 이사장은 인터뷰에 앞서 차와 커피를 권해 주며 대화를 부드럽게 이끌어 줬고, 그의 이러한 배려 덕분에 우리는 금세 편안한 분위기 속에서 대화를 나눌 수 있었다.

본격적인 인터뷰에 앞서 박 이사장과 가벼운 담소로 시작했다. 마침 박 이사장의 이름이 인터뷰를 진행하는 나의 이름과 같은지라 재완이라는 이름을 갖게 된 나름의 간단한 사연을 주고받으며 대화를 이어나갔다. 박 이사장은 한자로는 宰(재상 재) 完(완전할 완)을 쓰는데, 족보에는 '봉규(奉

圭'라는 이름을 올렸다고 한다. 유학을 배우신 백부님께서 나라에 봉사하는 삶을 살기를 바라는 의미를 담아 지었다가, 더 큰 일을 하라고 개명했다고 하니 과연 그 이름에 걸맞은 삶을 살아온 것이 아닌가, 무릎을 탁 치며 본격적인 인터뷰를 시작했다.

II. ROLE 모델 리더십 인터뷰

1. Raise(윤리성, 신뢰)

◇ 오늘 인터뷰는 연구에서 활용했던 ROLE 모델 원칙에 따라서 네 가지 분야에 대해 진행될 예정입니다. 그리고 그 이후에는 리더십에 관한 이사장님의 일반적인 견해도 여쭙고 싶습니다. ROLE 모델의 첫 번째는 Raise라고 하는 영역인데, 윤리성과 신뢰에 대한 부분을 분석하고 있습니다. 이사장님께서는 다양한 직위에 재직하셨습니다. 의사결정을 할 때 윤리적 딜레마에 자주 봉착하게 되는데, 이사장님께서는 어떠한 윤리적 딜레마를 겪으셨고, 그때 어떤 원칙을 가지고 해결을 하셨는지요?

글쎄요. 뭐 딱 정해 놓고 한 거는 없었는데요.
아무래도 고위 공직에 있으면 선공후사가 중요한 원칙이라고 할 수 있죠. 기억에 남는 에피소드라고 할까요.
제가 고용노동부 장관으로 가서 업무 보고를 받으니 전임 임태희 장관께서 파격적인 조치를 해뒀는데, 마무리는 되지 않고 진행 중이더라고요.

뭐냐 하면 공무원들이 일반적으로 듣는 비판이 철밥통인데 고용노동부 직원이 지금 한 6천 명 됩니다만, 당시에도 한 5천 명 되었거든요.

전국적인 조직이에요. 고용센터가 지역마다 다 있습니다. 광역 단위로 지방청이 있고요. 그리고 지청이 또 기초 단위로 있거든요.

이처럼 직원이 워낙 많으니까 업무 능력이 좀 떨어진다거나 또는 조직 내에 갈등을 빚는 부적격 근무자랄까 하는 분들이 있지 않겠습니까?

그런 분들을 선별했다가 직원들 양방향 평가 등을 통해 여러 차례 압축해 30명 정도는 도저히 이대로 계속 함께하기 어렵지 않은가 하는 분들을 보수 교육이라 할까 3개월 정도 교육을 했더라고요.

발령을 따로 내서 고용노동부 자체 연수원에서 3개월 동안 교육하고 다시 평가를 해서 그러고도 정 안 되는 사람은 직위를 해제하고, 거기서 다시 3개월 지나도 큰 발전이 없다고 평가된 분들은 면직, 곧 해임하려는 단계에 와 있더라고요.

◇ 공무원 조직에서 그게 가능하던가요?

그게 여러 검토를 거쳐 적정 프로세스를 밟아 추진했었습니다. 서울시도 몇 년 전에 오세훈 시장이 그런 조치를 한 것으로 알고 있는데요.

정확한 숫자는 기억이 안 나는데 고용노동부에서도 처음에는 30명 정도 추려서 재교육하고, 절반 정도는 다른 곳으로 재발령을 내고 절반 정도는 다시 직위해제를 한 상태로 그 절차가 진행 중인 상태에서 제가 부임했습니다. 그런데 운명의 장난인지 제 고등학교와 대학교 1년 선배이고 하숙을 정릉에서 같이 했던, 서울상대 출신으로 행정고시를 해서 고용노동부에 발령이 났던 선배가 그중에 포함돼 있는 거예요. 그분들 중 최고 위직이에요. 다른 사람은 사무관, 주무관인데 이분만 서기관이었어요.

그런데 그분이 행정고시에 합격한 것이 1977년이고 제가 2010년에 고용노동부로 갔으니까 33년 정도 공직에 있었는데 한 번밖에 승진을 못 했더라고요.

그분이 결국 해임 대상이란 명단을 받고는 경악했죠.

언론에서 고용노동부가 어떻게 조치하는지 귀추가 주목된 상황이었어요. 그게 중앙부처 단위에서 처음 있는 파격적인 일이라.

장관이 바뀌어서 없던 일로 하는지, 차일피일 미루는지 지켜보고 있는데, 장관이 자기랑 친한 선후배 사이라고 봐줄 수는 없는 것 아니겠어요?

갈등이 많이 되었지만, 결국은 그동안 쭉 쌓였던 평판과 평가를 종합해서 원칙대로 해임 조치를 했죠. 제가 사모님과 선배님을 따로 저녁 식사에 초대해서 그 조치를 하기 전에 설명드리고 또 말씀도 듣고 했는데…. 저도 다른 데에서 들은 얘기가 있었죠.

이 선배님이 행정고시에 합격하고 나서 해군 장교로 갔었거든요. 그런데 장교 훈련받는 게 힘들잖아요.

장교 훈련이 말하자면 기합도 받고 굉장히 빡세다 할까요? 그때 충격을 받아 성격이 위축되고 아주 내성적으로 변했다고 해요. 지금 같으면 나라의 보상도 받고 할 수 있는 상황인데 안타깝죠.

굉장히 착한 분인데 가혹하게 훈련받고 장교 생활을 하면서 약간 얼이 빠진 사람처럼 바뀐 거예요.

제가 불가피한 조치지만, 대단히 죄송하다고 말씀드리니까 어떤 상황

인지를 사모님도 이해는 하시더라고요. 그래서 그 선배님을 면직한 게 오랫동안 기억에 남습니다.

다른 사례는 제가 대통령실 정무수석이나 국정기획수석으로 근무할 때 인사 청탁 또는 공천 청탁이 많았죠. 인사는 물론 그 사람의 개별적인 사정을 들어 봐야 되지만 자격이 있는 분들은 그렇게 사방으로 청탁을 하지 않는 경우가 많죠. 경험칙상 청탁을 하시는 분들은 뭔가 2% 부족한 경우가 많다는 걸 깨닫게 되었지요. 가까운 분 중에도 청탁을 하고 심지어 돈봉투를 건네는 경우조차 있었죠.

그런 분은 아예 그냥 후보에서 제외하도록 했습니다. 인사비서관실에 얘기해서 그분은 절대 안 되겠다라고 전해 주기도 하고….

◇ 공과 사를 구분해서 의사결정을 한 다른 사례도 있을까요?

기재부 장관일 때는 제가 그때 판교에 전세를 살았습니다.
지금은 사업이 추진되고 있지만 경강선 복선전철이라고요.
판교를 기점으로 해서 동쪽으로 여주까지는 전철이 연결돼 있는데 서쪽으로 광명, 시흥, 안양 이런 델 지나 인천 월곶까지는 전철이 없었습니다. 인구가 밀집한 지역이니 서쪽으로도 복선전철을 해달라고 국회의원들이 여야를 막론하고 요구해 왔습니다. 관련 국회의원들도 열 몇 명 됩니다.
해당 구간에 대한 예비타당성 조사를 제가 오기 전에 했었는데 비용편익비율(BC ratio)이 기준에 약간 못 미쳐서 사업을 추진하지 못하게 됐더라고요.

인구가 더 늘었으니까 타당성 조사를 다시 해달라는 요청이 많았어요. 제가 판교에 살고 있는데 판교에서 월곶까지 가는 노선의 타당성이 없다고 한번 결정해 놓고 다시 재조사한다면 남들이 뭐라 하겠냐고 답변했죠. 판교가 전철이 좀 불편하기는 합니다.

동판교는 괜찮지만, 제가 살던 서판교 쪽은 전철역까지 마을버스 타고 한참을 가야 되고, 저는 물론 그때 전철을 타고 다닌 건 아니었지만. 그래서 판교 사는 장관이 판교에서 출발하는 전철 노선의 타당성을 다시 조사한다는 건 얘기가 안 된다고 하니까 그 사람들도 더 강하게 압박을 하지는 못하더라고요.

◇ 그러시면 윤리에 대한 부분은 여기서 정리하고요, 다음은 신뢰에 관한 이야기입니다. 사실은 기재부도 그렇고 고용노동부도 그렇고 국민들에게 뭐랄까 굉장히 밀접한 또는 큰 틀에서 영향을 미치는 정책을 다루지 않습니까. 국민들이 일자리 문제도 그렇고 금방 말씀하셨던 예산 배분 문제도 그런데 국민들과의 신뢰를 유지하기 위해서 중요하게 생각했던 원칙이라든지 실제로 진행했던 프로그램은 어떤 게 있을까요?

신뢰는 결국 일관성이지 않겠습니까. 그리고 솔선수범한다든가 그런 덕목이 중요하지 않을까요. 2008년 상반기 제가 청와대에 있을 때에는 미국 소고기 수입 파동과 유류 가격 급등으로 갓 출범한 정부가 굉장히 국민의 신뢰를 잃게 됐었습니다.

국민의 신뢰를 복원해야 하겠는데 어떤 조치가 있을까 고심했었죠.
그때 유류 가격이 굉장히 뛰어 배럴 당 원유 수입 단가가 150달러를

뚫었을 때가 있었습니다. 지금의 두 배 정도.

　굉장히 비싸서 서민들이 힘든데, 그러면 뭐라도 해야 할 텐데 고민하다가 제가 수석비서관만이라도 좀 작은 차를 타면 어떻겠냐 하고 제안했죠. 대통령께서 에너지를 아끼자 하는 얘기도 하셨으니까, 말만 그렇게 할 게 아니고 우리가 앞장서서 실천해야 하지 않겠느냐 등등 얘기를 했습니다. 반응들이 엇갈렸습니다만, 결과적으로는 다들 작은 차를 타는 걸로 해서 그 당시 그랜저급에서 소나타로 바꿨지요.

　저는 경차로 바꿔야 한다, 소나타 정도로는 안 된다고 주장했죠. 그러니까 대통령께서 그럼 당신은 경차 타라, 그렇게 해서 저는 모닝이라는 경차를 타고 다른 분들은 중형차로 바꿨습니다.

　그렇게 경차를 타고 다니니까 처음에는 쇼한다, 그리고 일만 열심히 하면 되지 뭐 그렇게 꼭 작은 차를 타야 하느냐 그런 사설도 실렸죠. 그런데 꾸준히 퇴임할 때까지 작은 차를 탔어요. 다만, 기재부와 고용노동부에서는 수행비서가 같이 타야 되니까, 세 사람이 경차로는 도저히 안 되겠더라고요.

　수행비서가 발 뻗을 자리가 없어서 장관 되고 나서는 경차보다 약간 큰 아반떼로 바꿔 탔습니다. 퇴임할 때까지 5년 가까이 작은 차를 타니까 마지막에는 언론도 일회성 쇼는 아니었다 하는 정도로 이해하는 것 같았죠.

◇ 꾸준함, 그리고 또 솔선수범의 중요성에 대한 강조를 하시는 걸로 이해되는데요.

솔선수범이 중요하다고 생각하고요. 그때는 에너지 절약 차원에서 겨울에는 내복도 입고 여름에는 냉방비를 아끼려고 무더워도 실내 온도를 높게 설정하고 그랬었죠.

일관성은 글쎄요. 제가 기재부 있을 때 경기가 안 좋았죠. 2008년 글로벌 금융 위기 나고 나서 2010년에 경기가 V자로 반등했는데, 다시 2011년부터 유로존 재정 위기가 닥치면서 두 차례 큰 파도가 덮쳐서 경기가 안 좋았었거든요.

그런데 2012년에 총선과 대선이 20년 만에 처음으로 양대 선거가 같은 해에 치러지게 됐고, 또 2011년에는 서울시장이 사퇴함으로써 서울시장 보궐선거라는 정치적으로 중요한 이벤트가 있었죠. 그걸 치르면서 양 정당들이 계속 복지 포퓰리즘이라고 불리는 정책을 추구했어요. 그리고 그 당시 부동산 가격이 상당히 안정되어 있었고 부동산 거래도 많지 않았어요.

참여정부 때 부동산 가격이 많이 올라 종부세 같은 게 도입되고 그러다가 글로벌 금융 위기가 오면서 이명박 정부에 들어 부동산 가격이 서민들 눈으로 보면 안정이 된 거지만, 집값이 내리고 거래도 줄었으니까 부동산 경기가 가라앉았다고 할 수 있죠. 부동산 경기가 침체되면 이사 업체부터 가구나 인테리어업체까지 다양한 연쇄 서민 경제 파급 효과가 있잖아요.

그래서 부동산 경기를 띄워 달라고 하는 여당의 요구가 거셌죠. 그리고 정부가 돈을 좀 써달라 그래서 마중물이라도 나와야지 경기가 살아날 거 아니냐. 선거는 경제가 좌우하는데 도대체 기재부 장관은 맨날 나와서 긴축이나 얘기하고, 미래 세대에 대한 책임감을 지녀야 한다는 둥 헛소리를 하고 있냐 그런 식의 얘기들이 많았어요.

국회 질문 답변에서도 그런 의견들이 나왔지만, 그 밖에 당정 간의 협의 과정에서 또는 저한테 전화로 압박하거나 또 대선 후보로 나선 분 등은 이런저런 주문을 했습니다. 하지만, 제가 국민에게 추경은 절대 편성하지 않는다고 여러 차례 다짐했었죠. 워낙 우리가 2009년에 돈을 많이 풀어서 글로벌 금융 위기를 극복했는 데 전 세계가 다 마찬가지지만 그 여파로 후유증을 앓았죠. 특히 선진국 일부 피그스(PIIGS)라는 유럽 나라들은 재정 위기에 빠지게 됐는데 그걸 극복한다고 또 돈을 쓰면 그러잖아도 엄청나게 오른 물가에 기름을 붓는 셈이다. 지금은 수비를 할 때인 만큼 참아야 한다는 얘기를 했었는데요.

어쨌든 기자들이 "추경 진짜 안 하시는 겁니까?"

계속 그렇게 물어봤지만, 약속을 지키니까 그게 좀 신뢰의 포인트를 쌓을 수 있지 않았을까, 저 혼자 생각입니다.

양대 선거가 다가오는 만큼 언론이나 학계에서는 다들 틀림없이 저래 놓고 추경할 것으로 보았는데 끝까지 안 했죠. 나중에 논설위원들이 "배짱이 대단하십니다"라고 하더군요.

그런 얘기로 미뤄 만약에 저를 신뢰했다면 그런 일관된 정책 기조를 유지했던 것이 도움이 되지 않았을까 생각합니다.

2. Outstanding(공익 추구, 변화관리)

◇ 이제 Ountstanding(공익 추구, 변화관리)에 대한 얘기를 여쭤 보려 합니다. 국가를 위해 큰 일을 하시는 분들은 다들 공익을 추구하지 않겠습

니까? 굉장히 중요한 미션이고 그런데 사실은 그 와중에도 정파적 갈등이 항상 일어나기 때문에 이 정파적 갈등 자체가 공익 추구에 큰 방해물이 되는 경우가 자주 발생할 거라고 생각되는데 그런 갈등을 공익 추구를 위해서 어떤 식으로 극복을 하셨는지 얘기해 주시면 감사하겠습니다.

제가 100% 공익을 추구했다고 말씀드릴 자신은 없는데요. 어차피 여당에서도 계속 도와달라 하는 쪽으로 주문이 있고 해서. 사실 대통령께 설명드리고, 보고드리고 지지해 달라는 말씀을 드리고 일단 확약을 받았어요.

기재부 내 간부 고위 간부 중에도 "장관님 지금 이거 돈 아껴서 누구 좋은 일 시키겠습니까? 이러면 나중에 다른 사람들이 들어와서 다 써버릴 수도 있는데, 아낀다고 업적에 남는 건 아니고 나중에 성장률을 몇 퍼센트 포인트 더 올렸다 하는 게 업적에 남는 거지 사람들이 나중에 그때 절약해서 알뜰하게 살림을 살았다는 것 자체는 아무도 안 알아줍니다." 이렇게 얘기한 참모도 있었어요. 저도 그런 고언 고맙게 생각해요.

또 정책을 잘 아는 국회의원 몇 명이 찾아와서 부동산 거래 숨통을 틔우지 않으면 선거에서 10% 포인트 차이로 질 것 같으니까 이런 조치를 해 주면 좋겠다. 그냥 집값을 과거처럼 널뛰기 식으로 올라가도록 하라는 게 아니라 구체적으로 공부를 해와서 정부가 이런 것 몇 가지 하면 좋겠다고 제안하더라고요.

하지만, 그렇게 하면 시장에 주는 시그널이 문제가 될 수 있죠. 총부채상환 비율(DTI)을 약간만 풀어도 걷잡을 수 없는 상황이 될 수도 있고 정부가 일관되게 해 오더니 이제 노선이 바뀌었나 하는 시그널을 주면 안 되겠다 해서 신중히 접근했는데요.

그래도 최대한 우리가 할 수 있는 건 뭘까, 큰 파장을 일으키지 않고 조금이라도 경제 활력을 부추길 수 있는 게 뭘까 하는 고민 끝에 작은 것들을 긁어모은 대책들을 발표하고는 했었죠.

그러니까 여당에 대해서는 일종의 달래기 또는 타협이라고도 볼 수 있는데, 우리도 최선을 다하고 있다는 걸 보여 주되 그러나 큰 틀은 허물지 않는 대책들을 시행하고는 했습니다.

◇ 큰 틀에서 원칙을 항상 지키면서도 각 이해관계자들의 요구를 가능한 한 수용하고, 국민들의 민심을 달랠 수 있는 방안을 추구하신 거잖아요?

약간의 뭐라 할까요? 숨통을 틔워 준다고 할까, 그런 정도였죠. 제가 기재부에 발령받고는 취임사에 공을 많이 들였습니다.

제 취임사가 꽤 알려졌는데요. 기재부 장관 취임 전 해인가에 '300'이라는 영화가 나왔었어요.

우리가 테르모필레의 계곡을 지킨 300 전사처럼 결연한 각오로 포퓰리즘에 맞서 나라의 경제 정책을 지키자 그런 취지의 말을 취임사에 넣었어요. 기재부를 이끌 방향을 명확하게 제시했던 거죠. 제가 공언(commitment)하고 나면 나중에 거기에서 벗어나기가 어렵잖아요. 난 앞으로 아이스크림 안 먹을 거야, 난 담배 끊을 거야라고 여러 사람 앞에 얘기하고 나면 어기기가 쉽지 않잖아요.

그런 공언을 취임사에서 했죠. 중앙일보 같은 경우는 그 취임사 구절구절을 발췌해서 보도했었고, 생각보다 방향이 확실하다, 강하다고 평한 언론이 좀 있었어요.

취임 전에 인사청문회 할 때 미리 국회에서 서면으로 오는 질문에 대한 서면 답변을 보냅니다.

참모들이 만들어 온 서면 답변을 보니까 물에 물 탄 듯 술에 술 탄 듯 "바람직한 방향입니다만, 중장기적으로 검토해 보겠습니다." 이런 식으로 돼 있더라고요. 청문회에서 특별히 꼬투리를 잡히지 않으려고 그랬던 거예요. 그렇게 하지 말고 확실하게 이렇게 한다고 밝히면 좋겠다고 지시해서 많이 고쳤어요.

서면 답변 자료가 공개되고 나니까 언론에서 생각보다 답변이 뚜렷하다는 평을 들었거든요.

그래서 제가 달리 직원들에게 독려하기보다는 지금은 경제에 낀 거품을 빼고 물가를 안정시키는 공격보다는 수비가 중요한 상황이니까 그 노선을 확실하게 하는 게 좋겠다고 생각해서, 지금은 힘들지만 나중에 그 열매를 후임자든지 누구든지 딸 수 있도록 그렇게 하자고 했죠. 제가 아웅산 사태 때 돌아가신 김재익 경제수석님 사례도 참고했고요. 그때 물가상승률이 엄청 높았는데 그분이 성장 대신 안정 노선으로 긴축을 통해서 물가가 올라가는 악순환을 선순환으로 바꿨거든요.

그거 하려면 욕을 먹어야 하지만, 그래도 그렇게 하는 게 맞겠다고 봤죠.

취임하기 전에 전문가들 얘기 들어보고 정책의 큰 줄기를 재정 건전성을 확립하고 체질을 강화하는 쪽으로 방향을 잡았습니다. 그걸 취임사에서 확실히 한 게 도움이 됐고 이는 다른 분들도 참고할 수 있지 않을까 싶습니다.

◇ 취임사를 통해서 절대 물러설 수 없는 결연한 의지를 보여 주신 흥미로운 사례인 것으로 보입니다. '300'이라는 영화에서 "아침에 마음껏 먹고 저녁은 지옥에서 먹을 것이다" 이런 대사도 유명합니다. 우린 사지로 들어간다라는 걸 명확하게 전달하는 그런 대사였던 것 같은데 아무래도 이사장님께서 그때 장관 취임사에서 그런 강력한 메시지를 전달하신 것으로 보입니다.

조직 구성원들은 "우리 장관에 대한 대통령의 신임은 어떨까?" 그런 걸 많이 궁금해하는 것 같아요.

그러니까 청와대에서 수석을 두 번이나 했고 2년 반을 있었으니까 일종의 실세라고 인식하는 게 또 리더십 확립에 상당히 중요한 것 같아요.

부하 직원들이 보기에 우리 장관이 대통령에게 보고도 제대로 하시는 것 같지도 않고 또 보고는 했지만 그 뒤에 반향도 별로고 그러면 리더십을 세우기 어렵죠. 장관이 대통령에게 보고나 건의를 하면 관철되고 그러면 직원들도 일할 맛이 나죠.

고위직 인사도 리더십에 무척 중요합니다. 차관이나 청장 인사 발령을 낼 때 다른 분들은 모르겠는데 저에게는 누가 좋겠냐고 물어보셨거든요.

그리고 이 사람은 어떠냐 물으셔서 그 사람도 괜찮지만, 기수도 있으니까 다른 사람이 더 좋겠다 하면 그대로 해 주셨죠. 또 청장도 누구누구를 임명하려고 한다 하시면 그것보다는 이렇게 하는 게 좋겠습니다. 그 이유는 호남 출신이 많지 않아서 가급적이면 호남 출신을 중용해야 전체적으로 조직 사기가 올라갈 것 같습니다. 해서 제가 청장 두 사람 모두 타 지역 출신이 내정되어 있던 걸 호남 출신 두 사람으로 다 바꿨어요.

국회에 가니까 그 당시 광주 출신인 야당의 이용섭 의원(18대, 19대 의원, 광주 광산을)이 간사를 맡은 기획재정위원회 전체회의에서 이번 기재부 인사는 참 잘 된 것 같다고 칭찬도 해 주고 그랬었어요.

저는 고용노동부도 그렇고 기획재정부도 그렇고 비서실 과장도 호남 출신을 찾아보라고 했죠. 고용노동부에서 9개월간 한 명, 기획재정부에서 22개월간 2명 모두 호남 출신으로 썼었어요.

제가 인사과장한테 호남 출신 적절한 사람 찾아보라 했다고 소문이 쫙 날 거 아니에요. 금방 소문 납니다. 청장 인사가 장관 때문에 어떻게 바뀌었다, 이런 게 조금만 지나면 소문이 확 납니다.

직원들이 탕평인사를 하는구나 그리고 무엇보다 우리 장관은 차관이나 청장 인사를 자기 뜻대로 할 수 있는 사람이구나 이렇게 인식이 되죠. 그러면 우리 장관한테 잘 보여야 되고 장관한테 잘해야 되겠구나 하고 인식하게 되고, 청와대 인사비서관이나 수석한테 얘기해 승진하려고 하거나 그런 건 없어질 거 아니에요. 이게 리더십의 중요한 요소 같습니다.

우린 대통령제라서 그리고 아직 인사의 권한위임이 확실히 안 되어 있고 여전히 대통령실에서 고위직 인사에 많이 관여하는 구조니까 좀 후진적이죠.

기본적으로는 부처 고위직 인사는 장관이 책임지고 하고, 장관도 밑에 인사까지 다 하면 안 돼요. 저도 2급 이하 내부 인사는 차관한테 다 맡겼죠.

기재부 인사는 차관이 다 합니다. 장관이 이 사람 국장시키세요, 그렇게 하면 안 되거든요.

차관한테 인사를 맡기고 대신에 1급 이상의 인사는 제가 하고. 그렇게 한다고 차관이 자기 마음대로 고향이나 학교 후배를 승진시키거나 전횡을 휘두르지는 못합니다.

여러 사람이 다 보고 있고 저에게도 얘기가 들어오기 때문에 차관도 공정하게 하려고 하죠.

가끔 그 인사에 어려움이나 불만이 있는 국장이 찾아와요. 얘기를 들으면 앞으로 인사가 이렇게 될 것 같다고 합니다.

그런데 "장관님 저는 사실 이러저러해서 억울한 점이 있는데 혹시 살펴봐 줄 수 있습니까?" 들어보니 일리가 있어서 내정된 두 사람 보직을 맞바꾸기도 했죠. 바뀐 분 중에서 한 분은 나중에 장관이 되고, 한 분은 차관이 됐어요. 둘 다 호남 출신인데요. 국장 인사에 약간의 지역 티오(TO: 안배)가 있거든요.

◇ 그런 관점은 사람마다 좀 다를 수 있고, 당시 조직의 맥락이 또 중요하지 않을까요?

제가 청와대에 있을 때 같이 일하던 분이 고형곤 전 기재부 차관인데요.

고형곤 차관이 몽골에서 근무하다가 본부로 복귀하면서 어떤 국장으로 내정되자, 그 자리에 갈 것으로 기대했던 노형욱 전 국토부 장관으로선 섭섭했던 것 같아요. 차관이 짠 인사안을 보고받으면서 물으니 차관이 누구를 해도 괜찮습니다고 해요. 그래서 고형곤 차관에게도 물어봤더니 노형욱 장관이 선배니까 자기가 양보하겠다고 흔쾌히 얘기해요. 그래서 바꾼 거죠.

◇ 이제 변화관리에 대한 부분을 이야기를 해 주시면 좋겠습니다. 변화관리라는 측면에서 봤을 때, 리더는 조직 구성원들에게 우리 조직이 어느 쪽으로 나아가야 할지를 제시해야 합니다. 기재부 취임사에서 정책적 방향성도 제시했는데 실제로 그 방향으로 실행하려고 하면 변화관리가 굉장히 중요하지 않습니까? 그 과정에서 구체적인 추진 방법이나 프로그램은 어떤 것들이 주효했습니까?

기재부 같은 데는 노하우도 많고 그래서 그런지 장관이 이쪽을 원한다 하면 그쪽으로 일사불란하게 아이디어를 모으고 역량을 결집하기 때문에 큰 어려움은 없는 것 같고요.

또 장관이 고위직 인사에 권한을 행사하는 시그널만으로도 직원들이 모든 역량을 결집해서 뒷받침하니까 큰 어려움은 없었습니다.

고용노동부에 있을 때는 일자리가 큰 문제였습니다. 성장률은 낮고 그런데 우리나라는 일자리 미스매치가 상당히 많아요.

일자리를 구하는 사람이 그 당시로 보면 한 30만 명 정도 되고요. 비어 있는 일자리도 한 30만 개 그래서 그거 합치면 그냥 말끔히 실업자를 제로로 만들 수 있어요. 이 미스매치가 어디서 생겼냐 하면 통화량을 더 늘린다거나 이자율을 낮춘다거나 예산을 퍼붓는다거나 그런 거시적인 정책이 아니고 미시적으로 조율을 해 줘야 할 게 많이 있더라고요.

예를 들면 공장을 외딴곳에 지어 놨는데 일할 사람들을 구하려면 20km 이상 떨어진 도심에 있는 사람들을 데려와야만 합니다. 그러려면 통근버스가 있어야 하는데, 그 공장만으로는 통근버스를 운행하기가 부담스럽죠. 그런 경우 그 공장뿐만 아니라 인근에 있는 몇몇 공장들이 연합해서 통근버스를 마련해 통근버스를 인근 도시까지 운영하면 어떨까. 그런 문제는 그냥 개별 공장에 맡겨서는 힘들죠.

궁극적으로는 민간 기업이 해결해야 하지만 그런 아이디어가 실행되도록 자치단체랑 얘기해서 노선을 정리해 주고 중간에 도로가 좀 문제가 있다면 그걸 정비해 주는 조치를 하면 어떠냐. 그래서 제가 일자리 창출 지원단이라는 걸 만들었어요.

우리가 고용센터에 앉아서 찾아오는 사람에게 일자리가 어디에 있습니다 하면서 알려만 줄 게 아니라, 고용센터 직원들이 현장에 나가 봐라, 구인하는 쪽에 나가서 애로 사항을 파악해 우리가 다 해 줄 수는 없지만 지방자치단체하고 협력한다든지 회사들끼리 힘을 모으든지 학교랑 얘기한다든지 노력해 봐라. 고용노동부가 해 줄 수 있는 것도 있고 다른 부처에 부탁할 수도 있으니까 어린이집 등 여러 가지 미시적인 문제를 파악해 그 애로를 조금이라도 순화해 주면 일자리가 늘지 않겠느냐 하는 얘기를 고용노동부 전 간부들이 모인 자리에서 했죠.

그래서 차관이 단장이 되는 일자리 창출 지원단을 꾸려 광역 단위별로 전부 실적을 보고하라고 했죠. 그로 인해서 일자리가 더 생겼는지 어땠는지 그것까지 엄격한 검증은 안 되었지만 어쨌든 제가 떠난 뒤에도 일자리 창출 지원 활동은 계속됐었거든요. 대통령께 보고도 드리고. 그 덕분인지 2011년과 2012년 경제가 어려웠지만, 공교롭게도 일자리 창출 실적은 좋았습니다.

◇ 그러니까 작은 변화가 차츰 축적되면서 명시적으로 확인할 수 있는 성공을 이루고, 나아가 더 큰 변화의 모멘텀이 형성될 수 있었겠군요.

대신에 제가 고용센터에 나가 있는 직원들 숙원을 들어 보니까 자기들이 현장에도 나가고 또 악성 민원인에게 시달리는데 수당을 주면 좋겠다고 해요.

그래서 당시 기재부 예산실의 고용노동부 담당 우동기 과장(지금 전주시장)에게 찾아가서 설득해서 반영을 시켰어요. 1인당 월 5만 원 수당이 큰 인센티브는 아니라고 생각했는데 반응은 아주 폭발적이더라고요. 5만 원씩 더 주니까 실무 공무원들한테는 굉장한 사기 진작이 되었다고 해요. 그런 인센티브가 뒷받침되고 또 일자리 만드는 걸 인사에 반영하겠다 하니까 일자리 창출 지원단이 작동한 것 같아요.

◇ 단순 호기심인데 그때 그분들이 매달 가져가는 월급 총액이 얼마 정도 되는 거였습니까?

직급에 따라 다르겠지만 대체로 사무관 이하니까 그 당시에 150에서 250만 원 사이…

◇ 네, 아까 말씀하신 대로 지금은 한 10만 원 정도의 가치가 있겠네요.

네 14년 전이니까 그때 5만 원이면 지금 10만 원 정도 되긴 할 거예요. 저도 더 줬으면 좋겠지만 나라 사정을 아니까 5만 원만 해도 괜찮다고 생각했는데, 굉장히 뭐라고 할까, 자기들 인터넷 내부망에 올라온 거 보면 좋아했다고 하더라고요.

◇ 그렇죠. 자기 목소리가 반영된다는 데서 굉장히 많이 느꼈을 것 같네요.

그런 점도 있겠죠.

3. Lamp(갈등 조정, 방향 제시)

◇ 다음으로 Lamp라고 하는 영역, 즉 방향, 조정, 갈등에 대해 말씀을 좀 나눠 보고자 합니다. 이사장님께서 예전에 인터뷰하신 내용을 보면 정부조직의 축소 그러니까 작은 조직에 대한 견해를 이야기해 주셨던 것이 기억이 납니다. 근데 제가 이 부분에 대한 이해가 깊지 않습니다. 저는 행정조직에 대해 공부를 하는 사람이 아니라서요. 고용노동부 장관에 취임하시고는 고용노동부 조직이 과거보다 조금 더 컸던 것 같은데 이런 건 어떻게 보시나요?

제가 늘린 건 아니고 전임 임태희 장관이 처음에는 노동부 장관으로 취임했다가 이름을 고용노동부로 바꾸면서 기능을 확대해 2010년 7월 좀 늘렸죠.

이후 정권이 바뀐 2013년 12월까지는 조직이 더 늘지는 않았어요. 저는 인수위에서 정부조직 개편을 총괄했는데, 공무원을 많이 줄였죠. 욕도 많이 먹고 2007년에는 국민연금 개혁하면서 국민연금 5적 중 하나로 손꼽히기도 했죠.

제가 보건복지위원회 간사를 했기 때문에 국민연금 5적에 들어갔었고 2008년에는 부처와 고위직을 대폭 줄이고 장관급 기관인 보훈처, 법제처 같은 곳은 차관급으로 다 낮춰 버렸죠. 주무 부처가 통폐합된 과학기술계, 해양수산업계 그런 데서도 욕을 많이 먹었죠.

여성계에서도 비난받았죠. 여가부를 폐지하고 복지부와 합치는 쪽으로 갔다가 결국 야당 반대로 무산됐습니다만. 2010년에는 국정기획수석으로서 공무원연금을 개혁해서 공무원 선배들한테도 욕을 먹었죠. 저 자신도 해당되는 거였는데 종전에는 퇴직 전 3년 월평균 보수를 기준으로 연금을 줬는데 재직 기간 평균 급여를 기준으로 바꿨거든요. 은퇴한 선배들한테 너 잘 났다 뭐 그런 얘기도 들었죠.

◇ 제가 기업조직에 관한 공부를 하는 사람인데, 원래 처음에는 조직이 형성되고, 그다음에 발전되고, 성장기를 거쳐, 성과기가 오게 되는 그런 단계를 거치게 되는데 조직을 운영하는 시스템을 만들어 내기까지 조직이 어느 정도 성장을 할 필요성은 있지 않은가 싶은 생각이 듭니다. 이사장님께서 보셨을 때 작은 정부론 같은 경우는 대한민국은 이미 정부조직으로서 특정 수준까지 성장을 한 조직이기 때문에 여기에서는 오히려 시장의 자율성을 좀 더 높여 주는 쪽으로 조직이 움직이는 게 적절하다라고 말씀하신 것으로 이해하면 될까요?

네, 그렇게 보시면 되겠고요. 우리가 사실 국가 주도 기조의 발전 전략에 입각해서 쭉 정책을 펼쳐 왔는데 그 결과 정부의 입김이 민간에 미치는 영향력이 굉장히 크고 그래서 민간 활력이 위축되었죠. 그런 점에 착안하면 경제 분야에는 규제를 줄이고 정부의 역할이나 관여하는 범위를 좁히는 게 좋겠고 대신에 복지 등 사회 분야에서 해야 할 일을 늘려 나가되 그건 또 꼭 중앙정부가 아니라 자치단체라든지 사회단체나 종교단체 등과 조율이 필요한 점들이 많거든요.

전반적으로 안전 이런 쪽은 강화해야 하지만 경제 등에는 우리가 전통적으로 해 오던 역할들을 줄여야 하지 않을까라는 생각이….

◇ 가끔 현안에 따라 영역별로 관리해야 될 부분이 있고, 전반적으로는 너무 과도하게 커져 있는 부분도 있을 수가 있다고 말씀하신 것 같습니다만, 제가 궁금한 거는 저도 학교 본부에 근무하면서 직원들과 같이 일을 해 온 지가 조금 되는데, 일을 하다 보면 학교 내에서도 부서 간에 갈등이 첨예하게 일어나는 경우가 굉장히 많더라고요. 그런데 이사장님께서는 일하시면서 부처 간의 갈등이 내부에서도 그렇고 기재부나 노동부를 넘어서 다른 부처와의 갈등도 굉장히 많았을 걸로 생각이 되는데 이런 부분은 어떻게 해결하셨습니까?

해결된 것도 있지만, 해결되지 않은 게 더 많았죠. 청와대에 있을 때는 제가 공공기관 선진화 작업을 주도했었고요. 인수위 때는 정부조직 개편을 하면서 그때는 사실 뭐 시간도 없었지만 위세가 막강할 때라 그냥 밀어붙이는 그런 식의 어떻게 보면 졸속이라고 비판받아도 될 정부조직 개편을 했었죠.

그나마 당시 부패방지위원회, 행정심판위원회, 국민고충처리위원회 이 세 개를 합쳐서 국민권익위원회를 만들었다든지, 지금의 기획재정부를 만들었다든지, 주택공사와 토지공사를 통합해 LH를 만든 그런 성과는 유지되고 있어서 작은 보람을 느낍니다. 사실 조직에 정답은 없습니다. 그러다 보니 개편했는데 그대로 유지되지 않고 원래대로 복귀돼 버린 그런 사례도 적지 않죠.

당시 정부조직 개편은 갈등 조정이라기보다는 너무 아우성이 심하면 절충을 해서 약간 들어 주는 그런 형태로만 했었죠. 반면에 공공기관 선진화는 정권 초기라 처음에는 상당히 힘을 받았는데 광우병 사태가 바로 이어지면서 상당히 동력이 약화되었죠.

그래도 LH 출범이라든지 그런 중요한 정책은 여론 지지를 토대로 큰 반발 없이 진행할 수가 있었는데요.

산업은행 민영화라든지 그 밖의 몇 가지 근본적인 구조 개혁은 글로벌 금융 위기가 닥치면서 사실상 무산되었다 할까요?

그래서 아쉽게 생각하고 이해관계자의 반발, 또 부처끼리 의견이 달라서 고생한 경우도 많았죠. 녹색성장은 환경부는 더 강하게 서둘러 하자는 주장이고, 산자부 같은 데는 아무래도 재계 등의 어려움을 호소해서 천천히 하자라는 입장이라 갈등이 심했죠.

그래서 여러 차례 회의를 거쳐 아시아에서 처음으로, 유럽은 이미 하고 있었지만, 탄소 배출권 거래제를 도입하게 되었죠. 또 지방소비세 도입할 때도 행안부와 기재부의 입장이 너무 달랐죠. 행안부는 지방소비세를 도입하고 비율(portion)도 크게 설정하면 좋겠다는 거고, 기재부는 그러면 결국 수도권 쪽이 이득이고 격오지의 경북이나 전북 전남 이런 데가 손해다, 그래서 국토 균형 논리로 보면 오히려 기재부는 그런 거 만들면 안 된다는 입장이어서 그것도 회의를 한 스무 번 했을 거예요. 결국 부가가치세액의 5%로 지방소비세를 만들게 되었죠. 가장 어려웠던 거는 근로시간 면제 제도의 안착이었죠. 고용노동부에서 타임오프라고 노조 전임자들에게는 일정 비율을 적용해 노조를 위해서 활동할 수 있는 시간을 인정해 주는 제도입니다. 그걸 도입하면서 노사 양측 이해의 균형을 맞추기 위해 복수노조와 근로시간 면제 제도를 동시에 도입했거든요.

복수노조는 노동계가 요청하는 거고 노조 전임자를 줄이고 근로시간 면제 제도를 도입하는 건 기업이 요청하는 것이니까. 그 둘을 동시에 도입해 타협을 하면서 종전의 노조 전임자는 일 안 하고도 월급을 꼬박꼬박 받았는데 이제부터는 근로시간을 조금씩은 빼 주지만 종전보다 열심히 일해야 한다니까 안착하는 데 저항이 컸거든요.

그래서 그거는 연착륙이랄까 또는 연이륙을 위해 재계에서 당분간은 어느 정도 양보해서 노조에 기금을 출연하기로 임태희 장관께서 주도해 노사가 합의를 봤어요.

합의는 봤지만 제가 가서 막상 이행하는 과정에서 상당한 진통을 겪었어요. 그래도 도입 1년 만에 제도가 뿌리를 내릴 수 있어서 다행이었죠.

◇ 여러 가지 사례를 쭉 훑어보면 이런 갈등 관계에서 결과적으로 어떻게든 문제가 해결되는 쪽으로 결론이 난 것이 많아 보이는데요.

안 된 것도 많아요….

◇ 그런 사례들을 볼 때는 대체로 논리적으로 설득을 했기 때문에 그런 것들이 받아들여진 건지, 아니면 서로 오랫동안 여러 번 만나면서 인간적인 측면에서 서로 이해를 하게 된 건지, 그것도 아니면 제3의 새로운 방식을 제시했기 때문에 해결의 실마리가 만들어진 건지 궁금하네요.

더 발전적인 절충안, 그런 것들의 힘이 컸다고 보시면 되고요.

갈등에서 실패한 대표적인 사례는 세종시 수정안인데, 세종시 수정안은 발전된 대안을 제시했는데도 결과적으로 그게 먹히지 않아 아쉽게 생각해요. 제가 모자란 탓이죠.

4대 보험 징수 통합은 종전에 4대 보험료를 따로따로 거뒀는데 징수율이 가장 높은 건강보험공단에서 일괄해 걷는 걸로 일원화하면서도 다른 기관의 징수 조직들을 폐지하지 않고 건강보험공단으로 옮겨와서 계속 일할 수 있게 한 절충안을 제시해 노조가 받아들인 사례라고 볼 수 있겠어요.

제가 애를 먹었던 사안은 세종시 수정안과 특히 갈등이 심했던 한반도 대운하였어요.

제가 청와대에서 총괄했던 게 꽤 많았어요. 국정기획수석이니까 세종시 수정안도 총괄하고 4대강, 농협 개혁 이런 것도 총괄했습니다. 4대강 살리기는 한반도 대운하를 기획했다가 방향을 바꾼 사업이죠. 대운하의 핵심이 조령의 남한강과 낙동강을 연결하는 운하죠.

물길을 연결하는 터널인데 그거는 포기하고, 그냥 4대강 자체를 좀 더 깨끗하게 만들자 그리고 준설해서 수량도 확보하자는 대안을 만들어서 4대강 살리기로 2008년 12월 제시하니까 그때 여론이 아주 좋았습니다.

영산강 유역에서도 투자해달라 그랬다가 나중에 정치적인 공격을 받기도 하고, 선거를 거치면서 찬반양론이 첨예하게 대립해 참으로 힘들었습니다. 그나마 사업이 진행된 지역에선 여론이 긍정적이어서 위안이 되었죠.

제가 반대하시던 스님들, 신부님들 찾아다니면서 설명드리느라고 힘들었는데 찾아다니면서 말씀드리니까 그래도 찾아다니지 않은 것보다는 낫더라고요. 그분들도 비판하는 톤이 조금씩 누그러지시는 것 같았어요.

그런 점에서 발품을 팔고 만나는 것도 중요하다는 생각이 듭니다. 아울러 명분을 드려야 되니까 한반도 대운하는 안 합니다, 4대강 살리기로 바꿨습니다라고 하는 게 터닝 포인트, 즉 변곡점이 되었다….

◇ 귀에 들어오는 게 발품, 명분 그리고 창의적 대안….

제가 기재부에 있을 때 일광 절약 시간제를 추진했었거든요. 경제협력개발기구(OECD) 국가 중에서 그걸 시행하지 않는 나라는 일본과 우리밖에 없더라고요.

34개 나라 중에. 우리나라는 하지와 동지의 일광 시간이 6시간이나 차이가 나는데 이대로는 안 되겠다. 일광 절약 시간제가 어려우면 출퇴근 시간이라도 좀 바꿔 보자.

여름에는 8시에 출근하고 5시에 퇴근하면 퇴근한 뒤에 뭘 좀 할 수 있지 않을까 그런 생각을 했죠. 하지만, 행안부 설득에 실패했죠. 행안부에서 부담을 많이 갖더라고요. 그래서 제가 했던 게 기재부 직원들에게 그럼 우리라도 해 보자고. 통근버스가 청사에 들어오는 시간을 보니까 대부분 8시 반까지 들어온대요.

아침에 그럼 8시 반 출근 여름에는 5시 반 퇴근부터 한번 해 보자고 했죠. 직원들이 출근은 8시 반에 하더라도 퇴근은 역시 밤 10시가 되지 않을까 걱정해서 그러면 인사과와 감사관실에서 불가피하게 야근할 부서는 미리 신고받고, 그렇지 않으면 5시 반에 퇴근하는 걸로 하라고 지시했죠. 제가 그런 취지를 담은 서한도 보내고 했더니 의외로 간부들은 물론 별로 안 좋아할 것 같았던 노조도, 당시엔 노조가 아니고 직장협의회였습니다만, 반응이 되게 좋았어요.

일찍 집에 가자고 했더니 그게 아마 '닮고 싶은 상사'로 장관으로는 처음 기재부에서 뽑힌 까닭이 아닐까요?

◇ **저도 내일부터 저희 직원들 좀 일찍 집에 보내드리기 위해 노력해야 되겠습니다. 하하.**

하여튼 그렇게 하니까 직원들의 반응이 아주 좋아서 제가 계절별 출퇴근 시차제를 도입 못한 게 아쉽더라고요.

선진국에선 학교가 8시, 직장도 8시에 보통 시작하잖아요.

기본적으로 우리는 겨울에는 9시 출근도 괜찮은데 한여름에는 해가 중천에 떠 있는 시각에 출근하는 거라 너무 틀에 박힌 거 아닌가. 좀 일찍 퇴근해 자기 계발하고 가족과 함께하는 그런 시간을 갖는 게 좋겠습니다. 저녁 약속도 7시에 하지 말고 6시 반이나 6시로 하면 좋겠다고 얘기했더니 언론에서 장관은 그렇게 약속할 수 있지만 서민들은 6시나 6시 반에 약속을 못한다, 장관이 현실과 동떨어진 얘기를 하고 있다고 사설로 썼더라고요. 저는 5시 반에 퇴근할테니 무조건 저녁 약속은 6시 반에 잡으라 했죠.

약속한 언론사 간부들이 나오든지 말든지 무조건 6시 반이다, 그랬죠. 지금 우리나라 저녁 약속 시간이 대체로 종전 저녁 7시에서 지금 6시 반 정도로 30분 앞당겨진 걸로 압니다. 제 또래 은퇴한 친구들은 대부분 6시에 약속하는데, 제가 그런 변화에 조금 기여했다고 생각합니다.

나중에 그 사설을 썼던 논설위원이 일찍 퇴근하는 데 찬성하지만 우리 언론인은 그럴 형편이 안 되는 점을 강조하다 보니 장관한테 까칠한 사설을 써서 미안하다고 사과하더라고요.

◇ 확실히 일찍 퇴근하게 되면 삶의 질이 좀 더 높아지는 효과가 있는 것 같습니다.

우선 성인병 위험이 줄어듭니다. 7시 전에 늦어도 7시 반 전에 숟가락을 놓아야 한다잖아요. 프로야구 경기도 잠실로 보러 가려면 6시 반이나 7시 시작하는데 퇴근을 6시 넘어서 하면 어렵죠. 또 자기 계발을 위해 학원을 다닐 수도 있고. 무엇보다 가족과 시간을 보내는 게 중요하죠.

4. Echo(소통, 전문성)

◇ 인생이 다양하게 펼쳐질 수 있는 가능성을 열어 주는 계기가 될 수 있기 때문에 그에 따라 직원들이 본인의 희망이나 삶의 방향성 이런 것들을 좀 생각해 볼 수 있는 기회가 되지 않았을까 싶네요. 다음은

Echo라는 영역인데 소통하고 전문성에 대한 부분을 이야기하는 부분이거든요. 그런데 장관님께서 조직 구성원들과 다양한 방식으로 소통을 해 왔다는 이야기를 들은 것 같기는 합니다만 직원이라는 게 바로 밑에 있는 직원들이 있을 수가 있고 아니면 나하고 직접 얼굴을 보기 어려운 직원들도 있잖아요? 사실 조직 전체와 고르게 소통하기 위한 노력이 있어야 조직이 원활하게 운영되는 것인데 어떠한 식으로 소통을 해 오셨습니까?

저는 소통을 많이 했다고 생각하지는 않아요. 바쁘다는 핑계로 소통을 제대로 못했지만, 주기적으로, 예를 들면 여직원들과 점심을 한다든지, 주무관들이나 직장협의회 대표들 또는 신임 사무관들 이렇게 과장 이하 실무진과 자리를 만들어 보라고 해서 가끔 만났었고요.

자주 하지는 못했습니다. 기억나는 일화는 시무식 때 1월 2일이 되겠죠. 시무식에 전체 직원이 참석하죠. 기재부 직원 수가 1천 명 남짓입니다.

제가 새해 인사 말씀을 드리고 나니 이어서 운영지원과장이 그런 얘기를 하더라고요.

"이제 과장 이상은 남아서 단상의 간부님들과 인사를 나누시고 나머지 직원은 모두 사무실로 돌아가셔서 일을 하시면 되겠습니다" 하고 안내하더군요.

그래서 제가 그러지 말고 장관과 가끔씩 만나는 과장 이상은 들어가서 일하고, 그 이하 실무진은 남아서 악수라도 하자. 뭐냐 하면 '새해 복 많이 받으세요' 하고, 돌아가면서 쭉 악수하는 의식 있잖아요. 사람이 천 명 넘어서 모두 악수하려면 시간이 너무 걸리니까 실무자들은 빠지고 200명쯤 되는 과장급 이상만 남아서 악수하는 게 관행이 된 거죠.

그런데 제가 그 반대로 하자고 했어요. 과장 이상은 들어가고 나머지는 남으라고 했더니 우레와 같은 박수가 나오더라고요.

그런 점도 약간 점수를 따지 않았나 합니다. 그리고 기재부 체육대회가 있어요. 이번 토요일에도 열리는데.

은행 연수원 이런 곳을 빌려 체육대회를 하는데, 오전부터 하루 종일 운동과 응원을 하죠. 마지막에 OB와 YB 대항 축구 경기를 할 때쯤 장관이 입장해선 폐회식을 주관하고 시상도 하거든요.

그런데 운동장이 연병장처럼 스타디움 형태로 되어 있잖아요. 은행 연수원이니까 규모는 크지 않지만, 위로는 본부석이 있고 그 아래 운동장엔 실국별로 직원들이 도열해 있었죠. 그 상태에서 장관이 격려 인사를 할 차례였어요. 그래서 제가 다들 서 있지 말고 편히 앉으라고 얘기했어요. 잔디 구장이니까. 하루 종일 운동하거나 응원해서 피곤해 죽겠는데, 장관 얘기 듣는다고, 또 시상 참관하느라고 장시간 서서 본부석을 올려다보고 있으면 힘들잖아요.

제 얘기가 뭐 딱히 중요한 내용이 있는 것도 아니고. 그래서 전 서 있지 말고 편하게 앉으라고 했더니 주춤주춤하다가 다들 앉았어요.

나중에 비서관으로부터, 직원들이 과거와 달리 시상과 폐회식이 진행되는 동안에 앉아 있어서 훨씬 좋아했다고 들었습니다.

제가 감사원에서 사무관급으로 일할 때 국회 담당 업무를 했는데 너무 준비할 게 많은 거예요. 예상 질의 답변 같은 것도 다 만들고 취합했죠. 게다가 실제 국회의원이 어떤 질문을 할 것인지 알기 위해서 전날 밤에 보좌관들에게 박카스 사 들고 가서 "안녕하십니까? 조금만 힌트를 주시면 안 될까요?" 그렇게 해서 힌트를 얻고는 또 각 실국에 전달해 거기서 또 새벽까지 준비하고 그랬습니다. 그러면서도 뭐랄까 비루하다 그런 생각을 많이 느꼈었죠. 그래서 제가 기재부 장관으로 가서는, 사무관들이나 서기관들이 국회 의원회관 들러서 박카스 같은 거 건네면서 보좌관에게 내일 질문 뭐 하실 건지 알려달라 그런 거 일체 하지 말라고 했죠.

국회법에 따르면, 제가 국회의원을 해봤으니까, 회의 전날 21시까지 질문 요지를 보내 주게 돼 있어요.

해당 부처로 보내 주게 돼 있는데 그걸 안 줬으면 그 사람들 잘못이죠. 그리고 제가 모르는 질문 나오면 "그건 미리 제가 요지를 못 받아서 답변 준비가 안 돼 있습니다. 따로 보고드리겠습니다" 하면 그만이지. 여러분이 공무원 시험 치르고 들어와 박카스 들고 다니면서 그런 일 하라는 건 아니라고 했죠. 그리고 국회에도 많은 사람이 오지 마라.

내가 답변할 때 여러분 쪽으로 뒤를 돌아보는 일은 없을 것이다. 나는 앞쪽 의원들만 보고 있을 텐데 내 뒤에 잔뜩 앉아 있지 마라. 제가 사무관 시절 국회 복도나 계단에서도 답변을 쓰고 그랬는데요.

유학 준비하느라 토플 공부하면서도 복도에 앉아서. 그때는 예결위 등의 정회가 길어지면 새벽 4시까지 복도에 앉아서 기다리고 할 때도 있었어요.

그랬었는데 이제는 그렇게 하지 마라.

다들 사무실에 있고, 꼭 필요한 간부들 두세 명만 나와도 나머지는 내가 다 정리할 테니까. 알면 아는 대로 답변하고 모르면 모른다고 하고 나중에 답변하면 되는 거지.

그리고 미주알고주알 답변할 필요는 없다. 큰 흐름만 챙기면 된다, 그렇게 했더니 다들 처음에 긴가민가하더니 실제 제가 엄격하게 챙기고 국회에서 앞만 바라보고 답변하니까 그게 평이 상당히 좋았던 것 같아요.

소통이라고 질문을 하셨는데 결국 그게 아랫사람들이 원하는 것이 무엇일까 하는 것, 가려운 데를 긁어 준다고 할까 그게 상당히 효과가 있지 않을까.

◇ 맞습니다. 사실 소통이라는 게 꼭 얼굴 보고 이야기하는 것만이 아니고 다양한 방식으로 일어나지 않겠습니까? 이메일이나 연두 교서, 아니면 보고받는 것도 그렇고 보여지는 행동들 그리고 어떤 특별한 인물을 중심으로 이러저러한 행동을 하시는 장관님의 리더십 스타일에 대한 간접 소통… 그런 걸 통해 직원들의 이해도 커지게 되고…. 그런 측면에서 너무 격식을 차리기보다는 좀 더 유연하게 직원들의 마음을 들여다보려는 그런 노력이 아무래도 중요할 것 같습니다.

1년에 너댓 차례, 지휘 서신을 보냅니다.
이메일로 특별한 방침이라든지 제가 직원들한테 바라는 거라든지 또는 직원들한테 미안하다든지 그런 걸 담아 쓰는 서신 그건 다 읽어 보잖아요.
그걸 내부망에 올리니까 그런 것도 일방통행이기는 하지만 소통의 한 수단이었죠. 그리고 페이스북에 올린 글도 50여 차례 됩니다. 일반 국민을 대상으로 했지만, 거기에도 장관의 생각이 담겨 있고, 또 댓글이나 반응을 통해 저도 다른 분의 의견을 들을 수 있는 기회가 되었죠.

◇ 부처 간의 갈등 말고 그냥 관할 부처 안 사람들끼리 서로 충돌하고 이런 경우도 좀 많지 않습니까? 이런 거 해결이 됩니까? 그럼 어떻게….

차관들끼리도 의견이 다른 경우가 있고 대표적으로 예산실과 세제실도 갈등이 있죠. 세제실이 세입을 좀 줄여 잡는 경향이 있고 예산실은 그걸 더 늘려달라고 하는 경우가 있어 진통이 꽤 있죠.

예산실 안에서도 국방 예산 쪽과 복지 예산끼리 다투기도 하고 그런 거 아니겠어요? 그건 결국 책임지고 총괄하는 그 직책에서 조율하는 거고요.

세입 예산과 세출 예산 같은 경우는 최종적으로 제가, 차관이 서로 다르니까 제가 보고를 받아 가르마를 타 주는데 큰 소리가 날 정도의 갈등까지는 아닙니다.

◇ 그래서 제가 궁금한 것은 가르마를 타 준다고 표현을 해 주신 것처럼 이제 한 조직의 수장으로서 일을 할 때 필요한 것이 직책에 필요한 리더십 역량을 보유하고 있는가에 대한 문제가 분명히 있는데 이게 말 그대로 사람을 관리하는 측면의 리더십일 수도 있고, 가르마를 탄다는 측면의, 즉 어떻게 보면 전문성에 대한 것일 수도 있습니다. 이게 특정 분야의 전문가이냐, 아니면 정말 다양한 경험을 가지고 이 자리에 오신 분이냐 이런 부분도 굉장히 중요한 것 같습니다만….

국무위원은 큰 줄기와 흐름을 파악해야 한다고 봅니다.
멀리 내다보는 긴 호흡의 비전 그리고 그걸 어떤 식으로 구현하겠다는 방향 정도는 깨쳐야 하죠. 그러나 아주 구체적인 사항은 참모들이라든지 전문가들의 슬기를 구하고 또 많이 듣는 게 중요한 덕목이라고 생각됩니다.

◇ 그러면 참모들이 장관님의 생각하고 조금 다른 의견을 이야기할 때 어느 정도 수용해 온 것으로 생각하십니까?

구체적인 방안에서는 참모들 의견을 존중해야 한다고 보고요.
아까 말씀드린 것처럼, 저는 긴축을 강조하는데, 장관님 그래도 역사의 후대에 남는 건 성장률입니다. 이런 얘기는 결이 완전히 다르잖아요.
그런 경우는 나름대로 제가 추구하는 가치라든지 소신이 있기 때문에 얘기를 귀담아들으면서도 제가 원래 천명했던 기조를 견지해야 한다고 봅니다. 그렇지 않으면, 큰 줄기 자체가 흔들려서 오락가락해 버리거든요.

◇ 의사결정을 하는 데 굉장히 중요한 접근 방법 중에 제가 볼 때는 규범적(normative) 접근 방식, 즉 가치 판단을 중심으로 의사결정을 하는 것이 있을 수가 있고, 또 하나는 처방적(prescriptive) 접근 방식, 문제 해결 중심의 의사결정이 있을 수도 있는데 이사장님께서 의사결정 시에 어느 쪽에 더 무게를 두시는 편인지 궁금합니다.

그 둘에 대해서는 딱 어느 쪽에 손을 들기가 쉽지는 않은데요.
굳이 하나를 꼽으라고 하면, 저는 규범적인 쪽에 조금 더 무게를 더 두고 싶네요. 거기에 대한 특별한 뭐랄까….

◇ **이유나 이런 것들이 있으십니까? 아니면 기존에 살아오셨던 방식을 지금 막상 회상해 보시니까 그런 건가요?**

꼭 그런 건 아니고요. 규범적이라는 거는 예를 들면 작은 정부라든지 알뜰한 살림이라든지 민간 중심의 일자리라든지 그런 원칙이 의사결정에서 중시되어야 한다는 뜻에서 드리는 말씀입니다.

그러나 욕심만 내고 허황되게 목표를 높게 설정해서 현실과는 너무 동떨어진 개혁이나 변화를 추구하다 보면 실패하기가 쉽잖아요.

그런 면에서는 아까 처방적이라고 표현하셨는데 실사구시랄까 그런 지혜와 일머리도 중요하다고 생각됩니다. 규범적 접근은 필요조건, 처방적 접근은 충분조건이라고도 할 수 있겠습니다.

그래서 질서 있는 변화라 할까요? 가능하다면 과감한 변화가 더 낫지만, 현실적으로 성공 가능성이 낮아지는 측면도 있기 때문에 큰 가치나 방향을 정해 놓고 착실히 기반을 다져 가면서 차근차근 나아가는 그런 쪽으로 제 생각을 말씀드리면 정리가 됐을지 모르겠네요.

◇ **혹시 이명박 정부의 실용주의도 장관님께서?**

제가 한 건 아니고, 이명박 대통령의 원래 스타일이죠. 일머리가 무척 뛰어나세요. 목표를 정하면 달성하기 위해서 굉장히 고민하시고, 최선을 다해 열심히 일합니다. 현장에서 많이 뛰어보셨기 때문에 현장 감각도 탁월하죠. 예를 들면, 외국 정상과 회담을 앞두고 선물을 고를 때 일화입니다.

　이번에는 어떤 선물을 준비했냐고 물어보시면서, 당사자 본인을 위한 선물보다 부인을 위한 선물, 나아가 자녀를 위한 선물을 주는 게 훨씬 효과가 크다고 말씀하셨어요.

　그래서 저도 2012년 한국에서 열린 한일 재무 장관회의를 앞두고 선물은 뭘 준비했냐고 참모들에게 물으니까 평소 우리가 주는 선물이 있다고 해요. 그래서 부인이 혹시 뭘 좋아하는지 한번 알아보라고 했더니 부인이 한류 드라마 팬이더라고요.

　누군지 이름은 까먹었어요. 제가 잘 모르는 젊은 남자 배우를 무척 좋아한대요. 그래서 그 배우 사진이 담긴 브로마이드 있지 않습니까? 브로마이드를 구해서 우리 직원이 그 배우에게 찾아가 자필로 일본 재무 장관 부인 이름, 간단한 인사말과 함께 사인을 받아 왔어요.

　일본 장관에게 선물로 줬더니 너무 좋아했어요. 지금도 그분과 가끔 연락하고 한국에 오면 함께 식사도 하고 그럽니다. 그 선물에 돈은 얼마 안 들잖아요. 이명박 대통령께서 그런 스타일이죠. 저는 그분한테 배운 거고 그러니까 실사구시는 아주 유용한 방식인데, 그런다고 서로 절충한 결과 죽도 밥도 아닌 방향으로 간다는 뜻은 아니에요.

　어떻게 하면 실제 피부로 느낄 수 있고 효과를 발휘할 수 있는 그런 방법, 그렇게 보시면….

Ⅲ. 나오며

◇ 알겠습니다. 우리가 지금까지 쭉 해 왔던 이야기는 아까 제가 말씀드렸던 ROLE 모델에 기초한 것이라고 볼 수 있습니다. 이렇게 롤 모델을 보면 한 여덟 개 정도의 키워드가 나오는데요. 여덟 개 키워드 중에서 이 세 가지 정도가 내가 생각하기에 가장 중요한 우선순위에 해당한다 라고 생각하는 게 어떤 것이신가요?

방향 제시, 갈등 조정, 공공리더십이니까 소통 그 정도?

사실 워낙 바빠서. 매일 서면 보고가 거의 100페이지가 올라옵니다. 장관한테 너무 길게 보고하지 마라 이렇게 지침이 내려가서 과별로 최대 두 페이지로 줄여도 그래요. 그래서 매일 밤 11시쯤 귀가하면 아이패드에 들어와 있는 자료를 다 읽어 봐야 합니다. 2시간쯤 걸리죠. 각 자료 위에 담당 과장과 사무관이 누구다 하고 전화 연락처가 있어요.

보고서를 읽어 보다가 좀 이상한 거 있잖아요. 그러면 당장 연락하기도 하지만, 다음 날 출근하면서 전화를 하면 사무관들이 긴장하는 거죠. 무슨 사무관이냐? 장관인데, 이렇게 한두 번 했더니 그게 소문이 확 날 거 아니에요?

장관이 서면 보고 다 보신다고. 장관이 어디에서 회의를 마치고 나오면 기자들이 바깥에 몰려와 있어요.

그들이 질문을 갑자기 하는데 서면 보고에 들어 있던 내용을 떠올려서 답변을 하면, 직원들이 제가 보고서를 읽었는지 아닌지 알게 되죠.

그리고 저는 대개 차관이나 1급 실장들에게 물어보지만, 가끔 사무관이나 과장에게 전화하면 장관이 보고서를 다 읽어 본다고 생각하고 만드는 데 신경을 더 쓰죠. 그 서면 보고가 장관과 소통하는 거라고 여기죠. 제가 나중에 사무관들하고 밥 먹을 때 얘기 들으니까 "장관님 두 페이지 보고서를 만드는데요. 열 번쯤 고칩니다. 장관님께 올리는 거라고 열 번쯤 고칩니다."

과장과 국장이 자꾸 고치니까 상당히 부담된다고 하더군요.

다만, 그게 일종의 트레이닝이 되는 효과는 있어요.

하드 트레이닝이 되고 보고서는 이렇게 쓰는 거라는 현장 교육이 되는 거죠.

◇ 제가 볼 때 가장 중요한 방식의 소통 중에 하나가 업무를 주고받으면서 일어나는 소통이 아닐까 합니다만…. 이명박 정부 때는 원 페이지 보고서 굉장히 유행했잖아요. 그거 하느라고 공무원들이 죽을 뻔했다고…. 국책연구원들도 보고하고….

대통령께서 도대체 국책연구기관이 뭐 하는지 모르겠다. 당신들이 그렇게 연구를 열심히 하면 대통령에게 적어도 한 달이나 두 달에 한 번이든지 중요한 거 뭐 연구했습니다. 뭘 찾았다거나 또는 찾으려고 했는데 못 찾았다든지 그걸 나한테 보고해 주면 좋겠다고 하셨죠. 듣고 보니 지당한 말씀이라 시행했는데, 그 보고 자료 만드노라 국책연구원들이 혼나셨을 거예요.

대통령께서 관심을 가진다고 생각하니까 신경 많이 쓰죠. 일화가 있어요. 청와대에서 금요일 큰 행사를 마쳤어요. 그래서 지금 탄소중립 녹색성장 공동위원장 하는 김상협 당시 비서관 등과 고생했는데 오늘 저녁이나 함께 먹자. 특히 금요일 저녁이니까. 일요일은 출근하지만, 토요일은 출근 안 해도 되니까 술도 꽤 마시고 집에 왔어요. 근데 제가 술을 많이 마시면 코를 곯기 때문에 집사람이 딴 방에 가서 자요.

문제는 제가 청와대 행사하면서 전화기를 진동으로 해놓은 상태에서 잠이 들었죠. 목이 말라서 새벽 5시쯤 깨니까 대통령에게서 부재중 전화가 세 번 온 거예요.

시간이 밤 11시 20분, 밤 12시 그리고 1시 다 되어서 또 온 거예요.

이거 엄청 급한 일인 것 같은데 그런다고 새벽 5시에 제가 전화하기도 그렇잖아요.

걱정이 되어서 잠이 안 오더라고요.

6시쯤 되어서 수행비서, 지금 아주대학교 상임이사로 일하는 임재현 비서에게 전화했죠. 혹시 뭐 때문에 전화하셨는지 아냐? 그러니 자기도 퇴근한 뒤이고 밤 11시 이후는 대통령께서 휴대폰을 갖고 계시니까 자기도 무슨 일인지 모른대요.

그리곤 "오늘 토요일이라 제가 좀 늦게 출근할 거예요. 토요일엔 가족들이 오셔서 아침 식사를 같이 하시니까 제가 8시 반쯤 전화를 드리겠습니다"라고 해요.

그런데 전화가 안 와서 9시쯤 다시 전화해 봤죠.

대통령이 아무 일도 없었다는 듯이 "왜 무슨 일이 있어?"라고 해요. "아니 그게 아니고 밤에 전화하셨는데 세가 놓쳤습니다." "아, 거기 내가 TV 토론 보는데." SBS TV 토론 프로그램이 11시 넘어 시작해서 12시

40~50분까지 진행된 것 같아요.

금요일 저녁 SBS, 토요일 MBC, 일요일 KBS 이렇게 공중파 3사가 밤 늦게 심야 토론 프로그램을 해요.

"그런데 말이야. 어떤 교수가 나와 정부 정책에 반대하는데, 반대하는 건 좋은데 터무니없는 말을 막 하고 그러던데, 수석은 도대체 뭘 하는 거야?"

그러시는 거예요. 그래서 "제가 사실은 비서관들하고 저녁 먹고 술 한 잔하고 일찍 잤습니다."

"대통령은 그걸 보고 있는데 수석은 술 먹고 자고 잘 한다"라고 하시는데, 할 말이 없잖아요.

그런 토론 프로그램은 하루 이틀 전에 알려진대요.

"어느 방송사에서 이번 주에는 무슨 주제로 누가 나와서 한다고. 그 패널 출연자들이 다 알려지는데 그럼 우리가 그 주제를 보고 정부 정책과 관련이 있는 거, 4대강이라든지 세종시라든지 그런 게 있으면 찬성해 달라 반대해 달라 그런 얘기는 못 해도 팩트는 정리를 해서 출연자에게 보낼 수 있잖아요. 세종시는 이렇습니다. 그런 내용을 이메일로 보내라. 그러면 반대론자라도 터무니없는 엉터리 주장은 못 하지 않겠냐?"

듣고 보니 구구절절이 옳은 말씀인데 반박을 못 하겠더라고요.

그래서 "알겠습니다" 했는데 챙겨 보니까 SBS 하나만 있는 게 아니고 TV만 있는 것도 아니고 라디오도 열린 토론 등등 엄청나게 많은 거예요.

그래서 그거 다 매번 청와대에서는 챙기지 못하고 담당 부처에 알려줘 자료를 정리해서 이메일로 보내 줬죠. 부처가 한 군데가 아니고 여러 군데 관련된 경우엔 취합해서 보내느라 힘들었습니다.

그런데 하다 보니 그분들에게 알려드리는 것만큼 중요한 홍보가 또 어디 있겠냐 싶더라고요.

그러다 보니 일이 엄청나게 늘어났죠. 어떤 때는 아침 6시에 출근하는데 대통령께서 전화하셨어요. 저는 고속도로에 있는데 아니 왜 장애인의 날을 그냥 넘어가냐고 그러시더라고요.

국정기획수석이 정책 일정을 총괄하니까. 저는 장애인의 날이 4월 20일인 걸로 아는데, 12월쯤 돼서 그 말씀 하시는 거예요.

장애인의 날이 4월 20일인 줄 수석은 어떻게 아느냐고 물어보시길래 제가 결혼한 날이라서 정확히 기억한다고 했죠. 그랬더니 대통령께서 오늘 새벽 CNN을 보는데 오바마 대통령이 나와서 장애인과 함께 기념행사를 했다는 거예요.

이분이 다섯 시에 일어나 실내 자전거 타면서 CNN을 보신 거예요. 새벽엔 국내 TV 뉴스가 없잖아요.

수석이 착각한 것 아니냐. 무슨 4월? 확인해 보라고. 확인하니까 유엔이 정한 국제장애인의 날인가 그게 12월에 있더라고요.

근데 우리는 장애인의 날을 4월 20일로 정해서 기념하고, 국제장애인의 날에는 아무런 행사 같은 게 없었어요.

나중에 그렇게 보고드리고 마무리했죠.

또 어떤 때는 출근길에 전화하셔서 "오늘 서울신문에 난 그거 뭐에요?" 하고 물어요. 출근 중에 서울신문에 난 것까지 알 수가 있나요. "뭐가 났는데요" 하고 되물을 수도 없고. "네, 지금 출근 중입니다. 출근해서 파악해 보고드리겠습니다."

"빨리 좀 보고해 봐."

들어가서 서울신문 아무리 뒤져 봐도 특별한 게 없어요, 나중에 부속실장에게 물었죠. "서울신문 난 거 무슨 얘기예요?"

"잠깐 계셔 보십시오.

신문 하단에 그 의견 광고라는 거 있잖아요. 대통령님 호소드립니다.

그런 거 있잖아요. 가끔 나잖아요. 서울신문에 누가 그걸 냈나 봐요. 우리는 그걸 못 봤지."

대통령께서

"누군지 모르지만 돈을 들여서 이렇게 실었는데 검토해서 답변해 줘야지, 그게 실린 사실도 모르고 있으면 수석들은 도대체 뭐 하는 사람들이야."

할 말이 없더라고요.

아침 일찍 일어나서 꼼꼼하게 챙기시니까.

1시에 주무셔서 5시 일어나고, 40년을 그렇게 해 오셨다니까. 매일 어떻게 하면 공무원들이 일을 하게 만들까 생각하신 것 같아요.

'공무원이 힘들어야 국민이 편하다.'

그런 신조로 일하셨죠.

◇ **그러면 일로 만나 국정 철학이 맞아서 같이 일을 하시게 된 겁니까?**

제가 인수위에 들어가기 전에는 함께 일한 적이 없었어요.

제가 강재섭 당시 당대표 비서실장을 맡아 이명박 당시 후보를 당 행사 때 가끔 보는 정도였는데 작고한 정두원 의원이 저를 후보에 추천했다고 들었어요. 정확히는 몰라도….

◇ 그럼 여기서 굉장히 중요한 질문을 제가 하나 드리고 싶은데요. 장관님께서 조직 개편도 많이 하고 공공기관 합리화, 선진화 작업도 하셨는데 이명박 정부의 오점 가운데 하나가 인천공항 민영화를 비롯해서 매쿼리예요. 그럼 장관님께서는 분명히 내적 갈등이 있었을 것 같은데….

저는 4대강 살리기와 인천공항 운영 민영화의 큰 그림을 그린 거지 어떤 건설회사가 입찰을 들어간다든지 그런 구체적인 집행에는 관여를 안 했어요. 인천공항 운영 민영화는 지금도 옳은 방향이라고 생각하지만, 그게 매쿼리와 관계가 있다고 하는 건 생각지도 않았고 그런 쪽에는 관여도 안 했습니다.

◇ 나중에 그 얘기 들으셨을 때 어떠셨어요?

특별히 거기에 문제가 있다고 보지는 않았어요.
사실인지, 떠도는 소문인지 알 수가 없고, 무엇보다 민영화할지 아직 결론도 나지 않은 상황이라. 결정되면 나중에 투명하게 집행하면 되니까 거기에 대해서는 크게 신경을 쓰지는 않았습니다.

◇ 사실은 지난번에 사석에서도 한 번 말씀해 주신 내용이거든요. 그런데 이 부분이 공공 리더로서 조직에서 하는 일과 나의 신념이 다를 수도 있잖아요. 이렇게 충돌이 생길 때 장관님이 무엇을 원칙으로 혹은 무엇에 근거해서 의사결정을 해 나가시는지요?

조직이나 정부의 일원으로 들어가서 일을 한다면 자기와 생각이 다른 경우에 최대한 그걸 자기 쪽으로 가깝게 오도록 노력해야죠. 하지만, 정부의 최종 결정이 자기 생각과 다른 쪽으로 되었다면 그쪽을 따르는 수밖에 없죠.

그 차이가 너무 커서, 결정적이어서 이건 도저히 따르기 어렵다 싶으면 그만둬야죠. 고(故) 박세일 교수님처럼 난 도저히 행정수도 분할안처럼 정부의 반을 쪼개는 정책은 수용하기 어렵다고 하면 탈당하고 국회의원을 그만두는 거고. 이게 아주 중요하다 하면 그렇게 하고. 그렇지 않으면 내 생각이 다 옳을 수는 없는 거 아니겠어요. 중지를 모아 결정된 걸 따르자….

◇ 저는 박 장관님의 리더십에서 이런 파트를 우리가 강조해도 좋을 것 같다는 생각이에요. 왜냐하면 혹시 그런 얘기 들어보셨는지 모르겠는데 박 장관님과 같이 일하시는 분들과 제가 얘기를 해 보면 박 장관님이 굉장히 겸손하다는 표현이 많아요. 혹시 들어보셨습니까?

네. 쑥스럽네요. 구내식당에 예약을 해 놓아서 식사하시면서 계속 얘기를 이어갈 수 있지 않을까 생각합니다.

◇ 일단 공식적인 인터뷰에 할당된 부분에 대해서는 거의 정리가 된 듯합니다. 질문에 상세하게 답변해 주셔서 감사드립니다. 말씀해 주신 내용을 토대로 썩 괜찮은 리더십 분석이 될 수 있도록 해 보겠습니다. 식당에 가서는 오늘 인터뷰와는 별개로 사는 얘기도 좀 들려 주시고 하면

좋겠습니다.

제 2 부
박재완 전 장관의 리더십 분석

Ⅰ. 공공리더십 진단 결과 분석

[그림 1] 부문별 리더십 진단 종합

문항	점수
1. 윤리성	4.25
2. 신뢰	4.25
3. 공익 추구	4.5
4. 변화관리	4.429
5. 갈등 조정	4.8
6. 방향 제시	4.5
7. 소통	4.625
8. 전문성	4

박재완 장관의 리더십 프로파일을 보면, 갈등 조정과 소통, 방향 제시에서 가장 높은 점수를 보이고 있다. 이는 박 장관의 인터뷰에서 본인이 강조한 부분과 일맥상통한다. 기재부 장관직을 수행하면서 가장 중요

하게 생각한 리더의 역량은 어떠한 것인가에 대한 질문에 박 장관은 주저 없이 갈등 조정과 방향 제시라고 답했다. 이는 기재부 장관이 국가의 다양한 정책적 방향을 구상하고, 이에 필요한 자원을 할당하는 등 국가의 방향성을 제시함과 동시에 다양한 부처 간의 이해관계를 조정하는 역할을 수행하기 때문인 것으로 이해할 수 있다.

그러나 박 장관이 경제 관련 이론, 경험, 정책에 뛰어난 전문성을 가지고 있다는 전문가들의 평가와는 달리 전문성 면에는 스스로 낮은 점수를 부여한 것으로 나타났다. 이는 다소 의외로 볼 수 있지만 현직에 있을 때 전문적 식견을 제시하는 것을 스스로 자제함으로써 부하 직원의 자율적 재량을 확대하고자 노력했기 때문이거나, 겸손의 자세를 견지해 온 개인적 특성에 기인한 것으로도 볼 수 있겠다.

II. ROLE 모델 기반의 리더십 분석

인터뷰는 이 책의 서두에 제시된 ROLE 모델을 기반으로 이뤄졌다. ROLE 모델에서 제시하고 있는 여덟 가지 핵심 리더십 원칙을 기반으로 박재완 전 장관이 현직에서 시행했던 정책과 리더십 행동을 중심으로 리더십 분석을 실시했다.

1. Raise: 공과 사를 명확히 하여 윤리성과 신뢰에 기반한 국정 수행

다양한 요직을 두루 거치며, 국정을 운영했던 경험을 통해 박재완 장관은 공직자로서 윤리성을 확립하고, 이를 조직 전반에 확산시키고자 노력한 것으로 보인다. 그는 또한 일관성 있는 행동을 통해 대내외적으로 신뢰를 쌓아 가는 것이 효과적인 정책 수행의 기반이라 생각한 것으로 보인다. 실제로 이러한 공직자 윤리와 신뢰의 향상은 적합한 정책 개발과 제도적 개선 등 국정 운영에 앞서 갖춰야 할 필수적인 선행 요건이라 할 수 있다.

1) 공공성과 원칙에 기반한 인사

박재완 장관은 고위 공직자의 역할에서 '선공후사(先公後私)', 즉 공적인 일에 앞서고 사적인 일은 뒤로 미루는 원칙을 매우 중시했다고 강조하며, 고용노동부 장관 시절 겪었던 특별한 경험을 이야기했다. 당시 그는 전임 임태희 장관이 추진한 대규모 공무원 조직 개편과 관련한 업무를 이어받아 진행했는데, 이 과정에는 업무 능력이 떨어지거나 조직 내 갈등을 유발하는 인원들을 재교육하고, 개선되지 않은 일부는 면직 처리하는 조치가 포함되어 있었다. 당시 약 5천 명에 이르는 고용노동부 직원 중에서 선별된 15명은 성과가 매우 낮거나 조직과의 융화가 어려운 인물들이었고, 이들은 약 3개월간 보수 교육을 받은 후에도 개선되지 않을 경우 직위 해제 및 면직 처리되는 절차가 진행 중이었다.

박 장관에게 가장 기억에 남았던 사건 중 하나는, 자신과 매우 가까운 고등학교 및 대학교 선배가 그 면직 대상자 중 하나로 포함된 일이라고 한다. 이 선배는 1977년 행정고시에 합격한 후 33년 동안 공직 생활을 했으나, 한 차례밖에 승진하지 못한 상황이었다. 그 이유는 그가 해군 장교로 복무하던 시절에 어려움을 겪은 후, 정상적인 업무 수행이 힘들어졌기 때문이었다. 선배가 겪은 개인적인 어려움과 사고로 인해 오랜 시간 동안 해결되지 않은 문제는 결국 공직 생활에서도 치명적인 결과를 낳았다. 박 장관은 그 선배가 고용노동부에서 적응하지 못하고, 동료들로부터도 지속적으로 문제 인물로 지목된 상황이었기 때문에, 개인적인 감정을 배제하고 원칙에 따라 그를 해임할 수밖에 없었다. 이 과정에서 그는 선배와 그의 아내를 만나 조치에 대해 설명하고 사과하며, 그들이 이해할 수 있도록 배려했다. 이러한 경험을 통해 박 장관 개인적인 감정보다는 공적인 책임을 우선시하는 원칙을 만들어 갔다.

또한 박 장관은 대통령실에서 정무수석 및 국정기획수석으로 재직할 당시, 인사 청탁과 공천 청탁이 자주 들어왔던 경험을 언급했다. 그는 이러한 청탁의 상당수는 자격이 부족한 경우가 많았으며, 능력이 충분한 사람들은 오히려 조용히 자신의 역할을 수행하는 경향이 있다고 덧붙였다. 특히, 돈을 동반한 청탁이 들어올 때는 이를 철저히 배제하고, 인사비서관실에 해당 인물에 대해 부정적인 의견을 전달했다. 박 장관은 이러한 청탁이 오히려 해당 인물의 자격을 의심하게 만드는 경우가 많았으며, 이는 자신이 공과 사를 구분하는 원칙을 더욱 굳건히 지키게 만들었다고 강조했다.

공직자로서 원칙과 책임을 지키며, 공적인 업무에서 개인적인 관계나 감정에 좌우되지 않고 공익을 최우선으로 하는 것은 공직자의 기본 의무라 할 수 있다. 조직을 운용하는 과정에서 가장 중요한 원칙을 하나 꼽으라고 하면, 아마도 공정성이 가장 중요한 원칙이라고 할 수 있을 것이다. 조직관리에 관한 수많은 연구를 참고해 보면, 조직의 효과성과 그 구성원들의 태도와 행동에 가장 큰 영향을 미치는 요인은 많은 경우 공정성으로 수렴되며(Colquitt, Conlon, Wesson, Porter, & Ng, 2001), 그 밖의 여러 많은 요인도 결국 공정성을 통해 영향력을 미치는 경우가 빈번히 관찰된다.

박 장관의 이러한 경험들은 그가 공직 생활 내내 원칙을 지키며 공적인 책임을 다하고자 했던 사례로, 특히 가까운 사람과 관련해서 갈등이 발생했을 때에도 자신의 감정을 배제하고 공적인 원칙을 우선시한 어찌 보면 매우 당연하지만, 많은 관계를 맺고 사는 한 명의 개인으로서 실천하기 쉽지 않은 행동이라는 점에 주목해야 할 것이다. 성공적인 리더가 되기 위해 공정성을 추구해야 함을 알아채는 것이 그다지 어렵지는 않다. 그렇지만, 이를 실천하는 것은 사실 말처럼 쉽지 않다.

2) 혼란기에 더욱 돋보인 일관성

박재완 장관은 국민과 정부 간의 신뢰를 유지하고자 중요한 원칙과 실제 실행했던 사례들을 소개했다. 그는 "신뢰는 일관성에서 나온다"고 강조하며, 공직자는 솔선수범하는 자세가 필요하다고 언급했다. 박 장관이 청와대에 재직하던 시절, 국민의 신뢰를 잃었던 정부는 이를 회복하기 위해 노력해야 했다. 특히, 당시 유류 가격이 급등하면서 국민들에게 에너지 절약을 강조하려면 그는 공직자들이 말뿐만 아니라 행동으로도 이를 보여 줘야 한다고 판단했다고 한다.

그는 청와대 참모들에게 큰 차 대신 작은 차를 타는 것이 어떻겠냐고 제안했고, 결국 그랜저급 차량 대신 쏘나타로 바꾸는 조치가 이뤄졌다. 이 아이디어를 제안한 박 장관은 자신의 원칙을 지키고자 심지어 중형차도 아닌 경차(모닝)를 타며 이를 실천했고, 그 결과 언론도 처음에는 쇼라고 비판했지만 꾸준한 실천에 대해 나중에는 그 진정성을 인정하기도 했다. 고위 공직자 전체의 동의를 얻어 내는 것도, 그리고 장관으로서 스스로 경차를 타고 다니는 일도 일반적으로 우리 사회에서 쉽게 목격할 수 있는 사건은 아니었다. 또한, 박 장관은 기재부와 고용노동부에 있을 때도 에너지 절약을 위해 겨울에는 내복을 입고, 여름에는 에어컨 사용을 절제하는 등 다양한 실천을 통해 솔선수범했다.

이 밖에도 박 장관은 일관된 정책 기조를 유지하는 것이 신뢰를 쌓는 데 중요하다고 설명했다. 글로벌 금융 위기 이후 2009~2010년에 경기가 회복됐으나, 2011년에 유로존 재정 위기가 발생하면서 경제 상황이 다시 어려워졌다. 특히 2012년에는 총선과 대선이 동시에 치러지는 중요한 해였으며, 당시 정치권에서는 복지 포퓰리즘 정책을 내세우며 재정 지출을 늘릴 것을 요구했다. 부동산 경기가 침체되면서 관련 업종이 연쇄적으로 영향을 받았고, 이에 따라 정부, 여당과 정치인들은 부동산 경기 활성화를 위해 지속적으로 추가경정예산(추경) 편성을 요구해 왔다고 박 장관은 회고했다.

그러나 그는 정부가 2008년에 이미 대규모 재정을 투입해 글로벌 금융 위기를 극복한 이후, 추가로 돈을 푸는 것은 물가 상승과 재정 악화를 초래할 수 있다고 판단했다. 실제로 그는 정치적 압박에도 불구하고 일관되게 추경 편성을 거부하며 다양한 언론을 통해 미래 세대에 대한 책임을 강조했다. 기자들이 계속해서 추경 편성 여부를 묻는 상황에서도 그는 자신의 입장을 고수했고, 재임 기간 동안 이 정책을 끝까지 일관성 있게 유지했다. 이는 그의 취임사에서 강조한 "복지 포퓰리즘에 맞서는 나라 곳간의 파수꾼"의 역할과 정확히 일치하는 것이었다.

[그림 2] 윤리성 부문 리더십 진단

문항	점수
1. 나는 윤리의 중요성을 인식하고 있다	5
2. 나는 윤리적 판단 기준을 명확히 이해하고 있다	5
3. 나는 업무 수행이나 의사결정 시 규정과 절차 등 윤리적 기준을 적용한다	5
4. 나는 구성원들에게 비윤리적 행동을 하지 않도록 지도한다	4
5. 나는 준법에 관한 강력한 의지를 구성원들에게 보여 준다	4
6. 나는 업무 수행 시 법규와 조직 내부 기준 및 절차를 준수한다	5
7. 나는 법률과 규칙에 위반해 업무를 수행하는 구성원이 없는지 수시로 점검한다	3
8. 나는 업무 이해관계자에게 부정부패 방지를 위한 방침을 적극적으로 알린다	3
평균	4.25

공직자는 말보다 행동으로 보여 줘야 하고, 일관된 정책을 통해 국민의 신뢰를 얻는 것이 중요하다. 학계의 연구에 따르면, 말과 행동의 일치, 그리고 일관성 있는 행동은 리더가 구성원들의 신뢰를 얻는 데 매우 중요한 요인이라는 것을 알 수 있다. 사이먼(Hebert A. Simon)은 신뢰 형성의 핵심 개념으로 behavioral integrity를 강조하는데, 이는 행동적 '진실성' 또는 '일관성'으로 이해할 수 있으며, 리더에 대한 신뢰 형성의 핵심 요인이 된다(Simon, 2002). 이는 말과 행동의 일치성, 그리고 반복되는 행동 패턴의 일관성을 통해 가장 효과적으로 형성될 수 있다.

[그림 3] 신뢰 부문 리더십 진단

문항	점수
1. 나는 구성원들을 공정하게 대한다	5
2. 나는 대내외적인 관계 형성 시 편견을 배제하려고 노력한다	4
3. 나는 의사결정을 위한 과정 및 절차를 일관되게 적용한다	4
4. 나는 의사결정 과정 및 절차에서 객관성을 가지고 판단한다	5
5. 나는 성별, 지연, 학연, 교육 수준 상관없이 공정하게 평가한다	4
6. 나는 신뢰할 수 있다	4
7. 나는 구성원들을 속이지 않는다	4
8. 부하 직원들은 내가 제시한 공식적인 메시지를 믿고 따른다	4
9. 나는 내가 제시한 공식적인 메시지와 행동의 결과에 책임을 다한다	5
평균	4.25

　박재완 장관은 경차를 타고 에너지를 절약하는 등 소소한 행동을 통해 솔선수범했고, 추경을 편성하지 않는 일관된 정책 기조를 유지하면서 정치권의 다양한 압박을 이겨 내려고 노력했다. 그러나 이러한 일관된 행동에는 역효과 또한 발생할 수 있다. 국가의 운영이라는 것은 결국 많은 이해관계자의 입장을 고려해 그들의 지지와 참여를 얻어야 한다는 점에서 너무 고집스런 일관성과 원칙주의가 정책 실행을 방해하기도 한다. 박 장관은 이러한 측면의 어려움을 '미세한 조정과 양보'라는 측면으로 해결해 나갔다고 한다. 즉, 반대 의견에 충분히 귀를 기울이고, 필요에 따라 원칙을 훼손하지 않는 한도 내에서 이해관계자들의 어려움을 해결하기 위해

노력하는 것 또한 중요하다.

2. Outstanding: 명확한 상황 인식과 적절한 조직관리를 통한 공익 추구

경제정책은 성장을 지향할 수도 있고, 반대로 안정을 추구할 수도 있는 만큼 국가 상황에 적절한 정책을 구현하려면 명확한 상황 인식과 뛰어난 조직을 활용한 실행 역량이 필수적이다. 박 장관은 기재부 근무 당시에는 '경제 성장'보다는 '재정건전성 확립'이 필요한 상황이라는 판단하에 정책을 제안했고, 고용노동부 근무 당시에는 '일자리 미스매치'를 해결하고자 미시적 정책 조정을 시행하는 동시에 부처 구성원들의 창의성과 열정을 높이기 위한 다양한 실험적 조치를 취했다.

1) 명확한 상황 인식과 스파르타 300 전사의 결연한 각오

박 장관은 취임 전 인사청문회에서부터 분명한 경제정책 기조를 제시하며, 불확실한 답변 대신 명확한 의사를 밝혔다. 그는 한동안 양적 완화를 지속해 왔기 때문에 물가 안정을 위해 재정 건전성을 유지하는 것이 필수적이라고 판단했고, 이를 위해 공격보다는 수비에 집중하는 전략을 택했다. 당시 경제 상황은 어려웠지만, 후임자들이 그 열매를 거둘 수 있도록 준비하는 것이 중요하다는 신념을 가지고 정책적 방향성을 명확히 했다.

그는 또한 취임사에서도 재정 건전성 추구를 위한 강한 의지를 천명했으며, 영화 '300'을 언급하며 구성원들에게 테르모필레의 계곡을 지킨 300 전사가 되어 이러한 정책 방향을 견지해 줄 것을 호소했다. 이 영화에 나오는 "Spartans! Ready your breakfast and eat hearty. … For tonight, we dine in hell!(스파르타인들아! 아침을 든든하게 지어 먹어라. … 오늘 저녁은 지옥에서 먹는다!)"와 같은 대사도 박 장관의 취임사와 일관된 결연한 메시지를 전달한다. 해당 취임사는 언론에서 큰 주목을 받았고, 정책 방향에 대한 그의 결연한 의지를 대내외적으로 효과적으로 전달함과 동시에, 추후 기재부가 재정 건전성과 물가 안정을 유지하는 정책을 흔들림 없이 수행할 수 있는 강력한 원동력이 되었다.

박 장관은 이러한 정책을 추구하는 과정에 많은 어려움이 있었다고 토로했다. 이는 주로 정파적 갈등과 선거를 의식한 정치권의 요구에 대응하는 일이었다. 그는 스스로 100% 공익만을 추구했다고 확신할 수는 없지만, 여당의 압력에도 불구하고 기재부의 재정 건전성을 유지하는 것이 중요하다고 판단했다. 예를 들어, 국회의원들이 부동산 거래 활성화를 위해 규제 완화를 요청했을 때, 시장에 잘못된 시그널을 줄 수 있다고 판단해 이를 막았다. 대신, 시장에 큰 영향을 주지 않는 소규모 조치들을 취해 여당의 요구와 타협했고, 이를 통해 박 장관은 공익을 지키면서도 여당과의 갈등을 최소화하는 방안을 찾았다.

박 장관은 취임 전부터 재정 건전성과 경제 체질 강화 필요성에 대한 명확한 상황 인식을 조직 내에 천명하고, 이를 일관되게 유지했다. 그의 이러한 상황에 대한 인식은 외부에도 효과적으로 전파되었으며, 이는 기획재정부에 근무할 때 그의 리더십이 빛을 발하는 중요한 요인으로 작용했다. 일관된 정책 방향은 명확한 상황 인식에 기인한다. 상황에 대한 폭넓은 이해와 면밀한 분석이 없다면, 상황에 대한 확신과 향후 방향성에 대한 강한 신념을 형성할 수 없다. 이는 결국 정책에 대한 방향성, 선명성을 저해하고, 일관성을 잃는 결과를 가져오기 쉽다.

그러나 그 당시의 우리나라 경제 상황에 대한 인식은 전문가 사이에서도 개인차가 있을 수 있다. 2012년을 기준으로 볼 때, 우리나라는 2008~2009년의 글로벌 금융 위기에서 어느 정도 회복하기는 했지만, 완전한 경제 회복에는 도달하지 못한 상태였다. 2007년 GDP 성장률 5.8%에 비해 2012년 GDP 성장률은 2%에 불과했고, 이는 2011년의 3.7%보다 오히려 후퇴한 수치였다. 전 세계적으로 볼 때, 금융 위기 이후에 지속적인 성장정책, 그리고 보수적인 균형정책을 채택한 국가가 혼재했었다. 그러나 우리나라는 대외 의존도가 높은 경제구조를 가지고 있고, 그 당시는 글로벌 경기 둔화, 유로존 위기, 중국의 경제 성장 둔화 등 다양한 위험 요인이 상존하던 시기였다. 만약 박 장관이 성장정책이 필요한 시기로 판단했다면, 현재 우리의 경제는 어떠한 상황일까?

2) 현장 중심의 문제 파악과 구성원의 동기 부여를 통한 성과 창출

박 장관은 정책적 성과를 내기 위한 나름의 접근 방식을 공유했다. 다양한 요인이 있겠지만, 그는 현장 중심의 문제 파악과 효과적인 실행을 위한 구성원의 동기 부여를 핵심 성공 요인으로 제시했다. 기획재정부에서는 장관의 지시가 내려오면 구성원들이 신속히 아이디어를 모으고 협력하는 체계 덕분에 변화관리가 큰 어려움 없이 진행되었다고 설명했다. 반면 고용노동부에서는 조직 체계와 업무의 맥락이 다소 상이한 탓에 현장을 중심으로 한 문제 파악과 조직관리를 위한 나름의 시도를 했다고 한다.

고용노동부가 안고 있는 오랜 숙명적 과제 중의 하나는 구인구직의 어려움을 해결하는 것이라 할 수 있다. 그는 일자리 창출과 실업률 하락을 위해서는 근로 현장의 일자리 미스매치 문제를 해결하는 것이 필수적이라 생각했고, 이를 위해서는 미시적인 접근이 효과적이었다고 했다. 박 장관은 일자리와 구직자 간의 불일치 문제는 거시적인 경제 정책만으로는 해결할 수 없으며, 지역적 특성이나 인프라를 고려한 미세한 조정이 매우 효과적일 수 있다고 판단했다고 한다.

일례로 그는 지방의 공장들이 인력 확보에 어려움을 겪는 상황에서, 여러 공장이 협력해 통근버스를 운영하도록 함으로써 문제를 해결하고자 했다. 이를 위해 그는 고용노동부 내에 '일자리 창출 지원단'을 설립했고, 고용센터 직원들이 직접 현장에 나가 기업과 소통하며 문제를 파악하고 해결책을 제시하는 프로그램을 추진했다. 이 과정에서 지방자치단체와 민간 기업, 그리고 교육기관과의 협력을 통해 일자리 창출을 극대화하려는 노력이 이뤄졌고, 이러한 접근 덕분에 당시 경제 상황이 어려웠음에도 불구하고, 일자리 창출에 긍정적인 결과를 얻을 수 있었다.

박 장관은 조직 구성원의 동기 부여와 사기 진작을 위해 작은 변화도 중요하다고 강조했다. 예를 들어, 현장에 나가 일하는 고용센터 직원들에게 월 5만 원의 추가 수당을 지급한 것이 공무원들의 사기를 크게 높였다고 설명했다. 그 당시 물가를 감안할 때 금액이 작아 보였지만, 실제로는 실무자들의 현장 업무에 큰 동기 부여가 됐고, 결과적으로 조직의 변화를 촉진하는 긍정적인 효과를 가져올 수 있었다. 이는 조직 내에서 직원들의 목소리를 반영하고 그들의 노력을 인정해 주는 것이 얼마나 중요한지를 보여 주는 사례다.

박 장관이 실시한 이러한 작은 변화들은 구성원의 일에 대한 마음가짐과 자세를 통해 조직 내에서 지속적인 긍정적 변화를 이끌어 내는 데 기여했다. 성공적인 정책 수행은 단순 업무 지시나 거시적 정책만으로는 이뤄질 수 없고, 구성원들이 자발적으로 참여할 수 있는 분위기와 동기 부여를 통한 조직 변화가 필수적이다. 이러한 전략을 통해 그는 정책적 역할과 조직문화의 결이 매우 상이한 고용노동부와 기획재정부에서 구성원들의 지지를 통한 정책 수행의 기반을 성공적으로 확보한 것으로 판단된다.

5만 원의 추가 수당이 가져올 수 있는 업무 열의 향상과 긍정적 조직 변화의 가능성에 대해서는 보는 시각에 따라 다르게 해석할 만한 여지가 있다. 그러나 이러한 사례는 박 장관이 조직관리를 위해 추구했던 다양한 노력 중 작은 일부라고 생각된다. 조직의 긍정적인 변화는 리더가 구성원들의 목소리에 관심을 기울이고, 그들의 욕구를 해소하기 위해 조직 자원을 투입하고, 제도를 수립하는 등의 많은 노력을 필요로 한다. 그리고 이

[그림 4] 공익 추구 부문 리더십 진단

문항	점수
1. 나는 국민과 사회의 이익과 발전에 깊은 관심이 있다	5
2. 나는 행정서비스를 기획할 때 국민과 사회의 이익을 가장 우선시하고 있다	5
3. 나는 국민과 사회의 이익이 되는 행정서비스를 제공하기 위해 노력한다	5
4. 나는 실행된 행정서비스가 국민과 사회의 이익이 되는지 정기적으로 점검하고 개선한다	3
평균	4.5

는 근대의 많은 리더십 이론(예를 들어, 변혁적 리더십, 상사-부하 교환 이론, 지지적 리더십 등)에서 반복적으로 입증되어 왔다.

공익 추구에 관련된 리더십 진단에서 박 장관은 공익 추구에 매우 큰 중요성을 두고 있는 것으로 나타났으며, 실행된 행정서비스가 국민과 사회의 이익이 되는지 정기적으로 점검하고 개선하는 부분에서는 일부 어려움이 있었던 것으로 나타났다.

[그림 5] 변화관리 부문 리더십 진단

문항	점수
1. 나는 평소 직무 분야에 대해 늘 새로운 것을 학습하고 우리 조직의 행정서비스에 연계, 적용한다	5
2. 나는 이해관계자와 갈등이 발생할 상황을 예측한다	4
3. 나는 변화하는 주변 환경을 지속적으로 파악하기 위해 정보를 수집한다	4
4. 나는 내 분야 외의 다양한 영역에 대해서도 예의주시한다	5
5. 나는 정보를 수집하기 위해 접근 가능한 다양한 방법을 활용한다	4
6. 나는 구성원들이 환경 변화를 받아들일 수 있도록 적극적으로 설명한다	5
7. 나는 다양한 채널과 방식으로 조직이 추구하는 정책 방향을 전달한다	4
평균	4.429

변화관리 측면에서는 대부분의 항목에서 최선의 노력을 한 것으로 나타났으며, 이해관계자와의 갈등 상황 예측이나 정보 수집을 위해 가능한 모든 방법을 동원하는 측면에서는 일부 보수적인 접근을 한 것으로 나타

났다.

3. Lamp: 대안 중심의 갈등 조정과 정부조직의 최적화 제시

조직을 책임지는 최상위 리더의 가장 중요한 역할은 외부 환경의 변화를 감지하고, 내부적 상황을 고려해 향후 조직의 방향성을 제시하는 것이라 할 수 있다. 기획재정부와 같은 조직은 단순히 해당 부처가 직접적으로 실행하는 정책뿐만 아니라 국가 전체의 방향성을 정립하고, 그에 필요한 자원을 제공하는 역할을 담당한다. 이를 위해 박 장관은 다양한 이해관계의 대립에 대해 대안을 제시하고, 이를 효과적으로 실행하기 위한 정부의 역할을 고민했다고 한다.

1) 진솔한 마음과 창의적 대안을 통한 갈등 조정

박 장관은 직무 수행 당시 다양한 부처 간, 이해관계자 간 갈등에 직면했었다고 소회했다. 4대강 사업과 관련된 경험부터 소개하며 그는 4대강 사업이 원래 한반도 대운하 사업에서 시작됐다고 설명했다. 그러나 터널을 건설해 남한강과 낙동강을 연결하는 대운하의 핵심 구상이 정치적 논란으로 어려움을 겪자, 이를 대신해 4대강 정비사업으로 방향을 수정했다고 했다. 이 과정에서 많은 비판과 찬반 대립이 있었지만, 그는 지역사회 지도자들을 만나고 직접 설명하는 등의 노력을 기울였으며, '발품'과 '명분'을 통해 어느 정도 비판을 누그러뜨릴 수 있었다고 회고했다.

또한 박 장관은 기재부 장관 재직 시 추진했던 일광 절약 시간제 도입에 대한 경험도 공유했다. 당시 우리나라는 경제협력개발기구(OECD) 국가 중 드물게 일광 절약 시간제를 시행하지 않았었고, 박 장관은 이를 도입해 출퇴근 시간을 조정하려 했다. 그러나 행정안전부의 반대로 실행에 이르지 못했고, 대신 기재부 출퇴근 버스들이 대부분 8시 반에 들어온다는 것에 착안해, 기재부만이라도 여름철 출퇴근 시간을 8시 반에서 5시 반으로 조정하는 시범 운영을 시작했다. 예상과 달리 직원들의 반응은 매우 긍정적이었으며, 직장협의회도 이를 지지했다. 그는 이와 같은 변화가 직원들의 사기 진작에 큰 도움이 되었고, 조직 내에서 긍정적인 효과를 낳았다고 평가했다.

박 장관은 직원들이 일찍 퇴근하고 가족과 시간을 보내거나 자기 계발을 할 수 있도록 배려하는 것이 중요하다고 강조했다. 그는 이로 인해 삶의 질이 향상될 수 있으며, 이는 건강에도 긍정적인 영향을 미친다고 설명했다. 또한, 이런 시도가 그 당시 우리 사회에서 7시에 시작되던 저녁 약속이 6시 반으로 앞당겨지는 데에 일부 영향을 미쳤을 거라 자평했다. 당시 언론의 비판에도 불구하고, 장기적으로 보면 그가 시도한 일찍 퇴근하는 문화가 직원들의 일상과 업무 균형에 긍정적인 영향을 미친 것으로도 볼 수 있겠다.

위에 소개한 사례뿐만 아니라 4대보험 징수 통합 같은 갈등 조정 사례도 있었지만, 갈등 조정이 언제나 성공적일 수는 없고 실패로 끝난 사례 또한 다수 있었을 터였다. 그렇지만 부처 간, 그리고 여러 이익집단 간의 갈등을 효과적으로 해결하기 위해 박 장관이 추구한 방식은 세 가지로 정리된다. 이는 갈등의 당사자들을 부지런히 만나는 발품, 추진 방향이 가지는 대의적 명분, 그리고 고심에 고심을 더한 창의적 대안 정도가 아닐까 한다.

정책적 갈등을 해결하려면 협상 과정을 거쳐야 한다. 일반적인 협상 프로세스는 준비, 협상, 동의의 세 단계를 거치는데, 위에 제시한 발품, 명분, 그리고 대안은 이러한 협상 프로세스의 각 단계에 해당하는 것으로 볼 수 있다. 발품은 일단 협상 당사자를 협상 테이블에 앉히는 준비 작업이며, 발품을 판다는 것은 상대를 만나러 가기 위해 사전에 많은 준비를 한다는 것을 의미한다. 명분은 협상 테이블에서 상대방이 우리 측의 제안을 받아들이게 하는 매우 강력한 수단이 되며, 동의는 창의적 대안을 제안할 때 얻어 낼 가능성이 가장 높다. 이러한 측면에서 볼 때, 박 장관의 갈등 해결의 접근 방법이 나름 합리적이란 생각이 들었다. 그러나 가장 성공적인 갈등 해결은 결과적으로 양쪽이 서로를 만족시키는 상황이 되어야 한다(Fisher, 1991)는 점에서 성공적이지 못했던 사례를 다시 한번 들여다보는 것도 충분히 의미가 있을 것 같았다.

2) 국가 발전 상황에 기반한 정부의 역할 제시

정부의 역할과 그 범위에 관한 논쟁은 이미 여러 국가에서 오랫동안 진행되어 왔으며, 그에 대한 많은 실험적, 학술적 접근도 이뤄져 온 것이 사실이다. 박재완 장관은 이러한 논쟁이 우리나라에서도 예외적일 수 없으며, 이에 관한 자기 나름의 의견도 가지고 있는 것으로 보였다. 공직 재임 기간에 보여 준 정책적 결정이나 행보를 보면, 일정한 패턴 또는 흐름이 보인다. 사실 이에 대한 박 장관의 소신은 현재 우리나라 정부조직의 형태와 운영 방식과는 꽤나 괴리가 있는 것이라 할 수 있다.

박 장관은 우리나라 정부의 역할에서 전반적인 조직 및 역할의 축소가 필요하다는 견해를 피력했다. 대한민국은 이미 일정 수준의 성장과 발전 단계를 거쳤기 때문에 이제는 정부가 민간의 자율성을 더 열어 줘야 한다는 의견이다. 그는 특히, 국가 주도 경제정책의 결과로 정부의 영향력이 지나치게 커졌고, 그로 인해 민간의 활력이 위축되었다고 지적했다. 따라서 경제와 교육 같은 영역에서 정부의 역할을 축소하고, 규제를 완화해 민간의 활력을 북돋우는 것이 중요하다고 강조했다.

이러한 박 장관의 견해는 미국의 경제 성장기에도 자주 등장했던 내용이다. 경제 발전에 정부의 주도적 역할을 강조했던 케인스(John Maynard Keynes)적 간섭주의에 대해 반대 견해를 피력했던 프리드먼(Milton Friedman)의 신자유주의와 밀접한 것으로 보인다. 이러한 신자유주의적 접근은 어느 정도 경제적 성장이 이뤄진 이후에는 시장의 기능이 충실히 발휘될 수 있도록 정부의 역할을 최소화하는 것이 더욱 효과적이라는 것인데, 박 장관의 견해와 어느 정도 일치하는 것으로 보인다.

그가 고용노동부 장관으로 재임하던 시절 조직이 과거에 비해 더 확대되어 있었기에 '작은 정부론'과 일치하지 않는 것으로 보여 이에 대한 설명을 요구해 봤다. 박 장관 본인은 고용노동부 조직을 확대한 적이 없으며, 이전 장관인 임태희 장관 시절에 고용부가 고용노동부로 이름을 바꾸면서 조직이 확장되었다고 설명했다. 박 장관은 오히려 정부조직을 축소하려고 노력했다고 강조했다. 예를 들어, 2008년 공무원 조직 개편을 총괄하며 여러 부처를 줄였고, 고위직도 대폭 축소했으며, 이러한 조치로 인해 과학기술계, 해양수산업계, 여성계 등 다양한 단체로부터 비판을 받았다고 밝혔다. 특히 여가부를 복지부와 통합하려는 시도는 야당의 반대로 무산되었지만, 그는 조직 축소를 위한 일관된 노력을 해 왔다고 덧붙였다.

한편 작은 정부론은 1990년대 이후 여러 국가에서 빈부 격차 확대, 금융 위기 증폭, 환경오염 및 훼손 등의 사회적 문제가 등장함에 따라 비판을 받고, 그 영향력이 쇠퇴했다. 따라서 '작은 정부'가 우리 정부가 나아갈 미래의 적절한 대안이 아닐 수도 있다. 이러한 문제를 인식한 듯, 박 장관은 정부 역할 축소에 대한 견해는 선택적으로 받아들여야 하는 접근 방식임을 덧붙였다. 구체적으로 박 장관은 복지와 안전과 같은 분야는 오히려 강화해야 한다며, 이 과정에서 중앙정부뿐만 아니라 지방자치단체와의 조율도 필요하다고 덧붙였다.

[그림 6] 갈등 조정 부문 리더십 진단

문항	점수
1. 나는 갈등 발생 시 다양한 의견을 중재하려고 노력한다	5
2. 나는 갈등을 해결하기 위해 다양한 의견을 제공한다	4
3. 나는 의견 충돌 시 대화를 통해 상대방의 관점을 이해하려고 노력한다	5
4. 나는 의견 불일치 시 구성원들과 함께 해결하려고 노력한다	5
5. 나는 상대방의 의견을 절충해 공동 해결안을 찾으려고 노력한다	5
평균	4.8

갈등 조정의 측면에서 박 장관은 가능한 모든 수단과 방법을 활용하기 위한 노력을 한 것으로 보인다. 기재부 및 고용노동부 장관은 다양한 이해관계자들과의 갈등 상황에서 조정 및 협상을 해야 하는 경우가 많기 때문에 진단 결과는 부처 업무의 특성이 반영된 것으로 볼 수 있다.

[그림 7] 방향 제시 부문 리더십 진단

문항	점수
1. 나는 위기 상황 발생 시 유관 부서와 협의하고 통제 및 권고 사항을 신속히 파악한다	4
2. 나는 한정된 자원을 고려해 우선순위에 맞게 신속히 대응한다	4
3. 나는 위기 상황에서도 적극적으로 위기 관련 정보와 대응 계획을 공유한다	4
4. 나는 위기 상황 발생 시 공식적인 커뮤니케이션을 추구한다	4
5. 나는 조직 목표나 정책을 앞장서서 실천하고 지지한다	5
6. 나는 조직이 추구하는 정책 방향을 구성원들에게 공유한다	5
7. 나는 조직이 추구하는 정책 방향을 구성원들이 공감할 수 있도록 노력한다	5
8. 나는 조직이 추구하는 정책 방향에 일치하는 행동을 한다	5
평균	4.5

 방향 제시의 측면에서도 대부분 높은 수준의 평가를 보였으며, 특히 위기 상황을 극복하기 위해 방향을 제시하는 측면이 강했다. 그러나 조직의 목표와 정책을 앞장서서 공유하고 지지하는 측면에서는 상대적으로 낮은 수준의 활동을 한 것으로 나타났다. 이는 국정 방향을 전반적으로 홍보하고 국민과 소통하는 활동은 각 부처에서도 이뤄지지만, 청와대에서 직접적으로 관여하는 측면도 강하기 때문인 것으로 이해할 수 있다.

4. Echo: 적극적 소통과 전문성을 바탕으로 한 지속적 울림

리더가 관리자와 구분되는 가장 큰 차이점은 관리자는 주어진 성과 목표를 달성하기 위해 구성원을 관리·감독하지만, 그와 달리 리더는 사람들에게 비전을 제시하고, 영감을 주며, 동기 부여하는 것에 집중한다는 점이다. 주어진 역할을 제대로 하려면 리더와 관리자 모두 적극적인 소통이 필요하지만, 리더의 소통은 관리자의 소통과는 차별화될 수 있다. 박 장관이 추구한 소통 방식은 어떠한 것이었으며, 무엇을 소통했을까?

1) 구성원들의 마음을 들여다보는 노력과 다양한 채널을 활용한 소통

박 장관은 조직 내 소통의 중요성과 이를 실천하는 다양한 방식에 대해 설명했다. 그는 바쁜 일정 때문에 많은 직원과 자주 만날 수는 없었지만, 다양한 기회를 통해 소통하려는 노력을 기울였다고 언급했다. 예를 들어, 주요 보직자가 아닌 다른 직원들과 점심을 함께하거나 실무관, 주무관 등 직장협의회 대표, 신임 사무관들과도 만남을 가지곤 했다. 이러한 노력을 통해 그는 조직의 다양한 구성원들과의 거리를 좁히고, 조직 내 신뢰를 강화했다.

시무식에서의 소통 방식도 그의 독특한 접근 방식을 보여 준다. 일반적으로 시무식 후 과장급 이상이 남아 장관과 인사하는 관례를 깨고, 그는 과장급 이상을 먼저 보내고, 나머지 직원들과 인사를 나누는 방식을 선택했다. 이 결정은 직원들 사이에서 긍정적으로 회자되었으며, 박 장관이 조직 내 위계보다는 모든 직원과의 소통을 중시한다는 인식을 심어 줬다. 또한 기재부 체육대회에서도 피곤한 직원들이 서서 듣지 않고 편하게 앉아 소통할 수 있는 분위기를 만드는 등 그는 격식을 버리고 직원들의 편의를 고려하고자 노력했다.

박 장관은 국회 담당자로서의 경험을 통해 관행 개선에도 힘썼다. 과거에는 사무관들이 국회의원 보좌관들에게 박카스를 돌리며 질문을 미리 알아 내는 관행이 있었으나, 그는 이를 금지하고, 국회법에 따라 공식적으로 전달되는 질문 요지를 바탕으로만 답변을 준비하라고 지시했다. 또한, 국회 답변 시 불필요한 대기 시간을 줄이고, 실무자들이 효율적으로 일할 수 있도록 자신이 직접 책임을 지고 답변을 준비하며 직원들의 부담을 덜어 주려고 노력했다고 한다.

그는 소통이 꼭 대면 대화뿐만 아니라 서신 등 다른 방식을 통해서도 이뤄질 수 있음을 강조했다. 예를 들어, 그는 1년에 몇 차례 지휘 서신을 통해 자신의 생각이나 정책 방향을 직원들에게 전달하며, 일방적이긴 하지만 소통의 한 방식으로 활용했다. 또한 매일같이 쏟아지는 엄청난 분량의 요약 보고서를 해외 출장 시에도 꼼꼼히 읽어 보고 기자의 질문에 답변할 때 활용하는 피드백 방식을 통해 구성원들을 동기 부여하고자 했다. 이러한 노력은 직원들이 그의 생각을 이해하는 데 큰 도움이 되었다고 한다.

결론적으로, 박 장관은 적극적인 소통을 통해 위계적인 관료조직의 유연성을 높이고, 불필요한 관행을 개선하며, 정책적 방향성을 명확히 인지시키기 위한 노력을 기울였다. 그리고 이를 위해 직원들이 마음으로 원하는 것이 무엇인가를 인지하고, 그들의 곤란을 덜어 주고자 했다. 효과적인 소통을 위해서는 소통의 환경, 매체의 선택, 메시지의 구성 방식 등 다양한 부분의 고려가 필요하다(Shannon & Weaver, 1949). 그러나 무엇보다도 효과적인 소통은 오랜 시간 마음의 울림을 가져오는 것이며, 그 핵심은 나의 마음을 열고 상대방의 마음을 들여다보는 진정성에 기반한다(Rogers, 1961). 문득 박 장관이 자신의 마음을 열기 위해서 취한 행동은 어떠한 것이 있는지 궁금해진다.

2) 다양한 국정 운영 경험과 전문성에 기반한 원칙 추구

박재완 장관의 교육적 배경은 그가 기재부 장관으로서의 전문성을 갖추는 데 중요한 역할을 했다. 그는 서울대학교에서 경제학 학사 학위를 취득하며 경제 이론과 정책에 대한 기초를 닦았으며, 이후 하버드대학교에서 경제학 석사와 박사 학위를 받으며 국정 운영에 필요한 깊이 있는 연구와 분석 능력을 배양했다. 이 과정에서 그는 정부 재정, 경제 이론, 정책 분석에 대한 통찰력을 키우고, 한국 경제정책 수립에 필수적인 글로벌 시각을 확보했다.

또한, 박 장관은 한국개발연구원(KDI)과 성균관대학교에서 교수로 활동하며 학문적 연구와 교육 경험을 쌓았고, 이를 통해 학계와 정책 현장에서의 경험을 결합해 정책적 전문성을 강화했다. 이러한 배경은 기재부 장관으로서의 역할을 수행하는 데 중요한 자산이 되었다.

결과적으로 깊이 있는 교육적 배경과 연구 경험, 그리고 다양한 국정 경험을 통해 박 장관은 전문성을 더욱 발전시켰다. 대통령실 국정기획수석으로 세종시 수정안, 4대강 사업 등 주요 정책을 총괄하며 정책 기획과 실행 능력을 강화했고, 고용노동부 장관으로서 고용정책과 노동시장 문제 해결에 기여했다. 또한, 농협 개혁 등 국가 기관 개편에도 참여하며 조직 운영 및 개혁의 전문성을 키웠다.

실제로 박 장관은 기재부 장관으로서 국가 경제와 재정을 안정적으로 관리하며, 글로벌 시각을 결합한 정책을 제안하는 등 뛰어난 역량을 보여 줬다. 그는 기재부 장관 시절 리더십 측면에서 큰 어려움을 겪지 않았다고 회고했다. 이는 청와대에서 수석을 두 번이나 했고 고용노동부 장관을 거쳐 또다시 기재부에 왔다는 점에서, 기재부 내에서 그의 전문성에 대한 구성원들의 강한 신뢰가 형성될 수 있었기 때문일 것이다.

이러한 학문적 이해와 다양한 국정 경험은 박 장관이 기재부 장관 시절 추구한 경제 정책 방향을 확립하는 데에 결정적인 역할을 했다. 그에게 장관직을 수행하는 데 가장 중요한 역량이 무엇이라고 생각하는지 물어봤다. 그는 국무위원으로서 중요한 것은 큰 줄기를 파악하고, 그에 따른 흐름을 잘 따라가는 것이라고 답했다. 기재부 재임 시절 우리나라의 경제는 글로벌 금융 위기에서 회복이 덜 된 상태였고, 다양한 외부적 불안 요소가 상존하던 시기였다. 심각한 위기의 순간에 정책적 방향의 큰 줄기를 효과적으로 파악하고, 흐름을 따라가는 데 필요한 것은 해당 분야에 대한 전문성이다. 경영학 분야의 연구에 따르면 specialist CEO는 generalist CEO보다 기업의 위기에 순간에 문제에 대한 폭넓고 깊은 이해를 바탕으로 문제를 더욱 신속히, 성공적으로 해결한다고 한다(Hiller, Beauchesne, & Whitman, 2013).

박 장관이 재임 시절 추구했던 경제 관련 정책의 원칙을 확립하는 데에는 그의 특수전문가(specialist) 역량이 큰 역할을 할 것으로 보인다. 그러나 그러한 정책을 실질적으로 실행하고, 국정의 전체적인 방향에 대해 조언하는 등에서는 그간의 다양한 국정 운영 경험에 기반한 일반전문가(generalist) 역량 또한 중요한 역할을 했을 것이라 생각된다. 결국 그는 본인의 전문성을 기반으로 적극적인 소통을 추구함으로써 부처 내·외의 다양한 영역에서 많은 이들에게 영감을 불어넣는 리더의 역할을 소화할 수 있었던 것으로 보인다.

[그림 8] 소통 부문 리더십 진단

문항	점수
1. 나는 구성원의 의견을 적극적으로 경청하기 위해 노력한다	5
2. 나는 목표 달성을 둘러싸고 벌어지는 이해관계자들과의 문제를 관심 있게 듣는다	4
3. 나는 업무에 있어 새로운 아이디어나 관점을 받아들이려고 노력한다	5
4. 나는 상대방의 피드백을 수용하려고 노력한다	4
5. 나는 구성원의 의견과 가치를 존중한다	5
6. 나는 구성원의 다양한 입장을 이해한다	5
7. 나는 구성원의 욕구와 감정적 변화에 민감하게 주의를 기울인다	5
8. 나는 의사결정 시 논리적으로 설득하고 상대방의 관점에서 공감을 끌어 낸다	4
평균	4.625

소통 부문 진단에서는 인터뷰에서 언급한 것과 같이 효과적인 소통을 위해 다양한 노력을 해 온 것으로 나타났다. 소통에 관한 여덟 개의 조사 항목에서 3개 항목을 제외하고는 모두 '5'점의 평가를 보였으며, 이해관계자들의 문제에 대한 경청, 논리적 설득과 상대적 관점에서의 공감 유도 등은 다소 낮은 평가를 보였다.

[그림 9] 전문성 부문 리더십 진단

문항	점수
1. 나는 내 의견을 효과적으로 전달한다	4
2. 나는 상대방의 요구를 정확히 파악하고 지원한다	4
3. 나는 현재 업무와 관련해 전문성을 보유하고 있다	4
4. 나는 업무상 이슈가 발생하면 적절한 해결책이나 아이디어를 제공한다	4
5. 나는 새로운 상황이 요구하는 변화 방향에 맞는 해결안을 찾아서 적용한다	4
6. 나는 복잡한 자료와 정보들이 가지고 있는 이슈와 메시지를 잘 파악한다	4
7. 나는 한정된 자원을 고려해 업무 우선순위를 잘 파악한다	4
평균	4

　전문성 측면에서는 전반적으로 5점 만점에 4점으로 평가되었다. 기획재정부의 업무는 높은 수준의 지식과 전문성을 요구하는 경우가 많기 때문에, 실무자들이 이러한 전문성을 바탕으로 업무를 수행해야 하는 상황이 자주 발생한다. 따라서 장관은 전문적인 판단은 실무자들에게 위임하고, 그보다는 국가 정책 전반의 흐름을 읽고, 큰 틀에서의 전략적 방향을 설정하는 데 집중해야 한다. 더불어, 기재부 장관의 업무는 다양한 부처에 재정을 배분하고 국가경제 전반을 관리하는 광범위한 역할을 포함하므로, 폭넓은 시야와 맥락의 이해가 필수적이라는 측면에서 다른 영역에 비해 전문성에서 다소 낮은 평가를 보인 것으로 판단할 수 있다.

Ⅲ. 기존 리더십 이론 관점에서의 리더십 요약

박재완 장관은 ROLE 모델에서 제시된 공공 리더의 덕목을 재임 기간 동안 다양한 방식으로 보여 줬다. 그러나 성공적인 공공 직무 수행을 위해 해당 모델에서 제시된 여덟 가지 덕목을 갖추는 것이 리더에게 필수적인가에 대해서는 확언하기 어렵다. 좀 더 구체적으로 말하자면, 모든 덕목을 빠짐없이 골고루 갖춰야 하는가, 또는 모든 항목에 대해 측정 도구의 최고 수준에 해당하는 리더십을 보여 줘야 하는가 등 여러 측면에서 ROLE 모델의 유효성에 대한 논의가 가능하다. 그뿐만 아니라 좀 더 넓은 맥락에서, 리더십 이론과 연구의 발전 단계에서 매우 중요한 연구 주제가 되어 온 리더십 상황이론의 관점도 고려해 볼 필요가 있다. 다양한 정책 환경, 조직 맥락, 구성원의 특성에 관계없이 ROLE 모델에서 제시된 요인을 가장 잘 충족하는 것이 바람직한 리더십이라고 할 수 있는 것인가? 만약 그렇다면, 이상적인 공공리더십의 one-best profile이 존재한다는 의미인데, 이는 다양한 논란에 노출돼 있는 것으로 보인다. 그럼에도 불구하고 어쨌든 이 사례 연구에서 분석한 박재완 장관의 리더십은 ROLE 모델의 요건을 잘 충족하는 것으로 나타났다.

박재완 장관의 리더십에 대한 분석 과정에서 접한 다양한 기사, 미디어, 일화를 통해 알게 된 것이 있었다. 대부분의 사람이 박 장관을 설명하는 과정에서 전문성, 그리고 겸손이라는 단어를 자주 사용한다는 것이었다. 박 장관의 전문성에 대한 부분은 그의 배경과 정책 과정을 통해 이미 인지하고 있던 부분이었지만, 겸손이라는 단어가 자주 사용된 연유를 찾는 것도 그다지 어려운 일은 아닌 듯했다. 인터뷰를 하면서 박 장관과 함께 박 장관의 사무실, 복도, 엘리베이터, 그리고 식당 등에서 여러 사람과 마주치게 됐는데, 조직 내에서의 직급이나 직무에 관계없이 모든 사람이 하나같이 학교 이사장(박 전 장관)과 편하게 얘기를 주고받으며 소통하고 있는 것을 목격할 수 있었다. 그리고 격의 없는 소통이 박 장관의 소탈함과 겸손에서부터 시작된다는 것을 알 수 있었다.

이러한 박재완 전 장관의 리더십을 전문성과 겸손을 중심으로 분석하면, 그의 리더십은 변혁적 리더십(transformational leadership)과 서번트 리더십(servant leadership) 이론으로 설명할 수 있다. 박 장관은 자신의 전문성과 겸손함을 바탕으로 조직을 이끌어 왔다. 이러한 리더십 스타일은 조직 내에서 신뢰를 형성하고, 구성원들에게 긍정적인 영향을 미친다. 아래는 박 장관이 정책 수행 과정에서 보여 준 다양한 리더십 사례를 변혁적 리더십과 서번트 리더십의 측면에서 분석한 것이다.

1. 변혁적 리더로서의 박재완 장관

변혁적 리더십(Bass, 1985)은 리더가 구성원들에게 영감을 주고, 그들의 발전을 도모하며, 조직 전체의 성과를 향상시키는 리더십 스타일이다. 변혁적 리더십은 이상적 영향(idealized influence), 영감적 동기 부여(inspirational motivation), 지적인 자극(intellectual stimulation), 개별적 배려(individualized consideration)로 구성되어 있다. 박재완 장관은 이러한 변혁적 리더십의 요건을 대체로 잘 충족했다.

1) 전문성 기반의 비전 제시

박 장관은 경제학을 전공하고 공공정책 분야에서 오랜 경험을 쌓으며, 기획재정부 장관으로서 경제 성장과 재정 건전성을 유지하는 중요한 목표를 제시했다. 특히, 재정 건전성을 중요하게 여긴 박 장관은 긴축 정책을 추진하면서도 국가의 장기적인 경제 안정을 목표로 삼았고, 정치적 압력에도 일관성 있는 정책 기조를 보여 줬다. 이는 변혁적 리더십의 핵심 요소인 비전 제시와 목표의 일관성에 해당한다. 구성원들에게 장기적인 국가 발전을 위해 명확한 비전을 제시하고, 그 비전이 조직 내에서 공유되도록 노력한 점은 변혁적 리더십의 중요한 특징이라 할 수 있다.

2) 지적 자극

변혁적 리더십에서 중요한 요소 중 하나는 구성원들에게 지적 자극을 제공해 그들이 새로운 방식으로 사고하고 문제를 해결할 수 있도록 독려하는 것이다. 박 장관은 복잡한 경제 상황 속에서 재정정책을 일관성 있게 추진하면서도, 부서 간의 갈등을 조정하는 과정에서 다양한 해결책을 제시했다. 특히 미시적 접근을 통해 실질적인 일자리 미스매치 문제를 해결하는 등, 문제 해결을 위한 혁신적인 대안을 제시함으로써 구성원들에게 지적 자극을 제공했다.

3) 개별적 관심

박 장관은 개인적인 관심을 바탕으로 구성원들의 동기 부여에 힘썼다. 예를 들어, 고용노동부 시절 고용센터 직원들의 요구를 반영하여 월 5만 원의 추가 수당을 지급한 것은 작은 변화처럼 보일 수 있지만, 구성원들의 사기 진작과 업무 성과 향상에 큰 도움이 되었다. 이는 변혁적 리더십에서 강조하는 개별적 관심의 대표적인 사례로 볼 수 있다. 리더가 구성원들의 목소리를 듣고, 그들의 요구에 부응하는 작은 변화가 큰 조직적 성과를 가져올 수 있다는 것을 보여 준다.

2. 서번트 리더로서의 박재완 장관

서번트 리더십(Greenleaf, 1970)은 리더가 자신보다 구성원의 성장과 복지를 우선시하고, 그들이 성공할 수 있도록 돕는 리더십 철학이다. 서번트 리더십이 강조하는 효과적인 리더십의 구성 요소는 다양하지만, 소통과 배려, 구성원의 섬김, 성장에 대한 헌신 등의 요소를 포함하고 있다. 박재완 장관의 리더십 스타일은 구성원들의 성장을 촉진하고, 그들의 필요를 존중하는 겸손함과 배려를 바탕으로 한 서번트 리더십의 특성을 잘 보여 준다.

1) 소통과 배려

박 장관은 소탈한 태도와 겸손한 접근으로 조직 내에서 신뢰를 형성했다. 그는 조직 내에서 자신의 권력이나 지위를 과시하지 않고, 구성원들과의 소통을 중시했다. 시무식에서 과장급 이상의 직원들을 먼저 보내고 나머지 직원들과 소통하며 인사를 나눈 사례나, 체육대회에서 직원들이 편하게 앉아서 그의 연설을 들을 수 있도록 배려한 모습은 박 장관이 위계보다는 소통과 배려를 우선시한 서번트 리더로서의 특징을 보여 준다.

2) 구성원의 섬김

서번트 리더십의 핵심은 리더가 구성원을 섬기는 자세로 그들의 성공을 돕는 것이다. 박 장관은 국회 답변 준비 과정에서 실무자들에게 불필요한 부담을 주지 않으려고 본인이 직접 책임을 지고 답변을 준비하며, 구성원들이 더 효율적으로 일할 수 있도록 배려했다. 이러한 리더십은 서번트 리더십에서 강조하는 구성원의 필요를 우선시하는 섬기는 리더십의 실천이라 할 수 있다.

3) 성장에 대한 헌신

서번트 리더십은 구성원들의 개발과 성장을 돕는 데 중점을 둔다. 박 장관은 고용노동부 시절 직원들에게 현장에서의 업무를 장려하고, 이와 관련한 동기 부여를 통해 자율성과 성장을 도모했다. 고용센터 직원들의 수당 지급과 현장 방문 활동을 장려한 것은 그들의 직무 만족도와 사기를 높이는 데 기여했으며, 이를 통해 구성원들이 업무에 더 큰 열정을 갖고 일할 수 있었다.

IV. 나오며

박재완 장관의 리더십은 변혁적 리더십과 서번트 리더십의 특성을 잘 조화시킨 형태로 분석할 수 있다. 그는 자신의 전문성을 바탕으로 명확한 비전을 제시하고, 일관성 있는 정책 기조를 유지하며 경제와 사회적 문제 해결을 주도하는 변혁적 리더십을 발휘했다. 동시에, 겸손한 태도와 소통을 중시하며 구성원의 복지와 성장에 깊은 관심을 기울이는 서번트 리더십을 통해 조직 내 신뢰를 형성하고, 구성원들의 사기와 동기를 진작시켰다. 이러한 리더십 스타일은 리더가 조직을 성공적으로 이끌기 위한 두 가지 중요한 요소인 비전 제시와 사람 중심의 리더십을 모두 반영하는 매우 효과적인 방식이라 할 수 있다.

박재완 전 기재부 장관은 현재 성균관대학교의 이사장, 그리고 한반도선진화재단의 이사장으로서의 직무를 수행 중이다. 과거 정부에서 담당했던 일과는 다른 성격을 가지고 있지만, 이 또한 공심(公心)을 기반으로 오랜 시간 천하위공(天下爲公: 천하가 한 사람이 아닌, 천하의 것인 세상을 꿈꾼다)의 의미를 마음 깊이 되새겨 온 그의 삶이 여전히 진행형임을 말해 주는 듯하다. 박 장관이 맞이한 새로운 책무는 그에게 어떠한 리더십을 요구하고 있을까? 한층 격화된 글로벌 경쟁과 4차 산업혁명의 소용돌이 속에서 고등교육의 고도화, 그리고 우리 사회의 지속적인 성장과 발전을 이끌기 위해 그는 기존의 변혁적 리더십과 서번트 리더십을 뛰어넘는 새로운 리더십 스타일을 확립해야 할 필요가 있다.

이제 박 장관에게 요구되는 것은 효과적인 정책 수행을 뛰어넘어, 미래 세대에게 장기적인 비전을 제시하고, 우리 사회의 사회적 책임을 강화하는 것이다. 이는 학생들에게 영감을 불어넣고, 연구와 혁신의 환경을 조성하는 동시에 사회적 책임과 공동체 의식을 고취하는 리더십을 통해 가능할 것이다. 성균관대학교와 한반도선진화재단에서의 역할은 미래 지향적이고 창의적인 해결책을 모색하는 리더로서의 자질을 요구한다. 이러한 시대적 요구에 부응하기 위해 박 이사장이 협력적 리더십을 통해 공동체를 강화하고, 우리 사회의 지속 가능한 발전을 위해 다양한 시도를 지속해 가기를 기대해 본다.

참고 문헌

Bass, Bernard M. (1985). *Leadership and Performance beyond Expectations*. New York: Free Press.
Colquitt, Jason A., Conlon, Donald C., Wesson, Michael J., Porter, Christopher O. L. H., & Ng, K. Yee. (2001). Justice at the millennium: a meta-analytic review of 25 years of organizational at justice research. *Journal of Applied Psychology*. 86.
Fisher, Roger, William Ury, & Patton, Bruce. (1991). *Getting to Yes: Negotiating Agreement Without Giving in*, (2nd ed). New York: Renguin
Greenleaf, Robert K. (1970). *The servant as leader*. Robert K. Greenleaf Publishing Center.
Hiller, Nathan J., Beauchesne, Marie-M., & Whitman, David A. (2013). CEO personality, demography, and firm-level outcomes: A meta-analysis of upper echelons research. A paper presented at the annual meeting of the Academy of Management, Orlando, FL.
Rogers, Carl. (1961). *On Becoming a Person: A Therapist's View of Psychotherapy*. London: Constable.
Shannon, Claude E. & Weaver, Warren. 1949. *The Mathematical Theory of Communication*, Urbana: University of Illinois Press.
Simon, Herbert A. 2002. Organizing and coordinating talk and silence in organizations, *Industrial and Corporate Change*, Oxford University Press and the Associazione ICC, 11(3): 611-618, June.

이주영 전 장관

◆ 경력 사항

2020년 9월~현재: 국민의힘 국책자문위원회 위원장
2014년 3월~2014년 12월: 제17대 해양수산부 장관
2018년 7월~2020년 5월: 제20대 국회 후반기 부의장
2010년 6월~2011년 5월: 국회예산결산특별위원회 위원장
2010년 3월~2011년 6월: 사법제도개혁특별위원회 위원장
2005년 3월~2006년 6월: 경상남도 정무부지사
2000년 5월~2004년 5월: 제16대 국회의원(한나라당)
1995년: 변호사 이주영 법률사무소 개업
1994년: 부산지방법원 부장판사
1990년: 서울고등법원 판사
1978년: 제20회 사법시험 합격

◆ 학력 사항

서울대학교 법학과 학사
서울대학교 대학원 법학 석사
영국 런던대학교(University College London) 법학 석사

이주영 전 장관

인터뷰어
최우재 교수

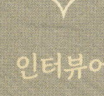

제1부
이주영 전 장관과의 공공리더십 인터뷰

I. 들어가며

이주영 장관과의 인터뷰는 2024년 8월 20일 고문으로 있는 법무법인 명재에서 2시간 진행됐다.

◇ 공직에 계시다가 물러나 계시는데, 어떠신가요?

지금은 편하게 지내고 있죠. 지금껏 많이 바쁘게 살아왔어요.

◇ 세월호 침몰 사고는 모든 국민에게 큰 파장을 일으켰던 사고여서 당시 장관님의 모습이 매우 인상 깊게 남아 있는 것 같습니다. 그래서 장관님의 공직자로서의 리더십에 대해 분석을 하는 기회를 마련하고자 했습니다.
리더십은 평상시에 발휘되는 것과 위기 상황에서 발휘되는 것에 차이가 있을 것 같습니다. 긴박한 상황에서 어떤 리더십을 발휘하셨는지 인터뷰와 리더십 진단을 통해 분석해 보겠습니다.

보내 준 설문지에 응답을 했는데, 나와 같이 공직에 있었던 사람들은 윤리성이나 신뢰, 공익 추구 이런 영역에 대해서는 당연히 매우 그렇다와 같은 답이 저절로 나와요. 그런데 하고 보니 모든 문항에 5점을 부여했는데, 이렇게 응답하면 가치가 있는지 모르겠네요.

◇ 그렇게 모든 문항에 5점을 부여하는 것도 장관님의 차별적인 특성을 보여 주는 것이죠. 괜찮습니다.

집에서 체크를 하면서 너무 '매우 그렇다'라고 하면 안 되는 것 아닌가 하고 이야기를 나눴어요. 그랬더니 "아니 뭐 그렇게 생각해 왔는데 아닌 걸로 일부러 균형을 맞춰서 할 필요가 있겠어요" 하고 말하길래 이렇게 응답을 했어요.

II. ROLE 모델 리더십 인터뷰

1. Raise(윤리성, 신뢰)

◇ ROLE 모델은 전체 여덟 개의 세부 역량으로 구분됩니다. 모든 문항에 동일하게 응답하셨지만 예를 들어 윤리성 역량에도 여러 설문 문항이 있는데 그중에서도 장관님이 생각하기에 조금 더 중요하다든지 자신을 가장 잘 설명하는 행동 패턴이 있는지 궁금합니다.
공공 리더로서 윤리성에서 더 중요하게 생각하는 점이 있다면 무엇인지 말씀해 주세요.

저는 현재 도덕재무장운동을 하고 있습니다. 사실 고등학교 1학년 때부터 해 왔어요. 경기고등학교 1학년 재학 시절에 도덕재무장(MRA) 훈련을 받았어요. 제가 안내(가이던스)를 받았으니, 주변 사람들과 공유해야겠다는 생각을 했어요. 그래서 2학년 특별활동 시간에 MRA반을 만들어야겠다고 생각하고 학교에 신청해서 동아리를 만들었어요.

도덕재무장운동에서 '정청(靜聽)'이라는 것이 있습니다. 정청은 "조용하게 자신을 돌아보면서 삶의 안내를 받는 것이에요." '양심의 소리'와 같은 의미를 갖습니다. 콰이어트 타임(정청 시간)을 하면서 내가 생각했던 것들을 나누는 시간을 가지면서 자신을 되돌아보는 거예요. 그런데 정청 시간에 자기 입으로 한 이야기는 그것을 지켜야 하는 규칙이 있어요. 일종의 자기 서원이 되는 것이지요. "내가 이런 뜻을 가졌으니, 이걸 내가 꼭 해 내겠다" 그렇게 실천을 하는 거죠.

제가 중심이 돼서 학생들에게 안내하고 모아 동아리를 만들려고 지도교사를 정해서 부탁드리고 교장 선생님께 승인을 받았어요. 교장 선생님도 좋아하셨던 기억이 납니다. 승인을 받고 본격적으로 학생들을 모집했어요. 1학년, 2학년 교실을 돌아다니면서 MRA운동이 무엇인지 설명하고 우리가 왜 하려고 하는지 왜 해야 하는지를 역설하고 다녔어요. 그렇게 해서 80명이 모였어요. 생각보다 많이 모였어요. 그리고 추가적으로 싱아웃 코리아와 연결하고 MRA 활동과 연계해 합창단을 만들었어요. 이렇게 합창단을 만들어 한두 달 열심히 연습해서 전교생이 모인 자리에서 공연도 했어요. 그리고 전국 MRA 학생대회를 개최했는데, 제가 준비위원장부터 대회장까지 맡았어요.

　그 당시 저명한 인사들에게 안내장을 보냈어요. 특히 대통령한테 보낼 메시지가 있어서 박정희 대통령을 찾아서 청와대를 갔었어요. 당차게 찾아갔는데 직접 뵙지는 못하고, 지금 대통령이 바쁘시니 놓고 가면 꼭 전달하겠다는 이야기를 듣고 돌아왔어요. 그렇게 돌아와서 한 달쯤 지나 7월에 대회를 했는데, 8월 초에 대통령이 메시지에 화답을 보내왔어요.

[그림 1] 경향신문(1968.07.03.) 기사

경향신문 1968.07.03. 기사

◇ 고등학생이 대통령에게 편지를 남기고 대통령이 답장을 한 상황이네요. 흔한 상황은 아닌 것 같습니다.

　그렇죠. 그 답장에 대통령이 뭐라고 했냐면, "여러분들의 조그마한 등불 빛이 큰 횃불을 이뤄서 우리 민족을 이끌어 가는 고귀한 정신이 될 것입니다. 여러분들의 그 뜻을 잘 키워 나가세요." 그게 신문과 방송에 다 나오고, 그 당시 극장의 대한뉴스에 나왔어요. 대한뉴스에는 제 얼굴도 나왔어요. 이렇게 되고 보니, MRA운동의 정신이 더욱 중요하게 느껴졌어요.

◇ 한 가지 여쭤 보고 싶은 것이 어떤 계기로 MRA운동에 깊은 관심을 가지게 되셨나요?

MRA 정신에 관심을 가지게 된 계기는 경기고 재학 시절에 한 해 윗선배가 도덕재무장운동이라는 것이 있다고 하면서 개요를 설명해 줬어요. 그러면서 "너도 한번 같이 해볼래?" 하길래 제가 듣고 보니 좋은 운동이라고 생각이 들어서 "저도 한번 해 보겠습니다"라고 했어요.

◇ 장관님께서는 앞서 말씀하셨지만 공직자로서 윤리성을 가장 절대적인 가치라고 생각하시는 것인가요?

제 일생을 통해서 도덕성과 윤리성을 가장 중요하게 생각하며 살아왔어요. 리더가 됐든, 그냥 평범한 하나의 인생이 됐든, 윤리성을 지키며 살아가는 것이 "위대한 인간의 길이다"라는 신념이 있어요. 누구에게나 중요하지만, 리더가 되면 더욱 중요한 덕목이 되겠죠.

◇ 공직자로서의 신뢰는 무엇 또는 어디를 지향해야 할까요? 정부든 국민이든 아니면 정책이 됐든 사건이 됐든 신뢰의 핵심적인 요소가 있다면

뭐라고 생각하시나요?

    신뢰에 대한 예를 하나 들자면, 세월호 사고 현장에서 겪었던 일이 있어요. 세월호로 인한 사망자는 300여 명이 되는데(주: 단원고 학생 250명, 교사 11명, 일반인 43명으로 총 사망자 304명), 희생자를 발생시킨 사고의 행정 총괄 책임자인 장관이니까 법적인 책임이든 행정적 책임이든 도덕적 책임이든 져야 하는 것이죠. 정치적인 책임까지 포함됩니다. 책임을 져야 하니 당연히 사퇴 의사를 밝혔어요. 그런데 정부에서는 일단 수습이 급하니, 빨리 시신을 수습하고 구해 낼 수 있는 사람들은 구해 내야 하는 상황이니까 이 모든 것이 해수부 장관의 임무였어요. 범정부 수습본부장이니까 모든 책임을 가지고 현장에 있어야 하는 것이죠. 현장에 있으니, 가족들은 모두 나에게 욕을 하면서 도둑놈, 나쁜 놈 하면서 저놈이 우리 아들 죽인 놈이다. 저놈도 바다에 빠뜨려 죽여 버려라. 저 장관 놈의 새끼. 너무나 끔찍한 상황에서 가족들의 원성이 극에 달해 있었어요. 정부의 의도와 능력, 진심에 대한 불신이 가득했어요. 물론 불안감도 있었고, 두려움과 공포로 가득한 상황이었죠.

    그런데 이런 유가족들의 불신이 나중에는 신뢰로 바뀌더라구요. 그것은 할 수 있는 모든 것을 발휘해서 진정성을 다해 수습을 하는 데에 최선을 다하는 모습을 보였기 때문이라고 생각해요. 그런 과정에서 관련 부처 공직자들한테는 때에 따라서 상당히 가혹한 지시, 명령, 주문을 해가면서 사고 현장에 계속 있었어요. 내가 끝까지 현장에 있으니까 가족들도 저 사람은 우리 편이네. 이렇게 믿어 주는 거 같았어요. 이때쯤 되니까 신뢰가 싹트기 시작했어요. 오히려 장관인 나를 보호하려고 국회에서 막 오라고 그러면 "가지 마세요" 이러는 거예요. 가게 되면 국회의원들한테 괜히 야단만 맞느냐, 안 된다. 가족들이 오히려 국회에다가 항의를 하면서 왜 장관을 부르느냐고 하더라구요. 이렇게 되면 일체화가 된 거죠. 이제 때려죽일 가해자에서 가족들과 함께 피해자가 돼 버렸어요.

◇ 어떻게 그렇게까지 유가족들에게 신뢰를 얻게 되셨나요?

그러니까 그 계기가 된 것이 다이빙 벨(diving bell) 사건이 있었어요. 다이빙 벨이라는 기구가 있어요. 종처럼 생긴 밀폐된 기구에 다이버가 들어가서 현장까지 내려가 그 입구를 통해 사람들을 들어올리는 기구인데요. 이게 최고로 유효한 구조 수단인데, 해경이 하지 말라고 한 거예요. 구조 작업을 총괄하던 해경에서는 다이빙 벨은 소용이 없다고 주장했어요.

한 2년 전 천안함 폭침 때 그 안에 수몰된 장병들 구조할 때 한번 투입을 했대요. 그런데 해경은 이 기구 자체가 배 안으로 들어가서 뭔가 작업을 하는 것은 아니라는 판단이었어요.

또 사고 현장(맹골수도)이 우리나라에서 세 번째로 물살이 센 곳이에요. 물살이 너무 세서 다이버들이 들어가도 휩쓸려 가기 때문에 작업을 제대로 할 수 없는 상황이었어요. 마치 설악산 계곡에서 물이 콸콸콸콸 흘러가잖아요. 물살이 그 정도로 세요. 그러니까 다이버들이 들어가면 휩쓸려 가지고 떠내려 가버려요. 잘못해서 실종되고 크게 다칠 수 있다는 주장이었어요. 그런데, 물살이 상대적으로 잠잠해질 때가 있어요. 정조 시간은 물살이 서로 가고 오고가 없어요. 딱 조용히 있는 시간에 다이버들이 들어가는 거예요. 그 시간이 하루에 30분 정도예요. 그때는 다이빙 벨이 아니라, 머구리 같은 걸 쓰고 산소줄, 전기줄, 통화줄, 연결줄 이렇게 해서 그렇게 들어가는 거예요. 배 안을 이러저리 다니다가 4개의 선이 끊어지면 큰일 나는 거예요. 다이버들이 죽는 거죠. 이렇게 악조건하에서 다이버들이 위험한 작업을 하는데 다이빙 벨을 투입하지 않는다고 난리를 친 거예요.

그런데, 이런 현장 상황에 대해 정확히 알지 못하는 몇몇 기자가 다이빙 벨이 최고의 방안인데 왜 안 하느냐며 부추기고 있었어요. 사고가 4월 19일 일어났는데, 6일 정도 지난 25일 되니까 언론이며 정부에서 난리가 난 상황이에요. 범정부 대책회의에서도 실효성에 대해 의견이 오가고 했는데, 해경을 제외하고는 정부와 가족, 언론까지 다이빙 벨을 넣어야 한다고 거세게 주장하는 거예요. 그때 저는 그렇다면 실제로 다이빙 벨이 효과가 있는지 없는지 실행해서 보여 줘야겠다고 판단했어요. 이런 결정을 하기까지 욕설도 오가고 설득도 하고 대화도 하고 했어요.

5시부터 시작해서 저녁 11시까지 대화와 설득을 계속했어요. 이때 제가 해경청장한테 다이빙 벨이 안 되는 상황을 실제로 보여 줘야 한다고 했어요. 그래서 내일 날이 밝으면 다이빙 벨을 투입하기로 한 거예요. 그렇게 하고, 숙소인 군청의 간이침대에 가니 잠이 오지 않고 유가족들도 있고 해서 새벽까지 같이 기다렸어요. 그렇게 꼬박 밤을 새면서 기다리고 있는데 새벽 4시쯤 되니까 이분들이 가족 이야기를 하는 거예요. 자기 딸이 또 아들이 얼마나 효녀 효자인 줄 아느냐, 장관님 자제분들은 어떻게 되시냐 하면서, 그렇게 서로 격렬하게 다투고 대립하고 하다 보니 인간적으로 좀 가까워지는 그런 느낌이 있었어요. 그러면서 장관님 힘드신데 그냥 눈 좀 붙이고 누워 계시라고 하는 분들이 있는 거예요. 자기네들은 상황을 보면서 기다리고 있겠다고 하면서 말이죠. 그런데 제가 어떻게 잠을 자겠어요. 그래서 같이 뜬눈으로 밤을 새고 아침 9시에 대책회의에서 해경과 해군 보고를 받고, 가족들한테 구조 상황을 설명해 주고, 요청 사항이 있으면 듣고 이렇게 했어요.

이쯤 되니까 가족들이 장관님은 일이 많으시니까 여기에만 계시면 안 될 것 같다. "군청 수습본부로 가서 업무를 보셔도 됩니다"라고 하더라구요. 그 이후로는 매일 아침 브리핑을 하면서 상황을 교환하고, 업무를 처리해 나갔어요.

◇ 그렇게 진실된 모습을 통해서 유가족들로부터 신뢰를 얻으셨다는 말씀이시네요. 그것만으로 충분하지 않을 수 있을 것 같은데요. 또 다른 상황은 없었는지 궁금합니다.

제가 진도체육관에서 브리핑하면서 죽은 시신을 보니까 참혹합니다. 너무 부패해 보기도 어려워요. 그러니까 오열을 하죠. 유가족은 "장관, 수습된 아이들 시신 봤냐?" 저는 "봤습니다"라고 하고, "최대한 예를 갖춰서 잘 모시도록 하겠습니다. 제가 모든 책임을 져야 합니다. 죄인입니다" 했어요. 제가 죄인이니까 저를 원망해 주세요. 그리고 "여기서 수습하느라 애쓰는 분들도 정말 열심히 하고 있습니다. 원망하실 거면 저를 원망하시면 됩니다"라고 했어요. 이러한 과정을 거치니까 장관님은 진정성이 있다, 사탕발림으로 하는 이야기가 아니다라는 말씀을 하기 시작하더군요. 저는 신뢰의 기초는 진정성인 것 같아요.

4월 16일 사고 이후, 139일 만에 국무회의를 참석했습니다. 그때까지 팽목항 현장에서 머물며 사고 수습을 진두지휘했습니다.

2. Outstanding(공익 추구, 변화관리)

◇ 장관님께서는 3월 6일 취임했어요. 한 40여 일이 지나서 세월호 사고가 생겼죠. 사고 이전에 해양수산부 장관으로서 재직 시기에 해양수산부의 비전을 무엇이었나요?

우리나라는 삼면이 바다이고 우리나라 바다를 그대로 제패했던 그런 시대가 장보고 통일신라 때죠. 청해진 중심으로 우리나라가 바다를 가지고 통일했으니까. 중국과 일본은 바다를 통해서 국부를 창출하는 그런 시대가 있었는데 우리나라가 그 뒤에 바다에 크게 투자를 못했어요. 임진왜란때 육상에서는 많이 밀려 단번에 한양이 점령당하고 평양까지 가고 의주까지 도망가고 그렇게 했지만 바다에서는 이순신 장군이 이겨내고 결국 임란 극복을 해내는 데 바다의 역할이 컸잖아요.

해양수산부가 그런 일을 해야 한다는 생각에 해양산업 이런 것에 투자를 많이 하고 유치도 많이 하고 R&D도 많이 해서 우리나라가 해양산업에서 경쟁력 있는 괄목할 만한 리더 국가가 되어야 겠다는 꿈과 비전이 있었어요.

◇ 그해에 세월호 사고로 인해서 당초 계획했던 것들이 잘 진행되기는 어려웠을 것 같습니다.

어려웠죠. 취임식부터 해양수산부 공무원들한테 이야기를 하고 강조하고 했는데, 사고가 딱 터지니까 제일 급한 당면 과제를 수습하는 데 총력을 기울여서 해수부 공무원들의 3분 1은 거기 다 가 있었어요. 진도 현장에.

3. Lamp(갈등 조정, 방향 제시)

◇ 사고 당시 정부 또는 부처 내에서 갈등은 없었나요?

사고 수습을 하는 데 각 부처의 실국장급이 모두 와 있어요. 모두 협조적이었어요. 모든 부처가 협조를 요청하면 도와줬어요. 우리는 못하겠다 이렇게 답하는 곳은 없었어요. 재정적으로도 당시에 최우선 국가 과제였기에 내부적으로 큰 갈등은 없었어요.

그런데 나중에 수중 수색 구조는 11월 11일에 중단했어요. 중단을 할 때까지 남아 있던 실종자 아홉 명이 있었어요. 아홉 명인 상태가 한 달 이상 지속됐어요. 못 찾은 거죠. 그런데 가족들이 모두 찾을 때까지 계속해 달라고 요구를 하는데 날은 추워지잖아요. 11월 이후에는 무모한 일이다, 그러면서 중단했어요. 이때 아홉 명을 찾으려면 배를 인양해야 하는 것 아니냐, 그런데 인양에 대해서는 정부 내에서도 찬반 논쟁이 있었죠.

◇ 어떤 이슈인가요?

우선 비용이 엄청나게 들어요. 워낙 큰 배를 깊은 바다에서 인양하는 것이 우리나라 기술력으로 쉽지 않은 상태였어요. 그런데 유족 측에서는 인양을 강력하게 주장하고 시민사회와 야당에서 뒷받침해 주는 상황이었죠. 정부 안에서도 인양 찬성파가 있었지만, 기재부 등은 비용을 고려해서 신중하게 처리하자는 쪽도 있었죠. 최종 결정은 대통령이 내렸어요. 박근혜 대통령이 인양 결정을 나중에 내린 거죠.

4. Echo(소통, 전문성)

◇ 공공 리더로서 전문성에 대해 어떻게 생각하시나요?

정부 부처에는 전문가들이 많이 있어요. 해양수산 분야만 해도 해양 분야가 있고 수산 분야가 있어요. 또 그 안으로 들어가 보면 세분화된 전문가들이 있어요.

저는 법학과를 졸업하고 사법 시험에 합격해서 법관의 길을 걷다가 정계에 들어왔고 상임위원회에서 법제사법위원회를 중심으로 활동을 했어요. 그래서 사실 장관이 됐을 때 전문성 시비가 좀 있었어요.

그런데 제 지역구가 마산이어서 해양수산 문제를 지역구 발전을 위한 차원에서 정책 제안도 하고 예산 확보도 해내고 한 게 많이 있었어요. 그런 차원에서 보면 전혀 문외한은 아니다 그렇게 평가를 해 주고 인사청문회를 통과했죠. 저도 청문회를 준비하면서 많은 준비를 했어요. 의원들이 질문을 해도 제가 적절하게 답변을 했던 것 같아요. 그래서인지 전체적인 평가가 전문성이 부족해서 안 되겠다 이런 평가는 받지 않았어요.

사실 저의 전임 해양수산부 장관은 해양수산 분야의 전문가였죠.

결과적으로 10시에 시작한 청문회에서 4시에 청문 보고서까지 모두 채택이 됐어요. 보통 의원들이 두 번 돌아가면서 질문을 하세요. 한 번 딱 다 돌고 나니까 두 번째 돌 때는 청문회 그만 해도 되겠다 하는 분위기가 있었던 것 같기도 했어요. 또 국회의원 하면서 두루두루 관계를 만들어 놓은 것이 작용하기도 한 것 같구요.

Ⅲ. 추가 질문에 대한 인터뷰

1. 자신에 대한 생각

◇ 장관님 스스로는 어떤 사람이라고 정의하시나요?

저는 어릴 때부터 외향적인 성격은 아니었어요. 내성적인 편이죠. 밖에서 보면 온순하지만 그 속에는 뜨거운 열정이 있는 것 같아요. 외유내강형이라고 하죠. 인생을 돌이켜 보면 법관은 좀 조용하게 일을 하는 것에 맞는데, 정치 활동은 좀 더 보여지는 활동이 많이 있죠. 바깥으로 투쟁적으로 싸울 때는 싸워야 하고 어떤 일을 추진하려면 치열하게 들어가서 또 부딪혀서 설득하고 협상하고 이런 것도 해야 하고, 그리고 많은 인적 네트워크도 확보해야 되고 당내 선거도 많잖아요. 그러면 그 의원들 표를 확보하려면 노력도 많이 해야 하고, 이런 거 하는데 저는 성격상으로 보면 매사에 성실해야 된다, 그리고 정직해야 된다. 도덕재무장운동 그거 하는 데서 이렇게 제 몸이 그냥 그렇게 된 것 같아요. 체화된 것 같아요.

그리고 추진력이 필요하죠. 장관이 되면 자기가 생각하는 정책 드라이브를 걸어야 되니까 그런 거 하기 위해 저는 고등학생 때 MRA반을 만들고 고등학생 1만 명을 모아 큰 행사를 조직했던 그 추진력. 그때 제가 생각했던 게 뭐냐 하면 3C 정신이 필요하다는 거였죠. 3C는 첫째 변화(change), 둘째 도전정신(challenge), 셋째 자신감(confidence). 이 세 가지를 가지면 무엇이든 할 수 있다. 못 이룰 일이 없다는 거죠.

첫째, 변화는 나 자신이 변해야 사회와 나라와 세상을 변화시킬 수 있다. 나 자신이 변하지 않고는 그건 못하는 일이다. 나 자신의 변화를 추구하는 것이 MRA 정신이다.

둘째, 도전정신은 하나의 목표와 비전을 세우면 끊임없이 도전해야 된다. 바로 도전해서 못할 수도 있지만 실패하면 또 다음에 전열을 정비해 또 나가서 도전하고 패해도 내가 생각해서 옳고 바른 길이면 또 도전해야죠. 저는 원내대표 선거에는 네 번쯤 도전했는데 모두 실패했어요. 나중에 국회 부의장 선거에 이긴 걸로 끝내고 말았는데 당대표 선거에도 나가서 지고도 그렇게 했어요. 저는 이런 되풀이가 끊임없이 내 꿈과 비전을 실현하기 위한 도전이었다고 생각해요.

셋째, 자신감, 이건 내가 하면 목표를 세우고 도전하면 반드시 해낼 수 있다, 나는 한다, 이게 꼭 있어야 된다. 그래서 저는 3C 정신을 가지고 지금까지 해냈어요.

2. 공직에 대한 생각

◇ 정치를 시작할 때 비전이나 목표가 무엇이었나요?

판사를 그만둘 때 했던 생각은 판사가 더 좋기는 한데, 국회의원 하면 고생만 하고 힘들다, 주변에서 뭐가 좋아서 국회의원을 하려고 하느냐고 물었어요. 그런데 생각해 보면 어렸을 때부터 마음속에 불 같은 것이 있었어요. 뭔가를 이렇게 좀 리드하고 내가 하고 싶은 일을 개척해 나가는 것, 이런 일을 해야겠다 하는 생각이 강하게 있었어요. 학생 시절인 중고등학교 시절부터 그게 이게 뭐냐 하면 판사에게는 주어진 일, 자기한테 배당되는 사건이 있잖아요. 재판은 양쪽 얘기 듣고 누가 옳은가 판단해서 판결문 쓰고 하는 일이에요. 판사 일은 내가 하고 싶은 일을 정해서 이 사건은 내가 재판할게 이런 게 안 돼요. 그나마 검사는 그런 게 조금 가능하죠. 이런 사건을 자기가 만들면 되잖아요. 그러니까 판사의 일이 매우 소극적이라는 생각이 들었어요.

그래서 적극적으로 내가 하고 싶은 일 찾아서 할 수 있는 직업은 역시 국회의원이 돼서 정치하는 것이다 이렇게 생각했어요. 그래서 판사 일을 그만두고 뛰어든 거죠. 제가 판사를 하면서 대법원에서 파견하는 장기 유학이라고 1년짜리 연수를 갔었어요. 영국으로 갔는데 1990년에. 해외여행은 처음 가 본 것이고 안목이 넓어지는 경험을 하게 됐죠. 아이러니하게도 안목이 넓어지니까 판사직을 더 이상 못하겠더라구요. 귀국한 후 판사 일을 그만하고 나가야 되겠다 이랬더니, 아버님이 그런 뜻을 세우는 것은 좋은데 그래도 판사를 했으면 부장판사까지는 해야 하는 것 아니냐고 하셨어요. 그때 당시 평판사였으니 그렇게 말씀하셨죠. 그래서 대법원 재판연구관, 부산지법 부장판사까지 했어요. 그런데 그때 너무 늦게 정치에 입문하는 것도 좋지 않겠다 싶어서 부장판사는 채 1년도 못했어요.

판사직을 그만두고 변호사 개업을 해야 하잖아요. 그런데 부산지법에 있었으니 부산에서 개업을 하면 전관예우라는 게 있어서 돈벌이가 더 잘된다는 것을 알고 있었는데, 저는 창원에서 개업을 했어요. 그러니 돈벌이가 잘 안 됐어요. 그 당시 창원에는 창원법원에서 판사직을 했던 분이 변호사 개업을 하셔서 많은 사건이 그쪽으로 가는 상황이었어요. 그런 상황에서 저는 정치를 시작해야겠다고 생각했어요. 그런데 우리 집사람이 처음에는 반대를 했어요. 그래서 그 당시 집사람이 문화원에 다니면서 강좌를 수강하고 있었는데, 반대하는 걸 설득하려고 변호사로 돈 많이 벌어서 문화원 하나 크게 차려 주겠다고 약속을 했어요. 그래서 문화원 원장이 되게 해 주겠다고 했어요. 사실 아직까지 그 약속을 지키지는 못했어요.

아무튼 그렇게 해서 1995년 2월에 판사직을 그만두고 변호사 개업을 해 돈벌이를 하면서 1996년 4월에 출마를 했어요. 그러니 출마 준비도 제대로 못하고 출마를 했으니, 당연히 낙선을 했죠. 그렇게 첫 출마에 낙선을 한 거예요.

◇ **정치를 처음 시작했을 때의 상황을 말씀해 주실 수 있을까요?**

제가 법관 출신이다 보니까 우리나라 법관 제도를 바꾸고 싶었어요. 우리나라 법관 제도는 대륙식이에요. 독일과 프랑스 법관 제도를 일본이 받았고, 일본을 거쳐 한국에 그대로 들어온 것이 근대 법학이에요. 이게 국가 사법고시를 합격하고 사법연수원 2년을 마치면 바로 판사 또는 검사도 할 수 있고, 변호사로 바로 가도 되는 방식이죠. 그러다 보니 20대의 나이에 판사를 했는데, 이게 우리 실정에 맞지 않아요. 영국은 검사가 없으니까 과거에 변호사 하면서 바리스터(barrister: 법정 변호사)가 법정 변호를 하면서 검사 역할도 했어요. 경찰서장이 법정 변호사에게 사건을 맡겨놓으면 공소 유지를 바리스터가 하는 방식의 검사 제도예요.

지금은 영국에도 검사가 별도로 있어요. 그러면 법관은 누가 하느냐? 그런 검사들 중에서 훌륭하다고 평가받는 사람들 중에서 인사위원회를 만들어 거기서 인품과 실력 등 여러 면을 보고 법관의 자리에 앉히는 방식이에요. 왜냐하면 사람들의 평판이 생기게 되거든요. 그렇기 때문에 법관으로 앉은 사람은 굉장한 영광으로 생각해요. 그렇게 법관이 되면 평생 법관을 해요. 미국에서 연방 판사들은 종신직이거든요. 죽을 때까지 판사직을 하는 거예요. 만약에 몸이 쇠약해져서 업무를 못 본다 해도 월급은 다 나와요. 죽을 때까지 월급이 나와요. 그래서 그런 사람들은 중간에 나가 변호사 개업해서 전관예우받으면서 돈벌이하려고 하지 않아요.

제 생각에는 영국과 미국과 같은 방식으로 법관이 되는 게 옳다고 생각해요. 왜냐하면 법관은 타인의 송사를 재단하는 사람이에요. 누가 옳고 그른지를 가려 줘야 하는데 인생의 경험과 경륜을 갖춘 사람이 판단을 했다면 재판받는 사람들도 저렇게 훌륭한 분들이 판단을 했으니 내가 따라야지 하는 마음이 생길 거예요.

그런데 새파랗게 젊은 사람들이 앉아가지고 막 반말 짓거리하면서 나이 많은 사람한테도 야단쳐 가며 이렇게 재판하는 법관한테 판결을 받으면 신뢰가 생기지 않을 거예요. 그래서 영미식으로 만들어 법안도 내고 판사는 바로 못하게 하고, 변호사나 검사 경력을 한 15~20년 쌓은 사람 중에서 법관이 되게 하려고 했는데 쉽지 않았어요. 제가 3선 국회의원이 돼서 사법개혁특위가 구성됐어요. 그때 한나라당 입장에서는 법관들이 우리법연구회 출신 법관들이 너무 이념 편향의 재판을 한다는 비판이 있었어요.

여당과 야당이 위치가 바뀌면 입장이 바뀌기도 하는데, 그래서 쉽지는 않지만 국회에서 사법개혁특위를 만들게 됐어요. 입법권이 주어진 특위가 돼서 제가 위원장을 맡게 됐어요. 위원장 맡으면서 내가 이것은 꼭 해야 된다, 법원과 법관들은 우리 국민들이 존경하고 우러러보는 사람들이 돼야 한다고 주장했어요. 국가시험 패스하고 사업연수원 2년 이후에 국민의 인생사를 재단한다는 것은 언어도단이라고 생각했어요.

그런데 대법원에서 엄청난 반발이 있었어요. 그전부터 제가 주장해 온 거였는데 민주당 박영선 의원이나 법사위에 있던 사람들도 부정적이었어요. 그래서 제가 제안을 해서 미국의 법관 제도를 한번 보고 오자고 했죠. 사법 제도의 실체를 제대로 본 거예요. 그러고 나니까 위원들의 입장이 바뀌더라구요. 그렇게 위원들의 동의는 얻었는데, 이제는 대법원이 반대하는 거예요. 대법원은 현재의 방식이 우리나라의 입장에서는 효율적이라고 생각하는 입장이었죠. 젊은 판사들 채용해서 일 많이 빠르게 처리하고 판결문도 빨리 잘 쓰고 이렇게 훈련이 되는 시스템이에요. 또 내부에서는 피라미드 형태를 가지고 있어서 일 잘하면 승진시키고 못하는 사람은 탈락시키는 제도에 익숙한 거죠.

그런데 저는 지금도 법관은 관료처럼 돼서는 안 되고, 대학 교수 같은 성격을 가져야 한다고 생각해요. 대학 교수들은 빈자리 생겨야 겨우겨우 들어갈 수 있는 자리잖아요. 처음부터 많이 뽑아놓고 피라미드 식으로 탈락시키는 방식은 안 된다라고 주장했죠. 대법관이 현재 13명인데, 13명만 재판을 하니까 한 사람 앞에 1주일에 50~60건씩 처리하지 않으면 유지가 안 돼요. 이게 말이 되는 재판입니까? 이런 상황이니 독일식으로 최고재판소를 전문 법관을 도입해서 한 100여 명 대법관을 두도록 하자고 했어요. 이런 개혁안을 딱 던지니까 대법원에서는 그건 안 된다고 반대를 했죠. 그런데 법관들 중에서 덕망 있는 사람을 뽑아 판사가 되도록 하자는 제안을 대법원이 수용한 거예요. 그렇게 해서 지금 바뀐 겁니다. 이제 10년 이상 경력을 쌓아야 판사가 될 수 있도록 돼 있어요.

저는 국회의원 시작할 때부터 이건 꼭 바꿔야겠다고 생각했어요. 이건 다른 사람은 못한다, 내가 해야 된다고 말이죠. 저는 영국 연수를 다녀와서, 연수 보고서를 작성해야 하는데 그때 영국 법관의 인사 제도라는 제목의 보고서를 작성해서 제출했어요.

◇ **공공 부문 리더들도 교육이나 훈련이 필요하다고 생각하십니까?**

리더들이고 그런 분들한테는 공공리더십 모델에서 말하는 윤리성, 신뢰, 공익 추구, 변화관리, 갈등 조정, 방향 제시, 소통, 전문성 이게 다 필요해요. 그러니까 교육을 해야죠.

◇ **해수부 계실 때, 부하 직원들 중에서 ROLE 모델의 여덟 가지 역량을 두루 갖춘 분들이 있었나요?**

아, 있었죠. 공무원들도 고위직으로 가는 사람들은 고시 제도가 있어서 행정고시, 기술고시 등을 통해 사무관부터 출발해서 이사관, 관리관까지 올라가는 사람, 그리고 더 올라가면 정무직 차관, 장관까지도 올라가죠.

또한 9급, 7급에서 시작해 뛰어난 능력과 리더십을 보여 줘서 고위직으로 올라가는 분들도 있어요.

◇ 여덟 개 역량 중에서 가장 중요하다고 생각하는 것은 무엇인가요?

제 생각으로는 윤리성과 신뢰가 가장 중요하고, 그다음으로 소통이 중요하다고 생각해요. 신뢰를 받으려면 소통이 필요하죠. 그리고 시대가 변하고 있으니 변화의 추세를 선점하고 나가려는 의지가 필요하다고 생각해요.

3. 공직 경험

◇ 공직에 계시면서 경험했던 실패와 시련에 대해 말씀해 주세요.

사실 그런 걸 느껴 본 적은 없었어요. 하지만, 팽목항에 139일 있으면서 대충 적당히 모면하려는 생각은 절대 하지 않았어요.

◇ 이렇게 욕을 먹어 가면서 해야 하나 하는 생각을 하지는 않으셨나요?

아니 그런 생각은 전혀 하지 않았어요. 그리고 그런 생각을 해서도 안 된다고 생각했죠. 더러워서 못하겠다. 이런 생각은 절대 가지면 안 되죠.

제가 책임지는 자세가 필요하잖아요. 그래서 책임을 지고 그만둬야겠다고 생각했었죠. 그래서 팽목항 내려가는 첫날 기자회견에서 그만두겠다고 했습니다.

아 잠깐, 교육부 장관과 관련된 일화가 있는데요. 4월 16일 교육부 장관이 현장에 왔어요. 오후 3시경에 도청 직원이 "(전남도지사) 박준영 지사님과 (교육부) 장관님 출출하시니 컵라면이라도 하나 드세요"라고 했어요. 이런 권유에 도청 직원이 끓여 주는 컵라면을 진도체육관 대기실 소파 의자에 앉아서 먹고 있는 사진이 찍혀 가지고 황제라면 먹고 있는 교육부 장관 이렇게 돼서 그분이 경질됐어요.

그런데 저는 유임이 됐어요. 정부가 해수부 장관은 종합적인 책임자라고 판단했던 것 같아요. 그래서 저도 당황했어요. 그래서 김기춘 비서실장에게 전화를 해서 누군가 책임을 져야 하는데, 저를 해임시키는 것이 맞지 않느냐고 말했어요. 그랬더니 지금은 수습이 우선이다, 현장에서 열심히 하고 있는 것 잘 알고 있다. 그리고 유가족들로부터 신뢰가 두텁기 때문에 유임시켰다고 하더라구요.

그래서 기자들 앞에서 지금은 수습이 우선이라 경질되지 않았다고 생각한다, 수습이 되고 나면 저의 책임에 합당한 처신을 하겠다고 말했습니다.

◇ 최근에 있었던 이태원 참사 같은 경우 많은 정치인이 그렇게 이야기했어요. 놀러 나가서 죽은 아이들 국가가 책임져야 하느냐구요. 그런데 세월호 당시에 가족들에게도 그런 식으로 이야기하는 사람들이 있었어요. "너희 자식만 죽었냐 유난 떨지 말라"고요. 그런데 장관님은 몇

몇 정치인이나 공직자들과는 다른 접근을 하고 계신 것 같아요. 그 당시에 현장에서 139일 있으면서 어떤 생각을 하셨어요?

저는 공직자로서 "왜 일반적으로 겪는 사고인데 또는 놀러 갔다가 죽은 것인데 유난을 떠냐?"와 같은 소리를 해서는 안 된다고 생각해요. 설사 그런 생각이 든다고 하더라도 공직자로서 입에 담아서는 안 되죠. 그래서 공직자들은 입이 무거워야 해요.

◇ 이명박 정부와 박근혜 정부 때 큰 사고나 시위가 벌어지면 배후설을 제기하는 사람들이 있었어요. 세월호도 '배후 세력이 있을 것이다'라는 이야기가 있었어요. 장관님은 배후 세력이 있다는 이야기에 대해 어떻게 생각하시나요?

그거는 보는 시각에 따라서 다를 수 있는데요. 광우병 사태나 세월호 사고 발생은 어떤 세력에 의해 영향을 받은 것은 아니죠. 그런데 사태와 사고를 해결하고 수습하는 과정에서 순수하게 피해자와 유가족뿐 아니라 정치색을 가진 사람이나 정치인, 시민단체 등이 이념 편향적으로 지적을 할 수는 있다고 생각해요. 다시 말해, 일부 세력이 사실을 편향적으로 보도하거나 여론을 몰아가는 경우도 있는 것 같아요. 이런 게 전혀 없다고 이야기하기는 어려울 것 같아요.

그렇지만 공직에 있을 때, 저에게 물어본다면 함구를 해야죠. 제가 개인의 의견을 밝힐 사안은 아니라고 생각해요. 하지만 민주주의 국가에서 또는 다양성의 차원에서 얼마든지 자신들의 생각과 이념을 밝힐 수도 있다고 생각해요. 또 우리는 그런 걸 듣고 판단해야죠. 그런 주장을 한다고 해서 모두가 못된 사람이라고 할 수는 없어요.

4. 리더십에 대한 생각

◇ 리더십의 관점에서 존경하는 인물이 있다면 말씀해 주세요.

저는 이순신 장군을 존경합니다. 삶과 군인으로서의 자세, 나라를 위해 자기 목숨까지 던지는 희생의 정신을 보고 큰 감명을 받았어요. 제가 이순신 장군에 대해 처음 자세히 알게 된 것은 도덕재무장운동 당시 한국에서 이끌었던 정준 선생이라는 분이 있는데 제헌 국회의원으로서 4선까지 하신 분이에요. 김포에서 하셨죠.

그런데 정치인 출신인데 도덕재무장운동을 하면서 학생들에게 강연 활동을 많이 하셨죠. 늘 하는 말씀이 "이순신 장군은 인간적인 면모를 보면 도덕재무장의 표본이다. 딱 그렇게 생애를 살아오신 분이다. 이런 삶이 인간으로서 위대한 삶이다"라고 말씀하셨죠.

◇ 10년 후 대한민국은 어떤 국가가 됐으면 좋을까요? 그리고 그런 대한민국이 되기 위해서 공공 리더들은 어떤 역할을 해야 할지에 대해 말씀 부탁드리겠습니다.

요새 정치 지도자들이 총선을 거쳐서 국회로 들어가고 또 당 전당대회를 거쳐 당 지도부가 구성되는 과정을 보면서 자괴감을 많이 느낍니다.

경제, 사회, 문화, 교육과 같은 영역도 마찬가지겠지만, 정치 영역을 보면 도덕이 무너져 내린 것 같아요. 정치 분야를 보면 옛날에 독립운동을 하다가 탄압을 받아서 무슨 징역을 가고 이런 거면 우리는 속으로 박수도 보내고 존경도 하고 그럴 수 있잖아요. 또 민주화를 위해서 뭘 해야 되는데 그 독재 정부에서 뭘 이걸 탄압하고 또 막 그 굴레를 씌워서 없는 죄를 뒤집어씌우는 일이 과거에 좀 있었잖아요. 그런 거면 또 모르겠는데 그런 것도 아니고 자식 좋은 학교 보내기 위해서 뭘 위조하고 이런 것조차도 당당하게 나서서 내가 뭘 그렇게 크게 잘못했냐 이렇게 하고 정당도 만들고 국회의원도 출마해서 당선이 되고 거기에 또 이 박수를 보내고 표를 막 던져 주는 우리 국민들이 있잖아요. 나는 그게 우리 사회가 전반적으로 도덕이 붕괴돼 가는 사회가 아닌가 하는 생각이 들어요. 이게 굉장히 걱정이 되요. 이건 '기본이 무너지는 사회다'라는 생각을 해요.

10년 뒤에는 좀 더 도덕적인 기반을 갖춘 리더들이 많았으면 좋겠어요. 그래도 기본은 갖춰야 되지 않냐 하는 생각을 해요. 그리고 국민들이 제대로 판단해 이건 잘못됐다 하면 거기에 대해서 응징도 해 줄 줄 아는 그런 사회가 됐으면 좋겠어요. 10년 후 그러기 위해 제가 MRA 한국본부 총재에 취임하면서 비전을 제시했는데 뭐냐 하면 우리나라는 앞으로 대통령부터 도덕재무장이 된 사람이 대통령이 되도록 만들어야 된다. 그다음에 장관, 국회의원부터 모든 분야 정치, 경제, 사회, 문화, 교육 등 지도자가 되려면 도덕재무장 훈련을 거친 사람이 될 수 있도록 그런 사회를 만들어야 되겠다, 이걸 제가 재창을 했어요. 그래야 품격 높은 사회가 되고 그런 나라가 돼야 우리가 세계에서 존경받는 대한민국이 되고 대한민국이 세계의 리더가 돼 세계 평화와 인류 행복의 구심점이 될 수 있어요.

도덕적인 기반이 없고 존경받지 못하면 대한민국이 수출 좀 많이 하고 경제적으로 소득이 늘어난다고 해서 품격 있는 나라가 되지는 못해요. 돈만 가지고 얘기해서는 안 된다는 거죠.

5. 세월호 침몰 사고에 대한 생각

◇ 올해 2024년이 세월호 10주년이 되는 해입니다. 특별한 행사가 있으셨나요?

지금 공식적으로 해양수산부에 직책을 갖고 있는 것도 아니고 세월호를 기억하는 단체를 제가 맡고 있는 것도 아니라서 특별한 행사를 만들지는 않습니다. 다만 제가 장관을 하면서 그런 사고가 났다는 데에 대한 인간적인 책임감 같은 것이 남아 있죠. 그리고 그 가족들과 그때 제가 체류하면서 서로 인간적인 정을 나눴던 그런 경험이 남아서 해마다 4월 16일쯤 되면 안산 행사나 인천 행사 이런 게 있거든요. 그 유족들이 많은 그런 데는 안 가고 제가 있었던 팽목항 추념관에 가서 조용히 추념하고 있습니다. 거기 팽목항 옆에 국민안전체험관이라는 게 생겼어요. 세월호 사고를 계기로 해서 팽목항 옆에다가 국비를 들여 세웠는데 그게 올해 준공이 돼 개관을 했거든요. 거기도 한 번 갔었습니다.

제 2 부
이주영 전 장관의 리더십 분석

Ⅰ. 공공리더십 진단 결과 분석

공공리더십 ROLE 모델은 여덟 개의 하위 역량으로 구성돼 있다. 이주영 장관의 공공리더십 역량을 ROLE 모델에 의해 진단한 결과는 아래와 같다. 다만, 주의해서 봐야 할 점은 각 역량별 문항[01]들에 대해 상대적인 차이를 부여한 것이므로, 절대적인 진단 수치가 높거나 낮다고 해석하는 것은 무리가 있다.

1. Raise(윤리성, 신뢰)

이주영 장관의 윤리성 진단 결과는 다음과 같이 해석할 수 있다. 이주영 장관은 업무 수행 시 윤리적 기준을 적용하고, 준법에 대한 강력한 의지를 구성원들에게 보여 준다. 또한, 법률과 규칙을 위반하는 구성원들이 없는지 수시로 점검하며, 이해관계자들에게 부정부패 방지를 위한 방침

01　이 공공리더십 진단의 결과는 이주영 장관이 두 번째 진단한 것을 반영했다. 첫 번째 진단에서는 규범적 관점에서 모든 문항에 5점(만점)을 부여했다. 두 번째 진단은 8개 역량 내에서 자신을 가장 잘 표현하는 문항들에 더 높은 점수를 부여하고, 그렇지 않은 문항에 대해서는 낮은 점수를 부여하는 방식으로 진단했다.

[그림 2] 윤리성 부문 리더십 진단

문항	점수
1. 나는 윤리의 중요성을 인식하고 있다	3
2. 나는 윤리적 판단 기준을 명확히 이해하고 있다	3
3. 나는 업무 수행이나 의사결정 시 규정과 절차 등 윤리적 기준을 적용한다	5
4. 나는 구성원들에게 비윤리적 행동을 하지 않도록 지도한다	4
5. 나는 준법에 관한 강력한 의지를 구성원들에게 보여 준다	5
6. 나는 업무 수행 시 법규와 조직 내부 기준 및 절차를 준수한다	4
7. 나는 법률과 규칙에 위반해 업무를 수행하는 구성원이 없는지 수시로 점검한다	5
8. 나는 업무 이해관계자에게 부정부패 방지를 위한 방침을 적극적으로 알린다	5
평균	4.25

을 적극적으로 알리는 행동을 보이는 것으로 진단된다.

다만, 윤리의 중요성 인식과 윤리적 판단 기준에 대한 이해가 낮게 표시된 것은 이주영 장관이 중요성과 기준을 이해하지 못하고 있다는 것이 아니라, 기본적인 사항이므로 장관으로서 행동을 통한 표현이 더 중요하다고 인식하고 있음을 보여 준다.

이주영 장관의 신뢰 진단 결과는 다음과 같이 해석할 수 있다. 이주영 장관은 의사결정 과정에서 객관성을 가지고 판단하며, 구성원들을 속이지 않는다. 솔직하고 개방적인 의사소통을 통해서 부하들은 이주영 장관의 공식적인 메시지에 대해 신뢰를 보이고, 이주영 장관 스스로도 결과에

[그림 3] 신뢰 부문 리더십 진단

문항	점수
1. 나는 구성원들을 공정하게 대한다	5
2. 나는 대내외적인 관계 형성 시 편견을 배제하려고 노력한다	3
3. 나는 의사결정을 위한 과정 및 절차를 일관되게 적용한다	4
4. 나는 의사결정 과정 및 절차에서 객관성을 가지고 판단한다	5
5. 나는 성별, 지연, 학연, 교육 수준 상관없이 공정하게 평가한다	4
6. 나는 신뢰할 수 있다	3
7. 나는 구성원들을 속이지 않는다	5
8. 부하 직원들은 내가 제시한 공식적인 메시지를 믿고 따른다	5
9. 나는 내가 제시한 공식적인 메시지와 행동의 결과에 책임을 다한다	5
평균	4.33

대한 책임을 다하는 모습을 보인다. 이러한 행동은 세월호 사건이 발생했을 때, 스스로 책임을 지고, 사고 발생 직후 공개적으로 사퇴 의사를 밝히는 행동 등을 통해서도 확인할 수 있다.

관계 형성 시 편견 배제를 위한 노력, 스스로에 대한 신뢰와 같은 문항에 대한 낮은 진단 결과는 이주영 장관이 신뢰 영역에 포함된 다른 문항들과 상대적인 비교를 통해 중요도를 낮게 인식한 것으로 판단된다.

2. Outstanding(공익 추구, 변화관리)

[그림 4] 공익 추구 부문 리더십 진단

문항	점수
1. 나는 국민과 사회의 이익과 발전에 깊은 관심이 있다	3
2. 나는 행정서비스를 기획할 때 국민과 사회의 이익을 가장 우선시하고 있다	4
3. 나는 국민과 사회의 이익이 되는 행정서비스를 제공하기 위해 노력한다	5
4. 나는 실행된 행정서비스가 국민과 사회의 이익이 되는지 정기적으로 점검하고 개선한다	5
평균	4.25

이주영 장관의 공익 추구 진단 결과는 다음과 같다. 이주영 장관은 국민과 사회에 이익이 되는 행정서비스를 제공하려고 노력하며, 정기적으로 점검하고 개선하려는 노력을 중요하게 이행했던 것으로 나타났다. 이는 해양수산부 장관으로 공공행정서비스 제공이라는 본연의 사명에 충실한 태도를 대변한다. 특히 규범적(normative) 가치를 중시해, 자신에게 주어진 역할과 임무에 대해 끊임없이 성찰하고 요구되는 과업을 찾아 나가는 모습을 확인할 수 있다.

공익 추구 영역 역시 상대적 차이를 부여했기에 국민과 사회의 이익과 발전에 대한 관심 및 이익 우선시가 낮게 표시돼 있다.

[그림 5] 변화관리 부문 리더십 진단

문항	점수
1. 나는 평소 직무 분야에 대해 늘 새로운 것을 학습하고 우리 조직의 행정서비스에 연계, 적용한다	4
2. 나는 이해관계자와 갈등이 발생할 상황을 예측한다	4
3. 나는 변화하는 주변 환경을 지속적으로 파악하기 위해 정보를 수집한다	4
4. 나는 내 분야 외의 다양한 영역에 대해서도 예의주시한다	4
5. 나는 정보를 수집하기 위해 접근 가능한 다양한 방법을 활용한다	5
6. 나는 구성원들이 환경 변화를 받아들일 수 있도록 적극적으로 설명한다	5
7. 나는 다양한 채널과 방식으로 조직이 추구하는 정책 방향을 전달한다	5
평균	4.43

이주영 장관의 변화관리 진단 결과는 다음과 같다. 이주영 장관은 정보를 수집하기 위해 다양한 방법을 활용하고, 환경 변화에 대해 구성원들이 이해할 수 있도록 적극적으로 설명하며, 조직의 정책 방향을 전달하는 노력을 적극적으로 수행하는 것으로 나타났다. 이러한 특성은 세월호 사건 당시 현장의 상황 변화에 민첩하게 대처하고, 구조 상황에 대해 정부 관계자뿐 아니라 유가족, 구조대, 언론에 이르기까지 상세하게 설명하고 결정된 상황에 대해 과감 없이 전달하려는 노력을 통해 확인할 수 있다.

변화관리 영역 내에서 상대적으로 갈등 상황에 대한 예측, 정보 수집, 관찰 등은 낮게 제시돼 있다.

3. Lamp(갈등 조정, 방향 제시)

[그림 6] 갈등 조정 부문 리더십 진단

문항	점수
1. 나는 갈등 발생 시 다양한 의견을 중재하려고 노력한다	4
2. 나는 갈등을 해결하기 위해 다양한 의견을 제공한다	3
3. 나는 의견 충돌 시 대화를 통해 상대방의 관점을 이해하려고 노력한다	4
4. 나는 의견 불일치 시 구성원들과 함께 해결하려고 노력한다	5
5. 나는 상대방의 의견을 절충해 공동 해결안을 찾으려고 노력한다	5
평균	4.20

이주영 장관의 갈등 조정 진단 결과를 보면 다음과 같다. 이주영 장관은 의견 불일치 시 회피하지 않고 적극적으로 문제 해결을 위해 노력하고, 공동의 해결안을 찾으려고 노력한다. 모두에게 최선의 방안을 추구하지만 상황에 따라서는 각각의 이해관계자들이 일정 수준의 양보를 통해 모두가 일정한 수준의 혜택을 보며, 특정한 소수가 크게 피해를 보지 않는 방안을 찾으려고 노력하는 것으로 판단된다.

이러한 과정에서 다양한 의견을 받아들여 방안과 대책을 마련하는 것에 집중하는 태도를 보이는 것으로 판단된다.

[그림 7] 방향 제시 부문 리더십 진단

문항	점수
1. 나는 위기 상황 발생 시 유관 부서와 협의하고 통제 및 권고 사항을 신속히 파악한다	4
2. 나는 한정된 자원을 고려해 우선순위에 맞게 신속히 대응한다	4
3. 나는 위기 상황에서도 적극적으로 위기 관련 정보와 대응 계획을 공유한다	5
4. 나는 위기 상황 발생 시 공식적인 커뮤니케이션을 추구한다	4
5. 나는 조직 목표나 정책을 앞장서서 실천하고 지지한다	5
6. 나는 조직이 추구하는 정책 방향을 구성원들에게 공유한다	4
7. 나는 조직이 추구하는 정책 방향을 구성원들이 공감할 수 있도록 노력한다	5
8. 나는 조직이 추구하는 정책 방향에 일치하는 행동을 한다	5
평균	4.50

이주영 장관의 방향 제시 진단 결과는 다음과 같다. 이주영 장관은 위기 상황에서 적극적으로 정보와 대응계획을 관련자들과 공유한다. 이는 신뢰와 변화관리 영역에서 제시된 내용과도 연결된다. 즉, 세월호 사고 당시 인양 및 구조 과정에서 발생하는 상황에 대해 사실적인 정보를 제공함으로써 신뢰를 얻고, 이러한 신뢰에 기반해 인양 및 구조 과정에 대한 계획에 대해 관계자와 유가족의 지지를 얻어 낼 수 있었다. 또한, 자신의 행동을 조직의 정책 방향에 정렬하는 규범적인 태도를 가지고 있는 것으로 판단된다.

4. Echo(소통, 전문성)

[그림 8] 소통 부문 리더십 진단

문항	점수
1. 나는 구성원의 의견을 적극적으로 경청하기 위해 노력한다	5
2. 나는 목표 달성을 둘러싸고 벌어지는 이해관계자들과의 문제를 관심 있게 듣는다	4
3. 나는 업무에 있어 새로운 아이디어나 관점을 받아들이려고 노력한다	5
4. 나는 상대방의 피드백을 수용하려고 노력한다	4
5. 나는 구성원의 의견과 가치를 존중한다	4
6. 나는 구성원의 다양한 입장을 이해한다	3
7. 나는 구성원의 욕구와 감정적 변화에 민감하게 주의를 기울인다	5
8. 나는 의사결정 시 논리적으로 설득하고 상대방의 관점에서 공감을 끌어 낸다	5
평균	4.38

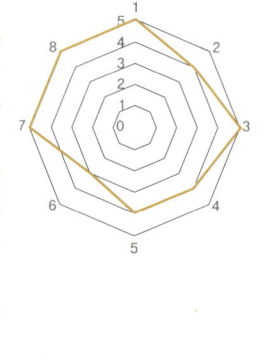

이주영 장관의 소통 진단 결과는 다음과 같다. 이주영 장관은 구성원들의 의견을 경청하고, 새로운 아이디어를 받아들이려고 노력한다. 또한, 구성원들이 감정 변화에 민감하게 주의를 기울이는 개별적 배려의 노력을 보이고, 상대방의 공감을 이끌어 낸다. 이주영 장관의 소통 방식은 상대방의 입장에 서서 공감하려는 것으로 특징지어진다. 세월호 사건에서 유가족들의 입장에서 가족을 잃은 사람들의 입장을 이해하고 있었기에, 유가족들과 함께 애타고 속이 타 들어가는 심정을 공유할 수 있었다. 그는 현장에서 공식적인 책임자 또는 감독자의 역할뿐 아니라 감정적인 연

대를 맺어 나갔다. 이는 자신의 감정에 대한 이해를 바탕으로 타인의 감정을 이해하고 자신과 타인의 감정을 적절하게 관리해 나가는 감성지능이 높은 것으로 평가된다.

[그림 9] 전문성 부문 리더십 진단

문항	점수
1. 나는 내 의견을 효과적으로 전달한다	4
2. 나는 상대방의 요구를 정확히 파악하고 지원한다	3
3. 나는 현재 업무와 관련해 전문성을 보유하고 있다	4
4. 나는 업무상 이슈가 발생하면 적절한 해결책이나 아이디어를 제공한다	4
5. 나는 새로운 상황이 요구하는 변화 방향에 맞는 해결안을 찾아서 적용한다	5
6. 나는 복잡한 자료와 정보들이 가지고 있는 이슈와 메시지를 잘 파악한다	5
7. 나는 한정된 자원을 고려해 업무 우선순위를 잘 파악한다	5
평균	4.29

이주영 장관의 전문성 진단 결과를 보면 다음과 같다. 이주영 장관은 필요한 상황에서 해결안을 찾아서 적용하고, 복잡한 상황 속에서 통찰력이 뛰어나며, 한정된 자원을 효과적으로 활용하는 능력이 뛰어난 것으로 평가된다. 특히 해수부 장관으로서 요구되는 해양 분야와 수산 분야에 대한 경험과 지식은 국회의원 시절 지역구(창원)의 주요한 과제와 이슈에 대해 정책을 마련하는 과정에서 직간접적으로 학습하는 계기가 됐다. 무엇보다 새로운 임무에 대해서는 철저한 분석과 진단을 위한 노력을 게을리

하지 않아서 신속하게 학습하는 능력이 뛰어난 것으로 판단된다.

다만, 조직 차원의 전문성 발휘를 중시함으로써 상대적으로 개인 지원에 대한 관심이 크지 않을 수도 있다고 판단된다.

II. 이주영 장관의 리더십 분석

이주영 장관의 리더십을 인생 각성 경험, 윤리적 리더십, 진성 리더십의 관점에서 분석하고자 한다

1. 인생 각성 경험

이주영 장관은 고등학교 시절 한 개인으로서 각성 경험(awakening experience)을 하게 된다. 그것은 MRA운동과의 만남이었다. 학교 선배의 권유로 참여한 MRA운동은 전국대회 개최를 주도하고 당시 대통령이었던 박정희 대통령을 만나기 위해 청와대를 직접 찾아가기도 하는 열정을 보여 준다.

인생 각성 경험은 개인이 인생에서 중대한 깨달음이나 자아 변화를 경험하는 순간을 의미한다. 인생에서 결정적인 전환점이 되며, 개인의 신념, 가치관, 행동에 깊이 영향을 미치는 사건이나 경험이다. 따라서 각성 경험은 개인의 도덕적·철학적·영적 성장을 촉진하며, 이후의 인생과 선택에 중요한 기준이 된다. 또한, 리더십 형성에 큰 영향을 미친다.

MRA운동은 개인의 윤리적 성찰과 도덕성 회복을 강조하는 국제적인

운동으로, 개인의 도덕적 완성을 통해 사회와 국가의 윤리성 고취를 이끌어 내는 것을 목표로 한다. 그가 자신의 삶에서 도덕적 가치를 중심으로 리더십을 실천하게 만든 원동력이 됐다. 더욱이 공직자로서의 삶에서 일관되게 윤리적 기준을 유지하는 데 중요한 역할을 했다.

2. 윤리적 리더십 이론의 관점에서 본 이주영 장관의 리더십

윤리적 리더십의 기초를 마련한 트레비노(Linda K. Trenino)는 리더는 도덕적인 인간인 동시에 도적적인 관리자가 돼야 한다고 주장했다(Trevino, Hartman, & Brown, 2000; Trevino, Brown, & Hartman, 2003). 윤리적 리더십 이론은 리더가 도덕적 기준에 따라 행동하고, 그 기준을 조직 구성원들이 따를 수 있도록 관리하는 리더십 유형이다. 윤리적 리더는 도덕적 인간이면서 동시에 도덕적 관리자 역할을 수행한다. 윤리적 리더는 정직성, 공정성, 책임감 등을 통해 구성원들에게 윤리적 모범을 보이고 이를 조직 내에 확립하는 것이 중요하다. 이주영 장관의 리더십을 윤리적 리더십 이론의 관점에서 분석하면, 그가 위기 상황에서 발휘한 리더십의 특징이 나타난다.

1) 도덕적 인간

이주영 장관은 도덕적 인간으로서 자신의 윤리적 가치를 일관되게 유지하며, 공직자로서의 책임을 다했다. 윤리적 리더십의 원칙 중 하나는 리더가 스스로 윤리적 기준을 지키며 조직 내에서 모범을 보이는 것이다. 이주영 장관은 자신의 윤리적 기준을 명확히 인식하고 이를 행동으로 실천했다.

이주영 장관은 세월호 사고 당시 공직자로서의 책임을 분명히 인식하고, 자신의 책임을 피하지 않았다. 그는 사고 현장에 남아 실종자 수습 작업을 지휘하고, 유가족들과의 소통을 통해 그들의 불만을 경청하며 그들의 감정에 공감하는 모습을 보였다. 윤리적 리더십 이론에서 리더가 도덕적 인간으로서 구성원들에게 신뢰를 줄 수 있는 요소는 정직성과 공감인데, 이주영 장관은 이 두 가지 요소를 충실히 수행했다.

세월호 사고 당시 이주영 장관은 어려운 상황에 대해 숨기거나 회피하지 않고 유가족들과 국민들 앞에서 책임을 다하려는 모습을 보였다. 그는 사고가 발생한 직후 "모두 제 잘못입니다"라고 말하며 사퇴 의사를 밝혔고, 자신의 도덕적 책임을 명확히 인정했다. 이주영 장관의 이러한 책임 의식은 윤리적 리더가 가져야 할 도덕적 신념과 책임감을 보여 주는 사례다.

2) 도덕적 관리자

리더는 단순히 도덕적 인간으로서의 역할에 그치지 않고, 조직 내에서 도덕적 관리자로서 구성원들이 윤리적 기준을 따르도록 이끌어야 한다. 이주영 장관은 세월호 사고 이후 정부와 관계기관의 구조 활동을 적극적으로 지휘하며, 윤리적 책임을 다하도록 조직을 이끌었다.

이주영 장관은 세월호 참사 당시 정부의 구조 활동을 총괄하면서 윤리적 기준에 따른 행동을 지휘했고, 구조 활동의 투명성을 보장하며 유가족과 국민들에게 신뢰를 줬다. 그는 구조 작업이 진행되는 동안 정부의 의도와 과정을 투명하게 설명하고, 유가족들의 요구에 신속하게 대응하며 신뢰를 형성했다. 공직자에 대한 신뢰는 개인에 대한 신뢰와 조직(정부)에 대한 신뢰로 구분할 수 있다. 세월호 사고 당시 이주영 장관은 개인이 아니라 정부의 정책과 전략의 대리인이 되므로 개인의 말과 행동이 대표성을 갖게 된다는 점을 인식하고 있었다.

윤리적 리더십의 중요한 부분 중 하나는 리더가 구성원들에게 윤리적 행동을 독려하고, 윤리적 기준을 실천할 수 있는 환경을 조성하는 것이다. 이주영 장관은 세월호 사고 현장에서 계속 머물며 유가족들과 함께 구조 작업을 지켜보고 그들의 의견을 수렴했다. 이를 통해 그는 정부의 구조 작업을 투명하게 관리하고, 구성원들이 윤리적 책임을 다할 수 있도록 관리했다.

3) 공정성과 신뢰 형성

이주영 장관은 세월호 사고 당시 유가족들과의 신뢰를 형성하려고 꾸준한 소통과 공감을 기반으로 행동했다. 사고 초기에 유가족들은 정부와 이주영 장관에 대해 강한 불만과 불신을 가졌지만, 시간이 지남에 따라 그의 진정성 있는 태도와 윤리적 행동에 신뢰를 보이기 시작했다.

이주영 장관은 세월호 사고 수습 과정에서 모든 유가족의 요구를 공정하게 수용하려 했다. 리더가 특정 개인이나 집단에게 편향된 결정을 내리지 않고, 모든 구성원에게 공정한 판단을 내리는 것이 중요하다. 이주영 장관은 이러한 공정성을 유지하며, 유가족들의 요구와 정부의 의무를 적절히 조정해 대응했다.

이주영 장관의 윤리적 리더십은 단기적인 위기관리에만 그치지 않고, 장기적으로 우리나라 공직사회에 신뢰와 윤리적 문화를 강화하는 데 기여했다고 판단된다. 이주영 장관이 보여 준 윤리적 책임감과 신뢰 구축은 세월호 사고 이후 정부의 윤리적 책임을 강화하는 토대를 마련했으며, 전반적으로 우리나라의 윤리적 수준을 높이는 데에 기여했다고 볼 수 있다.

3. 진성 리더십 이론의 관점에서 본 이주영 장관의 리더십

2000년대 초반 미국을 중심으로 리더의 진정성(authenticity)이 리더십 연구자 및 실무자들에게 큰 관심을 받았다. 연일 언론에 보도되는 기업과 정계 리더들의 비윤리적 사건들에 의해 촉발되는 사건들을 보면서 많은 사람이 실망과 좌절, 허탈감을 느끼던 시기다. 베니스(Warren G. Bennis)는 리더의 부정부패는 구성원 개인의 사회적 정체성과 조직 생활의 품격을 떨어뜨리게 된다고 주장했다(Bennis, 2007).

리더의 진정성이 국가와 사회, 기업에 중요한 속성이라는 인식은 오래전부터 지적된 바 있다. 철학계에서는 진정성을 학문의 핵심 논제로 다뤘다. 일찍이 소크라테스(Socrates)는 "너 자신을 알라"는 명제를 통해서 리더의 내적 속성을 강조했다. 사르트르(Jean Paul Sartre)와 하이데거(Martin Heidegger)를 비롯한 실존주의 철학이나 현상학에서도 내면의 진정성을 주요한 철학적 사유의 주제로 다뤘다. 이러한 철학적 명제에 기반하는 진성 리더십 이론은 자아 인식(self-awareness), 관계적 투명성(related transparency), 균형 잡힌 정보 처리(balanced processing), 내면화된 도덕적 신념(internalized moral perspective) 등 네 차원으로 개념화된다.

진성 리더십(authentic leadership) 이론은 리더가 내면의 도덕적 기준과 자아 인식을 바탕으로 구성원들과 진정성 있는 관계를 형성하고, 이를 통해 조직 내에서 신뢰를 구축하는 리더십 모델이다. 또한, 진성 리더십은 자기 인식, 내적 도덕성, 투명한 의사소통, 균형 잡힌 정보 처리 등의 요소를 통해 구성원들이 리더의 진정성을 느끼고, 그에 따라 자발적으로 따르게 하는 리더십 스타일이다.

이주영 장관의 리더십을 진성 리더십 이론의 관점에서 해석하면, 그가 보여 준 진정성 있는 행동과 도덕적 신념이 위기 상황에서 어떻게 발휘됐고, 그로 인해 구성원들과 신뢰를 형성하는 데 어떤 역할을 했는지 이해할 수 있다.

1) 자기 인식

자기 인식(self-awareness)은 진성 리더십의 핵심 요소로, 리더가 자신의 신념, 가치, 감정에 대해 깊이 이해하고, 이를 바탕으로 진정성 있는 행동을 하는 것을 의미한다. 이주영 장관은 자신이 가지고 있는 윤리적 신념과 책임감에 대해 분명하게 이해하고 있었고, 이를 공직 생활과 위기 대응 과정에서 일관되게 실천해 나갔다. 이주영 장관은 도덕적 가치에 대한 깊은 신념을 가지고 있었다. 그는 고등학교 시절부터 도덕재무장(MRA) 운동에 적극 참여했으며, 이는 그가 내면적으로 도덕적 기준을 중요하게 여기는 사람이라는 것을 보여 준다. 도덕성과 윤리성은 그의 리더십 전반에 걸쳐 중요한 부분을 차지했으며, 세월호 사고와 같은 위기 상황에서 더욱 두드러졌다.

이주영 장관은 세월호 사고 당시 자신의 책임을 명확히 인식했다. 그는 책임을 타인에게 전가하거나 회피하지 않았다. 그는 사고 이후 현장에서 유가족들과 함께하며 끝까지 구조 작업을 지휘했고, 자신의 책임 범위를 확장해 인정하는 모습을 보였다. 진성 리더는 자신의 언행이 어떤 영향을 미칠지 깊이 인식하고, 그에 따른 책임을 다하려고 노력한다. 이주영 장관은 "모두 제 잘못입니다"라는 말을 통해 자신의 책임을 인정하며 진정성 있는 리더십을 발휘했다.

2) 내면화된 도덕적 신념

내면화된 도덕적 신념(internalized moral perspective)은 리더가 외부의 압력이나 유혹에 흔들리지 않고, 자신의 도덕적 기준과 가치에 따라 행동하는 것을 의미한다. 이주영 장관은 자신의 도덕적 신념을 바탕으로, 외부의 비난이나 압력에도 불구하고 윤리적 기준을 지키며 진정성 있는 행동을 보여 줬다. 세월호 사고 당시, 유가족들의 분노와 비난이 계속됐지만, 그는 그들의 감정을 이해하고 수용하는 태도를 보였고, 자신의 도덕적 기준에 따라 정직하게 대응했다.

진성 리더는 일관되게 도덕적 기준을 유지하고 행동한다. 이주영 장관은 세월호 사고 수습 과정에서 계속해서 정부의 윤리적 책임을 강조하며, 구조 작업과 이후의 대응 과정에서 일관된 윤리적 행동을 보였다. 그는 정부의 책임을 인정하고, 유가족들이 요구하는 진실 규명과 책임 소재에 대해 일관성 있게 대응했다.

3) 관계적 투명성

관계적 투명성(relational transparency)은 리더가 자신의 감정이나 생각을 숨기지 않고 솔직하게 드러내며, 구성원들과 진정성 있는 관계를 형성하는 것을 의미한다. 이주영 장관은 유가족들과의 관계에서 정부의 입장을 솔직히 표현하고, 그들과 공감하는 모습을 보여 줌으로써 신뢰를 얻었다.

리더가 자신의 감정을 투명하게 드러낼 때, 구성원들이 리더의 진정성을 느끼고 신뢰를 형성하게 된다. 이주영 장관은 자신의 감정과 도덕적 책임을 솔직하게 드러내는 모습을 통해 유가족들과의 신뢰를 강화해 나갔다.

4) 균형 잡힌 정보 처리

균형 잡힌 정보 처리(balanced processing)는 리더가 여러 관점을 공정하게 고려하고, 객관적인 정보를 바탕으로 의사결정을 내리는 것을 의미한다. 이주영 장관은 세월호 사고 당시 정부 내에서 다양한 의견을 수렴하고, 객관적이고 공정한 의사결정을 내리려고 노력했다.

이주영 장관은 유가족, 구조대, 정부 관계자들의 다양한 의견을 경청하고, 이를 바탕으로 가장 효과적인 구조 방안을 찾으려고 노력했다. 그는 유가족들이 요구한 다이빙 벨 투입 문제에 대해 해경과 유가족, 언론의 의견을 모두 고려한 후, 합리적인 결정을 내렸다. 진성 리더는 의사결정 과정에서 모든 관련 정보를 공정하게 처리하고, 특정한 의견에 치우치지 않는다. 이주영 장관은 구조 작업의 어려움과 한계에 대해 솔직하게 설명했고, 이를 통해 진정성 있는 의사소통을 했다. 진성 리더는 정보 처리 과정에서 투명성을 유지하고, 객관적인 사실에 기반한 정보를 구성원들과 공유해야 한다는 점에서 이주영 장관의 행동은 진성 리더의 사례로 볼 수 있다.

4. 통합적 적용: 위기 상황에서의 리더십

이주영 장관은 공공 리더로서 규범화된 행동을 실제적으로 실천했던 리더로 볼 수 있다. ROLE 모델 진단에서도 대부분의 설문 문항에 대해 공직자가 반드시 해야 하는 일로 받아들였다는 점은 그가 공직 생활 동안 보여 준 태도와 행동을 반영하는 것이라고 할 수 있다. 또한, 윤리적 리더십과 진성 리더십이론을 통해 이주영 장관의 리더십을 해석하면, 위기 상황에서 리더가 어떻게 도덕적 기준을 유지하고, 신뢰를 형성하며 조직을 성공적으로 이끌 수 있는지에 대한 통찰을 얻을 수 있다.

위기 상황에서는 리더가 도덕적 기준을 일관되게 유지하는 것이 중요하다. 윤리적 리더십 이론과 진성 리더십 이론은 모두 리더가 위기 상황에서 도덕적 책임을 다해야 구성원들이 리더를 신뢰하고 따르게 된다고 본다. 이주영 장관은 세월호 사고라는 위기 상황에서 도덕적 책임을 회피하지 않고, 자신의 윤리적 기준을 일관되게 실천하며 신뢰를 형성했다. 이는 두 이론이 위기 상황에서 어떻게 적용될 수 있는지를 보여 주는 사례다.

공공리더십의 실천적 측면에서 국가적 위기의 사태와 사고는 언제든 발생할 수 있다. 이러한 위기 상황에서 공공 리더는 국민과 정부 부처, 유관 기관, 조직 구성원들 등과의 신뢰 관계를 강화하고 진정성 있는 소통과 투명한 행동이 필요하다.

참고 문헌

Bennis, Warren G. (2007). The challenges of leadership in the modern world: Introduction to the special issue. *American Psychologist*, 62(1): 2-5.

Treviño, Linda K., Hartman, Laura P., & Brown, Michael E. (2000). Moral person and moral manager: How executive develop a repuation for ethical leadership. *California Management Review*, 42(4): 128-142.

Treviño, Linda K., Brown, Michael E., & Hartman, Laura P. (2003). A qualitative investigation of percieved executive ethical leadership: Perception from inside and outside the executive suite. *Human Relations*, 56(1): 5-37.

경향신문, 1986.07.03.

강경화 전 장관

◆ 경력 사항

2024년 4월~현재: 아시아소사이어티(Asia Society) 회장 겸 최고경영자
2023년 9월~현재: 연세대학교 글로벌사회공헌원 지속가능발전 특임교수
2021년 9월~2023년 2월: 이화여자대학교 국제대학원 명예석좌교수
2017년 6월~2021년 2월: 대한민국 외교부 장관(첫 여성 외교부 장관)
2017년 1월: 유엔사무총장 정책특별보좌관
2016년 10월: 제9대 유엔사무총장 당선인 인수위원장
2013년 4월: 유엔 인도지원조정관실(OCHA) 사무차장보
2007년 1월: 유엔 인권최고대표사무소(OHCHR) 부대표
2005년 12월: 외교통상부 국제기구국장
2001년 7월: 주유엔대한민국대표부 공사참사관
1999년 2월: 외교통상부 장관보좌관
1990년 6월: 국회 국회의장비서실 국제담당비서관

◆ 학력 사항

연세대학교 정치외교학과 학사
미국 매사추세츠대학교(University of Massachusetts Amherst)
　　커뮤니케이션학 석사 및 박사

강경화 전 장관

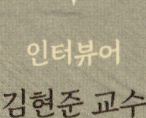

인터뷰어
김현준 교수

제1부
강경화 전 장관과의 공공리더십 인터뷰

Ⅰ. 들어가며: 공공리더십 역량 진단에 관한 생각

◇ 제가 이 프로젝트의 기획에 대해 행정연구원으로부터 설명을 들으면서 강경화 장관님에 대한 인터뷰를 꼭 제가 해야겠다고 행정연구원에 요청드리고 참여하게 됐습니다. 그런 동기를 갖게 된 이유가 여러 가지가 있지만, 국회, 외교부, UN 현재는 국제 NGO에 이르기까지 넓은 의미에서 공공 영역의 다양한 조직을 경험하신 분은 과연 어떤 리더십의 모델을 갖고 계실지가 궁금했습니다. 다른 하나는 제가 리더십 수업에서 만나는 학생들, 그중에서도 특히 여학생들 중에 국제기구를 포함한 국제 무대에서 활동하고 싶어 하는 친구들이 매우 많습니다. 그래서 그런 친구들한테 롤 모델이 되는 장관님의 리더십에 대한 깊은 얘기를 듣고 학생들에게 전달했으면 참 의미 있겠다는 그런 생각이 들어서 제가 인터뷰를 자청하게 됐습니다. 제가 준비한 질문은 두 파트입니다. 첫 번째는 행정연구원에서 미리 부탁드린 공공리더십 역량 진단에 응답하신 걸 토대로 질문을 드리겠습니다. 그리고 나서 일반적인 질문을 이어서 하도록 하겠습니다.

그러니까 질문에 대한 대답을 저의 장관 시절의 이야기를 포함해서 유엔 시절의 얘기까지도 할 수 있다는 걸로 저는 알고 있는데요. 장관 시절 이야기를 주로 하도록 하겠습니다. 어차피 다 연결이 됩니다만. 여러 자리에서 제가 배우고 또 리더로서의 역량을 더 키워 나가고 그래서 그 모든 게 결국은 제가 장관 시절에 발휘를 할 수 있었던 것 같아요. 유엔 시절의 10년의 경험이 제가 장관직을 무리 없이 마무리할 수 있게 해 준 그 경험이 컸던 것 같아요. 가능하면 장관 시절의 에피소드로 말씀을 드리겠지만 생각이 안 나는 부분인 유엔 시절도 짚어 보겠습니다.

◇ 예, 알겠습니다. 먼저 ROLE 모델에 기반한 공공리더십 여덟 가지 역량 진단에 관한 질문지를 받아보고 응답을 하시면서 혹은 마치신 후에 이 진단도구의 유용성이나 타당성에 대해서 어떤 생각이 드셨는지 궁금합니다.

어떻게 보면 너무 당연한 잣대들인 것 같은데 그래서 하기는 쉽게 했지만 이걸로 무슨 리더십 스타일의 그런 어떤 변별력이 있을까 하는 생각을 했습니다.

II. ROLE 모델 리더십 인터뷰

1. Raise(윤리성, 신뢰)

◇ 사실 저도 이 진단도구를 처음 접했을 때, 과연 장관님들께서 응답을 하실 때 응답 간에 어느 정도 차별화가 될까 궁금했었는데, 생각보다 네 분을 이렇게 비교해 보면 꽤 다른 점들이 발견됩니다. 장관님 응답을 보면서 왜 이 문항에는 최고점인 '매우 그렇다'라는 답을 안 주셨을까 궁금한 것들이 좀 눈에 띄었습니다. 그래서 그런 문항 위주로 좀 여쭤 볼게요. 기억하실지 모르겠지만 이제 첫 번째로 '윤리성'에 관련된 여덟 문항 중에서 세 문항에는 5점 중의 4점을 주셨어요. 제가 장관님의 과거 인터뷰 자료를 검토한 바로는 장관님은 리더가 맞닥뜨릴 주요 이슈에 대해 명확한 판단 기준을 갖고 계시다고 느꼈습니다. 그런데 의외로 "나는 윤리적 판단 기준을 명확히 이해하고 있다"라는 문항에 대해서 '매우 그렇다'가 아니라 '그런 편이다'라고 답을 하셨거든요.

모든 가치라는 게 주관적인 부분이 있어서 내가 옳다고 생각하는 게 반드시 다른 사람도 옳다고 하지 않을 부분들도 있지 않습니까? 그리고 특히 공직은 굉장히 이렇게 위계질서가 확실하지 않습니까? 그러니까 장관의 경우, 장관 위에 대통령이라든가 총리라든가 이런 분들의 판단과 제 판단이 다를 때가 있잖아요. 그럴 때 가끔 제 고집을 세우기도 했지만 고집을 세울 수 없는 상황이고, 나중에 되돌아보면 그분들은 다른 맥락에서 그런 판단을 하고 계셨구나 하는 그런 생각을 갖게 될 때도 있습니다. 다만, 이 질문만 놓고 봤을 때 제가 장관으로서 가장 큰 윤리적인 딜레마는 인사 문제였던 것 같아요. 직원 징계 문제에서 제가 평소에 아무리 아끼던 직원도 문제점이 드러나면 그거는 가차없이 (규정을) 적용하게 되죠. 제 개인적으로는 그런 어떤 직원에 대한 안타까움은 물론 있지만요. 이게 뭐가 옳고 그른지가 불분명할 때가 있어요. 그런 상황에서 징계위원회가 갖고 있는 잣대라든가 국민이 기대하는 잣대를 봤을 때는 제가 생각했던 것보다는 훨씬 더 아프게 징계해야 할 상황들이 있어서 그 부분이 제일 윤리적인 딜레마였던 것 같아요.

◇ 윤리적 딜레마 상황에서 조금 더 구체적인 질문을 따로 더 드리도록 하겠습니다. 윤리성에 관한 7번과 8번 문항에서도 4점을 주셨는데 아마 이게 방금 말씀하신 경험하셨던 딜레마랑 관련이 있는 것 같아요. "나는 법률과 규칙을 위반해 업무를 수행하는 구성원이 없는지 수시로 점검한다"와 "나는 업무 이해관계자의 부정부패 방지를 위한 방침을 적극적으로 알린다", 이 두 가지에서도 5점이 아닌 4점을 주셨거든요.

네. 그것은 제가 장관할 때 감사관을 외교부 직원으로 임명한 것이 아니고 감사원에서 파견받았어요. 그래서 그분한테 전적으로 독립성을 주고 직원의 어떤 비위라든가 이런 고발 사건이 있으면 제가 100% 신뢰를 줄 테니 외교부가 깨끗하고 윤리적인 조직으로 거듭날 수 있도록 해달라는 그런 역할을 부여했습니다. 그래서 어떻게 보면 이거 제가 매일매일 챙길 수가 없는 부분이었고, 전문으로 하는 사람한테 의존했기 때문에 그렇게 답을 드렸던 것 같습니다.

◇ 이제 이해가 됩니다. 사실 저는 이 문항들을 장관님께서 어떻게 해석하고 적용하실지 궁금했습니다. 일반적인 어떤 규범적 원칙의 측면에서 이 문항이 중요하다 안 하다를 판단하실 수도 있고, 직을 수행하실 때

장관님께서 실제로 이렇게 판단하고 행동하셨다는 것을 점검하는 용도로 쓰셨을 수도 있는데 지금 말씀을 들어 보니까 실제 하셨던 행동이 각 문항에 어느 정도 부합하는지를 판단하셨던 것 같아요.

저는 늘 그러니까 어떤 이래야 한다고 하는 당위론에서 답을 하면 비슷하잖아요. 그런데 실질적인 나의 행동과 이거를 봤을 때는 거리가 있잖아요. 그래서 솔직하고 싶어서 늘 그런 식으로 답을 하는 것 같고요. 그게 어렸을 때부터 그랬던 것 같아요. 제가 국민(초등)학교 때 4, 5, 6학년을 미국에서 다니다가 한국에 다시 가서 중학교에 입학했는데 그때는 도덕이라는 과목이 있었고 시험을 봐요. 시험 문항에 이런 게 있었어요. "나는 복도에 휴지를 버리지 않는다." 여기에 예, 아니오, 답을 해야 하잖아요. 그런데 저는 버려 봤거든요. 그래서 그렇다고 답을 했고, (다른 질문에도 그런 식으로 답을 해서) 도덕 시험을 낙제할 뻔했던 그런 경험이 있어요. 그 습관이 아직도 있는 거죠.

◇ 어떤 방식으로 문항을 해석하고 응답하시는지 정확히 알 것 같습니다. 그다음에 '신뢰'라는 항목이 있어요. 그중 5번 문항이 "나는 성별 지연 학연 교육 수준 상관없이 공정하게 평가한다"에 대해 4점을 주셨어요. 그래서 저는 누구보다 형평성이나 다양성을 굉장히 중하게 여기는 분으로 알고 있는데 이 응답은 어떤 의미일까 굉장히 의아했거든요. 설명 좀 해 주시겠습니까?

네, 그것도 그렇게 원칙을 가야 하지만 제가 그 원칙을 좀 타협

(compromise)하거나 온정에 이끌렸던 적이 전혀 없었다고 할 수는 없거든요. 그래서 그렇게 답을 드렸던 것 같아요.

◇ 그러셨군요. 그런데 장관직에 계시다 보면 신뢰를 얻거나 신뢰를 줘야 할 대상이 굉장히 다양하잖아요. 조직 구성원과의 신뢰도 있고, 어떤 전문가 네트워크 내에서의 신뢰도 있고 국민과의 신뢰도 있는데, (이러한 다양한 대상으로부터 받는 기대가) 항상 일치하지는 않거든요. 어느 한쪽을 선택하면 다른 한쪽의 신뢰를 또 저버릴 수도 있고 이런 상황을 많이 겪으셨을 것 같은데 그때는 어떤 기준에서 어떻게 그런 충돌이나 긴장 관계를 조율하셨는지 좀 궁금하거든요.

그게 그런 일을 해야 하기 때문에, 장관 수준의 리더십의 자리는 늘 그렇게 어려운 자리인 것 같아요. 저는 임명권자에 대한 일단 확실한 충성심이 있었고 또 그 임명권자로부터 신뢰를 내가 꾸준히 받아야 내 일을 할 수 있다는 거는 분명했고요. 대통령께서는 저한테 외교부 개혁을 주문하셨습니다. 외교부가 워낙 폐쇄적이고 남성 위주적이며 이 학연의 영향도 컸고, 그래서 그 조직문화를 개선해 달라고 하셨지만, 구체적으로 어떻게 하라 하는 말씀은 없으셨어요. 그래서 저 나름대로 해석하기를, 일단 좀 더 개방적이고, 남녀가 모두 보람을 갖고 일할 수 있는 조직으로, 그리고 국민하고 소통을 좀 더 잘하는 그런 조직문화로 바꾸려고 했어요. 그래서 대통령의 뜻에 부합하게 밀고 나가면서도 그건 3년 반 내내 저의 짐이었어요. 근데 대통령님이 힘을 실어 주시니까 제가 그걸 추진할 수 있었죠. 하지만 외교부 밖에 있는 선배들이라든가 또 외교부에 오랜 세월 익숙해진 특히 직원들로부터는 상당히 저항이 있었죠. 물론 저한테 직접 대놓고 얘기는 못 하겠지만. 그렇다고 해서 이것은 저의 사명이니 제가 끊임없이 밀어붙였다 하면 그것도 제 스타일은 아니에요. 이렇게 아울러 나가면서 해놨는데 저는 그 부분에서는 상당히 성과를 올렸다고 생각합니다. 그래서 조화라는 게 장관직의 가장 어려운 부분이 그런 것 같아요. 조직원들이 나한테 기대하는 것 그다음에 임명권자인 대통령께서 기대하는 것. 그게 그리고 정치를 오래 하신 분들은 이 관(관료조직)에 대한 불신이 굉장히 깊은 것 같아요. 제가 보기에 외교부는 기본적으로 유능하고 투철한 국가관도 조직 전체적으로는 갖고 있는데, 다만 조직문화가 너무 엘리트적이고, 폐쇄적인 점 때문에 대통령께서는 완전히 만족하시지 못하셨을 거예요. 그렇지만 기본적인 신뢰를 주셨고 그래서 할 수 있었던 것 같습니다.

2. Outstanding(공익 추구, 변화관리)

◇ 그래서 '변화관리' 항목에 5점이 아닌 4점을 주셨을까요? 소임을 100% 완수하지는 못하셨다고 스스로 평가하신 건가요?

그렇습니다. 네, 그렇습니다.

3. Lamp(갈등 조정, 방향 제시)

◇ 그렇군요. 열심히 변화를 시도하셨는데 왜 이렇게 스스로 낮게 평가하

셨나, 좀 이 부분도 좀 의아했던 응답 중의 하나였는데 이제 좀 실마리가 풀린 것 같습니다.

또 하나 흥미로웠던 점은 '갈등 조정' 역량에 관한 문항 중에서 "나는 갈등을 해결하기 위해 다양한 의견을 제공한다"에 대해서만 4점을 주셨어요. 유엔에도 계셨고 외교 업무를 많이 하셨기 때문에 갈등 조정은 아마 가장 자신 있는 분야일 것 같은데 왜 4점을 주셨을까 의문이 들었습니다.

제 소신과 제 의견이 있지만, 결국은 다양하게 들어 보고 나서 제 의견이 당연히 바뀔 수도 있는 거고 조절해 나가야 하는 것이죠. 하지만 어떤 시점에서는 더 이상 조정이 안 되는 경우들이 있잖아요. 그럴 때는 확실하게 제 의견대로, 제 능력 한도에서 마지막으로 제 결정이라고 하면 제 결정대로 하는 거고요.

◇ 제가 이 응답을 보고 추측했던 것은, 장관님께서 갈등 해결을 위해서 본인의 의견을 주도적으로 제시하기보다는 1차적으로 경청을 하겠다 그런 스탠스를 갖고 계신다는 의미로 좀 해석을 했거든요.

그거는 굉장히 긍정적으로 해석하신 거 그것도 맞는데요. 조정의 마지막 부분에서는 결국 저는 제 의견은 "그럼에도 불구하고 이렇습니다" 하는 경우들이 있어요. 청와대 NSC 같은 데 올라가서 조정을 하다가 안 되는 경우는 다수가 결정하는 대로 가지만 "제 의견은 이렇습니다" 이러는 거죠. 그리고 거기서 결정이 된 데에 대해서는 서로가 다 거기에 모였던 사람들이 하나의 목소리를 내야 하니까 밖에 나가서는 그 결정대로 하지만 과정에서는 많이 바꾸기도 했죠. 그런데 안 바꾸고 그냥 고집했던 때도 제 기억에 남네요.

4. Echo(소통, 전문성)

◇ 그렇습니까? 이제 공공리더십 역량 진단과 관련돼서는 직접 관련된 마지막 질문을 드릴 텐데요. 마지막 항목이 소통이었어요. 자타 공인 장관님의 돋보이는 역량 중의 하나가 소통이 아닌가 싶은데요. 더군다나 또 이 분야는 또 장관님의 박사 학위 전공 분야이고, 문화간(intercultural) 커뮤니케이션으로 박사 논문도 쓰셨어요. 그래서 장관님이 생각하시는 리더십 커뮤니케이션의 핵심은 뭘까요?

잘 듣는 것 같아요. 잘 듣는 것. 어떻게 보면 흔한 얘기지만 리스닝(listening: 경청)을 잘한다는 게 사실 머릿속에 이미 갖고 있는 게 복잡하고 편견도 있고, 그럼에도 불구하고 상대편이 뭘 얘기하는지를 잘 들어야 되잖아요. 일단 우리 전통적인 리더십의 모델에서는 그냥 일방적으로 하달의 리더십이니까 더욱더 어렵고요. 그리고 저는 (박사 논문 연구에서도) 인류학 방식의 연구를 했는데 특정 문화집단에 들어가서 그들의 관점에서 그 문화를 이해하는 민속지학(ethnography) 연구를 했어요. 그렇게 되면 소통도 상대편의 입장에서 상대편이 어떤 이야기를 하려는지 듣는다는 게 말하자면 청취의 가장 기본이라고 생각을 하고요. 그다음에 제가 그런 면에서 좋은 습관을 기른 게 제가 유엔인권고등판무관 루이즈 아버(Louise

Arbour)[01] 라고 하는, 저를 처음에 유엔에 불러 주셨던 분인데, 2007년에 그분의 deputy(부인권고등판무관)로 제네바에 갔는데 그분은 사람이랑 얘기할 때 계속 뭘 쓰세요. 그래서 "뭘 그렇게 쓰시냐?" 물었더니 저 사람이 얘기하는 요점 정리를 하고 있대요. 저 사람이 무슨 얘기를 하는지 또 그 당시에 내 반응이 어땠는지 그걸 정리한다고. 그래서 여기에 대해 즉각적으로 자기가 반응을 안 하더라도 이 노트를 보면서 '그때 상황이 이랬지'를 기억하고, 그래서 여기에서 내가 계속 해결해야 할 부분이 뭐고 그 사람한테 다시 전해야 할 부분이 뭐지 하는, 그러기 위해서 이걸 계속 쓰고 계시더라고요. 저도 그분을 닮아가지고는, 아시겠지만 저도 국회에 나가서 계속 썼어요. 야단도 많이 받았어요. 저는 그래서 의원들한테도 "제가 의원님 하시는 그 중요한 답변을 잘 새겨듣고 거기에 맞는 답을 드리기 위해서 제가 씁니다" 하는 게 저의 답이었어요. 그거는 정말 진정한 의도에서 그랬거든요. 그런데 그게 하나의 기술이라면 기술이겠습니다.

III. 추가 질문에 대한 인터뷰

◇ 이제 두 번째 파트로 넘어갈게요. 리더십에 관한 전반적인 질문을 드리겠습니다. 기존에 장관님이 하신 인터뷰 자료를 보고, 제가 궁금하다고 생각한 점들을 위주로 질문을 구성했습니다. 첫 번째 질문은 커리어 전반에 관한 궁금증입니다. 시작을 한국방송공사에서 하셨고, 국회에

---

01   제4대 유엔인권고등판무관(High Commissioner for Human Rights).

잠시 또 대학에도 계셨더라고요.

외교부, 유엔, 다시 외교부 이렇게 계셨고 지금 NGO에 계십니다. 2019년도 연합뉴스 인터뷰[02]에서 장관님께서는 "새로운 경험과 도전을 항상 추구해 오셨다."라고 말씀하신 적이 있었어요. 큰 틀에서 보면 장관님은 공공 부문에서만 활동하셨습니다만, 아마 원하셨다면 기업 쪽에서도 경력을 쌓으실 수 있었을 것 같은데 줄곧 공공 부문에만 계셨던 어떤 이유가 있을까요?

기업 쪽에 기회가 오질 않았고요. 왔으면 고민을 했을지 안 했을지는 모르겠는데 저한테 온 기회들이, 그리고 제가 그 모든 기회를 쉽게 받아들일 수 있었던 게 다 공공 분야였던 것 같아요. 국민, 인류애 이렇게 대의를 위해서 하는 다 그런 조직들이었기 때문에 쉽게 기회를 잡았고요. 그리고 새로움에 대한 호기심, 전 호기심이라고밖에 얘기 못 하겠습니다. 모험심? 호기심? 어느 게 먼저인지 모르겠어요. 그런데 저는 호기심이라고 규정하고 싶고요. 기업 쪽의 기회는 글쎄요. 아주 구체적으로 생각나는 기회는 없었던 것 같아요.

◇ 예를 들면 국제기구라고 하더라도 어떤 특정 산업 분야랑 직접 관련이 되는 그런 국제기구도 있지만, 그런 쪽보다는 주로 인권 관련된 쪽에 계속 계신 것으로 봐 공공성이나 공익에 대한 관심이 굉장히 깊게 자리 잡고 있으셨나 봐요.

02 　연합뉴스. "Korea Now" (2019.01.22). https://youtu.be/5a8yiGfrl7s?si=k6PCQzadzMY3d0Nz

아마 알게 모르게 저희 부친의 영향인 것 같아요. 부친께서 1세대 방송인이셨는데 실향민으로 내려와 부산에서 고생을 하시다가, 수복되고 KBS에 어렵게 들어가셔서 KBS에서 은퇴를 하셨습니다. 그 중간에 왜 TBC도 생기고 MBC도 생기고 민영방송이 등장하지 않았습니까? 그럴 때마다 아버님께 콜이 있었는데요. 그때마다 아버님께서 "나는 끝까지 나라 녹으로 먹고 살겠다" 그러시면서 한 번도 다른 쪽으로 눈을 돌리지 않으셨어요. 아버님께서 굉장히 명성이 높은 분이셨지만, 살림을 꾸려 나가는 어머님께서 굉장히 고생을 많이 하셨지요. 지금 방송인들 보면 굉장히 화려하지만 초기 방송인들은 굉장히 가난했어요. 그리고 KBS는 지금도 공영방송이지만 그전에는 국영이었고요. 그 당시에는 아버님이 문공부 산하 공무원, 그래서 공무원이지만 유명세가 있는 공무원이어서 저희 살림을 꾸려 나가는 어머님께서 고생을 많이 하셨어요.

◇ 예, 기존 인터뷰[03]를 보면 부모님에 대한 말씀을 굉장히 많이 하셨더라고요. 고등학생 시절 장관님이 클리프 리차드인가요?

그 얘기가 언제 나왔나요?

◇ 그 내한 공연에 가려고 어머님을 설득하셨던 에피소드를 들으면서, 장관님의 다른 면모를 발견해 새로웠습니다.

---

03   Asis Society. "A conversation with Asia Socieity President Dr. Kyung-wha Kang on Leadership and Global Governance" (2024. 5. 2.자). https://youtu.be/7iZlrH_CiGo?si=R7dFnicPdVZNf0jz

장관님이 줄곧 공공 부문에 계셨지만 그렇다고 해서 비슷한 일만 계속하신 건 아니잖아요. 통역 업무를 위해 국회의장실에서 일하시다가 외교통상부에 입부해 다자외교 업무를 담당하셨고, 국제기구 가셔서는 인권 분야로 또 좀 더 확대하시고, 그다음에 또 외교부 장관으로 오실 때는, 물론 국제관계는 평생의 커리어를 쌓아 온 분야이지만 외교부 장관은 외교 업무만을 하는 것이 아니고 정무직 공무원으로서 행정과 정치를 아우르는 또 그런 역할을 수행하기 때문에 또 새로운 분야라고도 볼 수 있을 것 같습니다. 이렇게 보면 장관님은 커리어의 매 단계별로 다른 전문성을 요구하는 영역으로 진입하셨던 것 같아요. 그때마다 새로운 전문성을 확보하는 게 사실은 그렇게 쉽지만은 않으셨을 텐데 그에 대한 경험을 좀 말씀해 주시겠습니까? 특히 제가 궁금한 점은 아까 말씀하신 것처럼 외교부라는 조직이 폐쇄적인 분위기가 있잖아요. 외교관 출신이 아닌 분이 왔을 때 어떤 나름의 또 내부적으로는 전문성에 관한 이슈들도 등장했을 것 같습니다.

그 국제기구의 고위직과 장관직의 기본적인 차이는 장관직은 제가 되고 나서 보니까 어느 날 제가 정치인이 돼 있더라고요. 국제기구 고위직은 다 정무직이지만 그렇게 제가 '정치인이다' 하는 생각은 없었어요. 그냥 '이쪽 분야에서 전문 고위직이다.' 그리고 그 조직을 관리한다는 차원이었죠. 반면 장관은 외교부 관리도 해야 하지만 국민들의 따가운 눈총을 받으며 일을 해야 되는 정치인이더라고요. 저는 그게 늘 새로웠습니다. 전문성에서는 전적으로 제가 못 가진 부분에 대해서는 솔직하게 나는 이 분야는 모른다. 그래서 전문 분야의 직원들한테 열심히 듣고 배웠고요. 그리고 기회를 많이 줬습니다. 그 기회가 저도 배우는 기회이지만 실무 직원들한테는 상당히 동기 부여가 되는 거예요. 장관과 독대를 하고, 장관에게 직접 액세스를 가지고 브리핑을 하고 건의를 하고. 특히 국장급 관리자에 대해서는 다 프리 액세스(free access)를 줬어요. 그런 소통 채널을 끝까지 열어 놨습니다.

전문성을 보면, 제가 외무고시를 본 것도 아니고, 남자도 아니고. 학연이 있었던 것도 아니죠. 학연은 남자들한테만 통합니다. 제가 연대 정외과를 나왔지만 연대 정외과 덕 본 거 별로 없어요. 그런데 워낙 다수니까 연대 정외과가 너무 많이 (외교부에) 들어오니까 인사를 하다 보면 걸리는 게 연대 정외과여서. 피하려고 무지 애도 썼습니다. 그런데도 밖으로 보이는 그 모습이 연대 정외과가 다 쓸어 버린다고, 한동안은 장·차관, 양 차관, 국립외교원장까지 다 연대 정외과였던 시절이 있었어요. 차관, 국립외교원장 임명은 청와대 사안이에요. 그래서 저는 오히려 제가 홀가분했기 때문에 부내에 특정 그런 어떤 비공식 네트워크나 그런 어떤 특정 그룹한테 말하자면 마음의 빚이 없죠. 그래서 편하게 좀 부담 없이 변화를 추진할 수 있었던 것 같아요.

◇ 방금 답변해 주신 것과도 관련이 되는데요. 이제 정치인으로서 공직에 오신 분들을 직접 보셨잖아요. 선출직 공무원이 있고, 장관님은 또 직업 공무원으로서 고위직에 오른 분들과도 일하셨죠. 장관님이 보시기에 어떤 경로를 통해 공직에 입직하는지에 따라서 바람직한 리더십 모형을 다르게 적용해야 될까요, 아니면 그런 것과 상관없이 같은 직위에 있다면 같은 직책을 맡고 있다면 공직에 있는 한 동일한 리더십이 적용

돼야 할까요?

아무래도 좀 그 리더십을 만드는 과정이 달라서요. 저는 국회의원 하다가 오시는 장관님들 보면 제가 못 가진 부분들을 많이 가지셨더라고요. 대국민, 대외적인 그런 면에서. 하지만 조직관리 면에서는 저보다는 좀 취약한 부분들이 많이 있고요. 조직관리나 인사 면에서 유엔은 국제사회에서 뭐든 좋다고 알려진 인사 규정 이런 것을 다 갖다 놨거든요. 그래서 제가 유엔에서 조직을 운영해 나간 경험이 장관직을 이렇게 꼼꼼하게 큰 무리 없이 직원들을 이렇게 아울러서 갈 수 있었던 그 기본이 됐던 것 같아요.

저는 외교부에서도 그랬지만 지금도 제가 가진 제일 큰 자산은 직원입니다. 직원들이 능력을 충분히 발휘해 줘야 조직도 생산성이 있고 리더로서 저도 빛나고. 그래서 직원들의 어떤 solidarity(연대의식)를 모으고, 그 직원들에게 '장관이 케어를 한다, 장관이 나의 일과 나의 복지에 관심을 갖고 있다.' 그런 메시지를 주려고 많이 노력을 했어요. 한 사람 한 사람이 유능한 인재인데 그 사람들이 충분히 100%, 직원들이 신이 나면 150%, 200% 능력을 발휘하잖아요. 그래서 그런 걸 만들어 주는 게 조직의 리더라고 생각했고, 지금도 그 점에서는 변함이 없고요. 그런 면에서는 대외지향적인 정치인들은 조금 달랐던 것 같아요.

◇ 다른 질문은, 이제 장관님은 항상 처음이었잖아요. 여러 임무를 수행하실 때 여성으로서. 그래서 양성평등에 관한 것도 이제 인터뷰에서 거의 빠지지 않고 등장하고 했던 것 같습니다. 예를 들어 연합뉴스 인터

뷰[04]를 보면, 장관님이 커리어에서 경험한 가장 큰 장애물로 '고착된 차별(deep-seated discrimination)'을 언급하시면서, "이러한 것들이 지나치게 자기 불신(self-doubt)과 연결이 돼 나의 주의를 분산시키지 않게 하도록 노력하셨다"라고 말씀하셨어요. 그러니까 이러한 영향을 스스로 제어하고자 노력하셨고, 그러한 경험을 통해 학습을 하고 스스로를 발전시키는 그런 계기로 삼으려고 매우 애를 쓰셨다. 저는 이렇게 해석을 했거든요.

네.

◆ 이게 쉬운 일이 아니잖아요. 당장 나한테 불이익이 오고 압력이 들어오고 하는데 나한테 주어진 어떤 권한이나 권력은 제한적일 수밖에 없고. 그러다 보면 제가 좀 좁은 생각일지 모르겠는데 자기 중심적인 사고에 빠지기 쉽다는 생각이 들었어요. 자기에게 엄격하면 그만큼 자기 주변 사람들한테도 동일한 엄격성을 기대하게 되는 그런 행태가 많이 관찰되더라고요. 거기다가 직급이 올라갈수록 더 많은 책임이 부여되고 나를 방어하는 데 그치는 게 아니라 많은 부하, 팔로어를 보호하고 또 그들에게 발전의 기회를 만들어 줘야 하는데, 이 모두가 현명하게 대처하기가 쉽지 않은 일이었을 겁니다. 장관님께서 나름대로 어떤 개발하고 터득한 방법론 같은 게 있었을까요? 나의 성장을 도모하고 나를 보호하면서도, 더불어서 내 주변 특히 부하 동료들과 함께 성장하고

---

04   연합뉴스. "Korea Now" (2019.01.22). https://youtu.be/5a8yiGfrl7s?si=k6PCQzadzMY3d0Nz

조화를 이루는. 나의 문제 때문에 그 영향이 내 주변 사람들한테는 부정적으로 작용하지 않게 하면서도 조화를 이루는 방법을 찾는 것, 참 어려운 일이었을 것 같다는 생각이 듭니다만….

여전히 어렵습니다. 그런데 무엇보다 나의 실수에 대해서는 그러니까 리더가 본인의 실수를 인정하기가 점점 더 싫어지잖아요. 저는 나의 실수는 그냥 빨리 인정하고 "내 실수다" 하고 이렇게 풀어야지만 나를 둘러싼 사람들의 나에 대한 신뢰가 쌓이는 것 같아요. 어떤 리더들은 내 실수를 밑에 넘기는 사람들이 있고 또 어떤 리더는 제가 루이즈 아버(Louise Arbour) 유엔인권고등판무관한테 배운 것 중에 직원들의 실수를 내가 안고 가겠다는 것. 작은 실수 너무 실수를 자주 하면 안 되겠지만 잘하던 직원이 한 번의 실수를 하고 그 사람을 제재하겠다, 이건 아니다라는 게 제가 루이즈한테 배운 겁니다. 그래서 그런 뭐가 잘못됐을 때, 실수가 일어났을 때 내가 한 것은 분명히 인정하고 직원이 한 것에 대해서는 내가 안아야 될 부분들이 있는 것 같아요. 그렇게 하는 게 저는 조직의 장으로서는 신뢰의 문화를 만들어 나가려는 생각인 겁니다.

막 지적하신 그 부분이 장관 때도 사실 '외교부 패싱(passing: 배제)'이라는 단어로 집약됩니다. 제가 그때는 절대로 없다, 외교부 패싱이 있다고 장관이 인정하는 순간 직원들 사기가 떨어지겠죠. 그래서 저는 "없다. 외교부 패싱 없고 외교부가 할 일을 하고 있다." 이런 걸로 대응했는데 사실은 좀 있었어요. 남성 위주의 우리 정치 문화가 기본적으로 그렇고, 그리고 국가안전보장회의(NSC)의 저를 둘러싼 남성 동료들은 어떤 면에서는 여자 동료와 함께한다는 게 익숙하지 않은 분들이세요. 또 보수 언론도 끝까지 저를 장관으로 인정하기를 거부하는 게 느껴지더라고요. 그래서 제가 개인적으로는 그걸 많이 느꼈지만 우리 직원들이 그 틀에 갇히는 순간 이거 완전히 외교부 사기 저하죠. 그래서 대외적으로는 절대로 없다 끝까지 그렇게 갔어요. 직원들을 보호하기 위해서. 그리고 차관이라든가 보좌관이라든가 이런 사람과 의논을 하면서 그런 패싱의 틀에 저를 가둬 놓고 싶어 하는 그런 부분에 대응을 해 나가죠. 그래서 리더는 어떻게 보면 올라가면 올라갈수록 본인의 불편한 속내를 잘 다스려야 되고 때로는 꼭꼭 숨겨야 된다고 생각합니다.

◇ 제가 준비한 이어지는 질문에 이미 답을 해 주셨어요. 장관님이 (과거 인터뷰[05]에서) 리더십을 어떻게 정의하냐는 질문에 대해 리더십에는 "serve me(나를 위해 일하라), follow me(나를 따르라), work with me(나와 함께 일하자)" 세 가지가 있는데 장관님은 "work with me"에 해당된다라고 말씀하셨습니다. 방금 말씀하신 외교부 직원들로부터 신뢰를 얻기 위한, 리더로서 인정받기 위해서 하신 노력들이 어떤 거였는지 방금 말씀으로 잘 설명이 되는 것 같습니다.

네.

◇ 제가 리더십 수업에서 학생들한테 주는 과제 중에, 여러분이 생각할 때 여러분 앞으로의 커리어에 모범이 될 만한 리더(exemplary leader)라고

---

05 연합뉴스. "Korea Now" (2019.01.22). https://youtu.be/5a8yiGfrI7s?si=k6PCQzadzMY3d0Nz

생각하는 인물을 선택해서 그 사람의 리더십을 분석해, 그 리더십의 어떤 원칙이나 장점들이 나의 리더십에 적용될 수 있을지 틀(framework)을 만들어 보라는 게 있습니다. 과거 인터뷰에서 장관님 리더십의 롤 모델로 이연숙 장관, 김대중 대통령, 그리고 오늘 여러 번 말씀하셨던 루이즈 아버 이분들을 언급하셨던 것 같아요. 이분들의 리더십 속성을 제가 나름대로 식별을 해 봤더니 인재를 식별하고 키우는 능력, 지혜로움, 소통의 챔피언, 예리한 분석력, 상황에 대한 통찰력 이런 것들을 주로 갖추고 계신 분들이더라고요. 장관님이 생각하셨을 때, 공공 부문에서 오래 일하시면서 성공적인 커리어를 만들어 오신 분으로서 공공 부문 리더의 필수적인 리더십 역량으로 더 꼽을 만한 게 있을지 혹은 그중에서도 핵심은 이건 것 같다라고 말씀해 주실 게 있을까요?

제가 최근에 소설 『목민심서』를 읽었어요. 오래된 소설이지만 우연한 기회에 출국 직전에 그 소설 쓰신 황인경 씨를 만났더니 다섯 권을 보내주셨어요. 그래서 여기 와서 다 읽었는데 역사 소설로도 너무 좋은 책이고 거기서 드러나는 정약용이라는 인물이 정말 미래에서 온 사람 같았어요. 어떻게 그 시대에 그런 사람이 있었을까 하는데 그 기본은 사람에 대한 사랑인 것 같아요, 사랑. 그때는 너무나도 철저한 계급 사회이고 계급의 꼭대기에 있는 지배층은 국민들이 어떻게 고통을 받고 있는지에 대한 아무런 감각 없이 그냥 본인들의 특혜만 누리기 위해서 나라를 완전히 쥐어짜고 있었는데, 그런 사람들 가운데 어떻게 이런 형제가 나왔는지, 그 집안이 다 그래요. 부친이 그랬으니까 그랬겠지만. 그 생각을 하면서 오늘날에도 변함없는 것은 사랑인 것 같아요, 사람에 대한 사랑, 사람에 대한 존중, 사랑 그게 없으면 공직자로서는 뭔가 크게 알맹이가 빠졌다는 생각을 하게 됩니다.

◇ 저는 좋은 리더와 유능한 매니저의 결정적인 차이는 integrity(여러 윤리적 기준이 균형을 이룬 강직함)라고 생각하거든요. 장관님도 인터뷰에서 보면 이런 말씀을 하셨어요. "Your own sense of what is right(무엇이 옳은지에 대한 본인의 주관),[06]" 이것이 굉장히 중요하다 그러면서 자신만의 도덕적 닻(moral anchor)이 있어야 된다고 말씀하셨거든요. 저는 제 수업에서는 윤리적 나침반이라는 말을 사용하긴 합니다만, 윤리적 판단의 기반이 되는 어떤 핵심 가치가 있어야 한다는 생각이 들어요. 방금 말씀하신 인류애, 사람에 대한 존중 이런 것들이 장관님의 윤리적 리더십의 가장 기초가 될까요?

이거는 어떻게 보면 심성인 것 같고요. 그리고 integrity(윤리적 강직함)는 결국은 이 판단인데요. 어느 순간에 좀 껄끄럽고 관계에 어려움이 오더라도 이거는 아니다 해서 판을 깰 수도 있고 대화를 중단할 수도 있고 어려운 얘기를 할 수 있는데 그 순간에 나타나는 게 강직함인 것 같아요. 그러니까 우리는 소신이라고 하지만 소신은 다 누구나 다 갖고 있죠. 그런데 그 소신을 고집을 할 때와 접어 둘 때에 대한 판단력이 더해져야 될 것 같아요. 그래서 그 판단에 따라서 저한테는 엄청 중요한 사람이지만 너무 말도 안 되는 걸 요구했을 때는 순간적으로 판단해야죠. 그래서 우

06　연합뉴스. "Korea Now" (2019.01.22). https://youtu.be/5a8yiGfrI7s?si=k6PCQzadzMY3d0Nz

리 직원들이 깜짝깜짝 놀란 경우가 있어요. 그런 게 유엔에서도 몇 번 있었고요. 그런데 직원들도 그러고 나서는 사실은 굉장히 자랑스러워해요. 그래서 대놓고 얘기 못 할 그런 에피소드가 좀 있었는데 결국은 그게 우리 국격도 지키고 직원들한테도 좀 신나는 그런 일이 아니었나 싶어요.

◇ 매우 흥미롭습니다. 그런데 상대적으로 장관님께서 장관직에 오시기 전에 유엔에서 일을 하실 때는 어떤 그런 결단 이런 것보다, 인터뷰에서도 그런 말씀 많이 하셨던 것 같은데, 중재자, 촉진자 이런 역할을 아무래도 많이 하셨을 거 아니겠습니까? 장관님이 보시기에 어떤 조직, 어떤 역할이 더 장관님한테 맞다고 해야 될까요? 장관님 스스로 판단하시기에 나는 이 일을 더 잘하고 즐길 수 있었다라는 건 어느 쪽에 더 가까웠을까요?

즐거움은 내 나라를 위해 일해서 성과를 올리는 게 훨씬 더 즐거웠죠. 그리고 조직의 생산성, 효율성으로 봤을 때 유엔과 외교부는 비교가 안 됩니다. 유엔은 다양한 국적의 사람들이 다양한 문화적 코드를 갖고 와서 만들어 내고, 그리고 금요일 오후 다섯 시면 모든 게 멈춰요. 그래서 유엔 고위직들은 굉장히 고생해요. 왜냐하면 우리가 (외교부) 직원들한테 기대할 수 있는 것을 기대 못 하거든요. 지금 우리도 뭐 그런 문화로 바뀌고 있지만 그래도 제가 장관 때는 저는 물론이고 제 주변의 간부들은 일주일 내내 가동하고 뭘 주문을 하면 딱딱딱 나와요. 답도 나오고 페이퍼도 나오고 즉각 즉각 나오는데 유엔에서는 그게 훨씬 더 한 세 배, 네 배, 다섯 배 시간이 걸려요. 그러면서 조직이 저의 의지에 훨씬 더 부응한다는 걸 느꼈어요. 외교부 장관직을 잘할 수 있었던 게 유엔처럼 엄청난 인내심과 내 스스로의 노력이 많이 드는 그런 조직에서 일을 했기 때문에 (외교부에 와서) 신나게 일을 할 수 있었던 게 아닌가 싶습니다.

◇ 아시아소사이어티(Asia Society)에 취임하신 다음 올해 5월에 인터뷰를 하셨더라고요.[07] 인터뷰하시는 분께서 유엔(UN) 시스템(의 효율성)에 대한 회의적인 시각에 대해 장관님의 의견을 물으셨던 것 같아요. 이에 대해 장관님께서 답변하시길, "Let the international civil servants do their work. Please minimize the political influence(국제기구의 관료가 그들의 일을 하게 두라. (그들에 대한) 정치적 영향력의 행사는 최소화해야 한다)." 라고 답을 하셨어요. 이것은 굉장히 관료제의 전문성을 존중하는 고전적인 논리거든요. 따라서 여기에는 고전적인 질문이 따라올 수밖에 없는데, 이렇게 관료제에 대한 신뢰와 확신을 갖고 계시다면 동시에 이들에 대한 통제의 문제, 이들의 책무성(accountability)을 어떻게 확보해야 하느냐는 이슈가 등장할 텐데 이 두 가지(전문성과 책무성)를 어떻게 조화를 이루실까? 비슷한 논리가 외교부 관료들한테도 적용이 되잖아요. 관료의 전문성과 효율성을 인정하지만 동시에 그들에 대한 통제도 필요한 거잖아요. 외부적인 통제 이런 것들을 어떻게 조화를 이루는 것이 바람직하다고 보시는지 좀 궁금해졌습니다.

---

[07] Asis Society. "A conversation with Asia Socieity President Dr. Kyung-wha Kang on Leadeship and Global Governance" (2024. 5. 2.). https://youtu.be/7jZlrH_CiGo?si=R7dFnicPdVZNf0jz

기본적으로 사람에 대한 사랑으로 역시 가야 되고요. 유엔에 얼마나 다양한 종류의 사람이 모이나요. 사기가 떨어진 직원들도 있지만 기본적으로 다 국제사회의 대의에 기여하겠다고 들어온 사람들이잖아요. 그건 인정을 해 줘야 해요. 제가 고등판무관실 시절에 한 직원이 엄청난 인권운동가, 어디 가든 환영을 받는 직원이어서 이 사람을 중간관리직에 앉혀 놨는데, 역할을 제대로 못 하는 거예요. 이 직원의 역량을 높이기 위해 엄청나게 노력했는데 결국은 하나도 바뀌지 않았어요. 유엔이라는 곳이 각 나라에서 국민들이 어렵게 낸 세금을 가지고 운영되는데 우리 국민이 낸 세금을 가지고 이렇게 능력 발휘가 안 되는 직원을 계속 이 자리에 둘 수가 없겠더라고요. 그래서 절차대로 조치를 했는데 그 조치 때문에 고생을 엄청나게 했어요. 그 과정이 참 괴롭더라고요. 다른 편법도 있었지만 저는 그게 안 되더라고요. 그래서 끝까지 어려운 과정이었지만 어떻게 보면 유엔에서는 참 좀 예외적인 케이스였다는 생각이 들어요. 다른 부서에서도 "너 그걸 어떻게 감당을 했니?" 그런데 그러고 나니까 직원들의 경각심이 생기는 거죠. '이 부고등판무관 밑에서는 일을 제대로 해야 되는구나' 하는. 그래서 책무성의 관리는 정부 차원에서, 정부 회원국 차원에서 하는 그런 어떤 장치도 있지만 제대로 된 리더를 두면 또 리더가 그 조직을 잘 관리합니다.

◇ 예. 감사합니다. 제가 이제 준비한 질문이 두 개 남았거든요.

하다 보니 재밌네요.

◇ 제가 장관님이 겪으신 여러 가지 크고 작은 사건들에 대응하신 것들을 쭉 살펴봤습니다만, 다른 인터뷰[08]에서도 말씀하셨던 것 중에 하나가 헝가리 부다페스트 선박 사고[09]있지 않습니까? 이 사고에 대한 대응을 소개하면서 그때 다른 사람들은 장관이 나서서 할 일이냐라는 의문을 제기했는데 "나는 가야 된다고 생각했다, 직접 가서 문제를 해결해야 된다고 생각했다" 이렇게 말씀하셨어요. 저는 그 대응 과정을 보면서 당시 문재인 정부가 추구하는 가치가 잘 발현된 사례라고 생각을 했거든요.

맞습니다.

◇ 동시에 또 하나 드는 생각은 그렇게 함으로써 오히려 실무자, 특히 외무부 관료들은 (장관이 나섬으로써) 자기 역할이 위축될 수도 있는 상황으로 받아들일 수도 있고요. 궁금한 점은 장관님께서는 이게 장관의 일인지 아닌지를 어떤 기준으로 판단하셨을까요?

영사 업무, 그러니까 해외 국민 보호는 외교부가 주무 부처예요. 그런데 해외에서 일어난 사건 사고는 우리 스스로 해결을 못 하고 주권을 가진 그 나라 정부가 해야 합니다. 그 해결을 잘하도록 외교력을 행사하

---

08 Asis Society. "A conversation with Asia Socieity President Dr. Kyung-wha Kang on Leadeship and Global Governance" (2024. 5. 2.자). https://youtu.be/7iZlrH_CiGo?si=R7dFnicPdVZNf0iz

09 2019년 5월 29일, 한국인 승객 33명을 태운 현지 유람선이 다뉴브 강에서 크루즈 선박과 충돌해 침몰한 사고. 한국인 25명을 포함 총 27명이 사망하고, 한국인 1명이 실종됨.

는 건 외교부인데, 영사 업무라는 게 외교부 내에서는 주류가 아니었고, 영사 업무를 하는 직원들이 사기가 떨어진 그런 상황이었어요. 그래서 일단은 제가 영사 업무에 힘을 좀 실어 줘야 되겠다는 게 처음부터 생각이었고요. 그래서 영사 국민 콜센터 조직도 많이 늘렸고 대사도 관심을 가져야 하며, 조직적으로 그걸 강화시켜야 된다는 생각이 있었어요.

이 부다페스트 사고에 제가 나섰다고 해서 우리 영사 업무를 하는 직원들이 "내 일인데 왜 장관이?" 이건 전혀 아니었어요. 오히려 장관이 관심을 갖고 직접 오겠다 그러니까 엄청 환영을 하죠. 또한 이 선박 사고는 우리 국민의 트라우마 차원에서 봐야 된다는 생각이 들더라고요. 그래서 직접 가서 헝가리의 외교 장관, 내무 장관, 그리고 조사하는 경찰에 "이게 우리한테 얼마나 중요한지, 이게 제대로 처리가 돼야 한국과 헝가리 관계에도 좋은 영향을 줄 것이다." 이런 것들을 강조했죠. 그래서 헝가리 쪽에서도 철저하게 조사했고 조사가 끝난 다음에 헝가리뿐만 아니라 다뉴브 강 주변 모든 나라에 가서 호소했어요. 수색을 좀 해달라 그래서 한 분 빼놓고 다 수습했어요.

◇ 당시로서는 굉장히 예외적이었어요.

제가 장관으로서 스스로도 자랑스럽게 얘기할 수 있는 게 영사 분야를 키웠고, 코로나 때 우리 국민들 다 모셔왔고….

◇ 예, 다 연결이 돼 있는 것 같습니다. 사람에 대한 존중이라는 가치로 이 모든 활동이 다 연결이 돼 있는 것 같고요. 마지막으로, 장관님 커리어

에서 양성평등을 포함해 다양성에 관련된 것을 빼놓고는 설명이 안 될 것 같아요. 재작년에 국제노동기구(ILO) 사무총장에 지원하셨었는데, 왜 지원하셨지 궁금해서 찾아보니, 한 인터뷰[10]에서 '노동권도 인권의 일부'라고 말씀하셨더군요. 기존에 장관님께서 하셨던 일들은 큰 틀에서는 인권을 위한 일이었고 그 일부로서 노동권이 얼마나 중요한 위치를 차지하고 있는지를 설명하셨습니다. 그 인터뷰에서 인간에 대한 존중, 헌신 이런 것들을 굉장히 강조하셨어요. 그래서 장관님께서는 아마도 제가 생각할 때 다양성도 어떤 인권의 주요한 구성 요소로 인식하고 계실 것 같습니다.

그럼요.

◇ 우리나라 공공 부문에서 다양성이 보편적 권리와 가치로 자리 잡도록 하기 위해 공공조직의 리더들에게 어떤 점을 강조해야 할까요?

그러니까 리더라는 사람들은 본보기를 보여 주는 사람들이잖아요. 다양성에 대한 인식이 일단 머릿속에 있어야 되고 그 다양성에 대한 존중은 자기가 권한을 행사하는 의사결정 과정에 다양성이 발휘돼야 한다고 생각해요. 문재인 정부 때는 정말 그런 의식이 있었고 예컨대 문 대통령께서는 초기 내각을 30% 여성으로 채우셨잖아요. 여성들이 전통적으로 하는 여가부뿐만 아니라 굵직굵직한 부처에서 여성도 할 수 있다 하는 그런

---

[10] 시사인, "ILO 사무총장에 도전하는 이유" (2021. 11. 17. 자).https://www.sisain.co.kr/news/articleView.html?idxno=46027

것을 보여 주셨고. 그래서 그렇게 여성 장관들이 두세 명 순방을 수행해서 나가면 다른 아시아 나라들에서 굉장히 궁금해하고 부러워했어요. 한국에서는 여성들을 어떻게 교육을 시켰길래 이렇게 여성들이 이런 걸 하느냐 하는 게 참 신이 났었어요. 그럼에도 불구하고 한국의 성평등 지수는 지금 경제협력개발기구(OECD) 최하위거든요. 아직 갈 길이 멀었어요. 성평등만이 아니라 아직은 우리가 외국에서 온 사람들이 5%, 10%가 안 될 텐데 그분들에 대해서도 일단 인식이 있어야 되고, 그 인식을 실질적으로 보여 주는 모범이 있어야 돼요. 행동과 언어로.

◇ 제가 준비한 질문은 이제 다 드린 것 같습니다. 그래서 지금 시간도 한 10분 정도 남은 것 같은데요. 다른 분들한테 제가 기회를 드릴게요.

IV. 나오며

이어지는 글은 함께 대담에 참여한 은재호 한국행정연구원 선임연구위원과의 마무리 대담 내용이다.

◇ 정말 많은 분을 저도 인터뷰를 해 봤는데 리더십이라는 주제에 대해서는 고민하는 분들이 그렇게 많지 않았어요. 그러니까 업무 성과라든지 조직관리라든지 인사라든지 이런 것은 다 고민하시는데 그 모든 주제를 아울러서 리더란 누구인가 리더십이란 무엇인가 이런 질문에 대해서는 정작 고민들을 많이 안 하시는데 장관님께서는 그걸 고민을 하신

것 같더라고요. 그래서 하나 여쭤 보고 싶은데요. 이런 말씀을 하셨거든요. "밀어붙이는 건 내 스타일이 아니죠"라는 말을 서두에 하셨어요. 그러면 어떤 게 장관님의 스타일이십니까? 어쩌면 김 교수님께서 잠깐 언급하셨던 중재자(mediator)나 촉진자(facilitator)로서의 역할을 더 중시하시는지? 아니면 협상자(negotiator)의 역할도 많이 하실 것 같아요. 외교는 계속해서 협상의 연속인데 이것과 장관님의 리더십은 어떤 연관이 있을지도 궁금합니다. 어떤 게 장관님의 스타일입니까?

셋 다 맞는 얘기인 것 같고요. 어떨 때는 양쪽에 경중이 같은 입장에서 중재해야 될 때가 있고, 어떨 때는 소통이 안 돼서 소통을 촉진해야 될 때가 있고, 그리고 어떨 때는 나랑 생각이 다른 사람과 협상을 해야 될 때가 있고, 그런 상황들이 다 있죠. 그런데 리더는 이런 것도 다 일상적인 업무로 해야 되겠지만 리더라는 사람은 (결국) 사람들을 리드하는 거잖아요. 내 직원들이 자랑스러워하는 리더가 돼야 될 거예요. 내 직원들이 '우리 장관님 참 잘하고 계시네.' 그래서 직원이 자랑스러워하는 리더. 그렇게 되면 결정적인 순간에는 이렇게 과감하게 나설 수도 있는 그런 (모습이 필요하죠). 주한미국대사를 했던 해리 해리스(Harry Harris, Jr.)가 저에 대해서 나중에 평한 게 있더라고요. 평소에는 굉장히 나이스하고 부드럽지만 어느 순간에는 날카로운 송곳 같다고요. 그게 저의 모습이었던 것 같습니다.

◇ 장관으로 계시면서 국내 정치인이나 국내 외교 관료로서 성장했던 분들의 외교 스타일과 유엔에서 성장하신 장관님의 외교 스타일이 분명히 달랐던 것 같아요.

그렇습니다.

◇ 좀 더 범위를 넓혀서 한국 리더들이 해외 경험이 없기 때문에 혹은 그들이 가지고 있는 시각(perspective)의 제한 때문에 혹은 상대적인 관점을 취할 수 없기 때문에 이렇게 좀 리더십 패턴에서도 다르게 나타난다 이런 걸 느끼신 적이 있었을까요?

저기 이 (폭넓은) 퍼스펙티브(perspective)가 부족한 게 아닌가 싶었습니다. 저는 유엔에서 10년을 있어 보니까 한국이 대단한 나라예요. 전쟁의 잿더미 속에서 경제 발전과 민주화를 이룬 유일한 나라일 거예요. 최근에는 K-pop이래서 국제사회에서 보기엔 한국이 대단한 나라잖아요. 저는 그런 한국의 모습을 밖에서 봤는데 한국에 막상 들어와서 우리 외교 행태를 보니까 과거에 머물러 있어요 우리가. 4강에 둘러싸인, 말하자면 종속 변수로서의 외교를 계속하고 있어요. 지금도 좀 그렇고요. 우리가 물론 강대국들 관리 잘해야 되죠. 그렇지만 이제 '우리가 종속 변수만은 아니다. 우리도 스스로 독립변수로서의 능력도 있고 목소리도 낼 수 있어야 된다' 하는 생각을 가지고 저는 장관직을 했습니다. 그렇기 때문에 좀 다르겠죠. 사람이 어쩔 수 없이 자기가 커 온 환경에서의 퍼스펙티브가 조성이 되니까, 그 사람은 그런 인식으로 행동을 하니까 그럴 수밖에 없겠지만 저는 그걸 좀 벗어나고 싶었습니다.

제 2 부
강경화 전 장관의 리더십 분석

Ⅰ. 공공리더십 진단 결과 분석

[그림 1] 부문별 리더십 진단 종합

문항	점수
1. 윤리성	4.625
2. 신뢰	4.889
3. 공익 추구	4.75
4. 변화관리	4.8
5. 갈등 조정	5
6. 방향 제시	5
7. 소통	5
8. 전문성	5

1. Raise(윤리성, 신뢰)

Raise 리더십은 대외적인 윤리성과 신뢰성 향상을 위해 노력하는 리더십을 의미한다.

[그림 2] 윤리성 부문 리더십 진단

문항	점수
1. 나는 윤리의 중요성을 인식하고 있다	5
2. 나는 윤리적 판단 기준을 명확히 이해하고 있다	4
3. 나는 업무 수행이나 의사결정 시 규정과 절차 등 윤리적 기준을 적용한다	5
4. 나는 구성원들에게 비윤리적 행동을 하지 않도록 지도한다	5
5. 나는 준법에 관한 강력한 의지를 구성원들에게 보여 준다	5
6. 나는 업무 수행 시 법규와 조직 내부 기준 및 절차를 준수한다	5
7. 나는 법률과 규칙에 위반해 업무를 수행하는 구성원이 없는지 수시로 점검한다	4
8. 나는 업무 이해관계자에게 부정부패 방지를 위한 방침을 적극적으로 알린다	4
평균	4.625

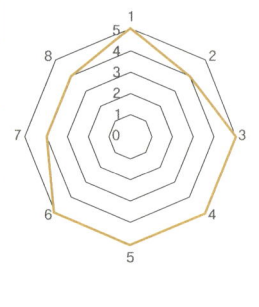

 윤리성은 정책 및 예산 수립과 시행 과정에서 청렴성과 정직성을 발휘하는 수준을 의미하며, 윤리의 중요성 인지, 윤리적 기준 및 절차 적용, 준법 정신 등의 총 8문항(5점 척도)으로 스파이더 웹(spider web)이 구성돼 있다. 강 장관의 윤리성(8문항) 평균 점수는 $4.63(\sigma=0.48)$이다. 그리고 총 8문항 중, 강 장관은 3문항(윤리적 판단 기준, 법률·규칙 위반 여부 점검, 부정부패 방지 방침 권고)을 4점으로, 나머지 문항은 모두 5점으로 응답했다.
 첫째, 강경화 전 외교부 장관(이하 강 장관)은 본인의 실천적 행동에 빗대어 윤리적 기준을 판단한다. 강 장관은 유년 시절부터 자신의 실제 했던 행동과 당위론을 비교해 보며, 자신만의 윤리적 판단 기준을 명확하게

쌓아 온 것으로 보인다. 하지만 공직사회는 여타 조직과 달리 위계질서가 확실하며, 강 장관은 상부 조직·국민의 시각 등을 고려할 수밖에 없었고, 이 과정에서 윤리적 딜레마를 경험했다. 대표적으로 외교부 직원 징계 결정 과정에서 자신의 기준에 따른 징계 수위와 사회적 잣대에 따른 징계 수위 사이에서 차이가 나타났고, 사회적 잣대를 기준으로 징계 수위를 결정할 수밖에 없었다.

위 사례를 바탕으로, 강 장관의 윤리적 판단 기준을 명확하지 않은 것으로 바라봐서는 안 된다. 오히려 강 장관은 자신의 윤리적 관점을 항상 고수하지 않고 상·하부 조직 구성원들의 윤리적 판단 기준을 생각해 보고, 외교부가 지닌 윤리적 정당성을 확보하려는 등 윤리성에 관해 상당히 신중하게 접근했다. 해당 주장에 관한 근거로, 첫째. 윤리적 판단 기준을 주관적이라고 인지한다. 외교부의 견해가 총리실·청와대와 다를 경우, 강 장관은 총리실·청와대의 판단을 이해하고자 노력했다. 강 장관은 본인이 모든 판단 기준을 이해하고 있다고 가정하는 태도를 경계하는 신중성을 지니고 있다. 그렇기에 "나는 윤리적 판단 기준을 명확히 이해하고 있다." 문항을 5점이 아닌 4점을 부여한 것으로 보인다.

둘째, 윤리적 정당성·객관성 확보를 중요시했다. 강 장관은 윤리적 판단 기준을 주관적으로 해석하는 것에 대한 위험성을 경계하는 가운데 윤리적 딜레마를 관리하기 위해 전문성과 공정성을 담보한 전문관료(감사원)를 활용하고자 했다. 강 장관은 문제의 경중을 판단할 기준이 명확하지 않을 경우, 윤리적 딜레마에 빠질 가능성이 높으며, 그로 인해 윤리적이지 않은 선택을 할 가능성이 존재한다고 인지한다. 강 장관은 감사원으로부터 파견받은 감사전문가에게 독립성을 부여하고 외교부 내 비위·고

발 사건을 관리·감독하게 함으로써, 외교부가 깨끗하고 윤리적인 조직으로 거듭나도록 노력했다. 강 장관은 자신이 주도적으로 외교부 구성원을 감시·통제하고 부정부패 방지 방침을 적극적으로 알리는 것보다 전문성과 객관성을 지닌 감사전문가가 윤리적 사안을 담당하는 것을 상대적으로 더 합리적인 선택으로 간주했다고 볼 수 있다. 그렇기에, "나는 법률과 규칙에 위반해 업무를 수행하는 구성원이 없는지 수시로 점검한다" 문항과 "나는 업무 이해관계자에게 부정부패 방지를 위한 방침을 적극적으로 알린다" 문항을 5점이 아닌 4점을 부여한 것으로 보인다.

신뢰는 대내·외적으로 공표된 내용에 대해 자의적인 해석이나 변경을 하지 않고 공식적인 메시지와 행동을 제시하는 것을 의미하며, 공정성·일

[그림 3] 신뢰 부문 리더십 진단

문항	점수
1. 나는 구성원들을 공정하게 대한다	5
2. 나는 대내외적인 관계 형성 시 편견을 배제하려고 노력한다	5
3. 나는 의사결정을 위한 과정 및 절차를 일관되게 적용한다	5
4. 나는 의사결정 과정 및 절차에서 객관성을 가지고 판단한다	5
5. 나는 성별, 지연, 학연, 교육 수준 상관없이 공정하게 평가한다	4
6. 나는 신뢰할 수 있다	5
7. 나는 구성원들을 속이지 않는다	5
8. 부하 직원들은 내가 제시한 공식적인 메시지를 믿고 따른다	5
9. 나는 내가 제시한 공식적인 메시지와 행동의 결과에 책임을 다한다	5
평균	4.889

관된 절차 적용, 객관적인 판단 등 총 9문항(5점 척도)의 스파이더 웹으로 구성돼 있다. 강 장관의 신뢰(9문항) 평균 점수는 4.89(σ= 0.31)다. 그리고 총 9문항 중 강 장관은 1문항(공정한 평가)을 4점으로, 나머지 문항은 모두 5점으로 응답했다.

강 장관이 4점으로 응답한 문항은 "나는 성별, 지연, 학연, 교우 수준 상관없이 공정하게 평가한다"다. 이 문항과 관련해, 강 장관은 인터뷰에서 본인이 행한 모든 인사가 온정적 요인의 영향을 전혀 받지 않았다고 자신할 수 없다는 의견을 피력한 바 있다. 따라서 강 장관은 이 문항에 대해 매우 엄격한 해석을 적용하고 있으며, 객관적이고 솔직하게 응답했다는 점을 확인할 수 있다.

이와 더불어, 신뢰 부문에서 주목해야 할 부분은 공공리더십 ROLE 모델이 상정한 신뢰의 의미와 강 장관의 신뢰 관점 간의 비교다. 강 장관이 추구하는 신뢰는 임명권자(대통령)를 향한 충성심, 다시 말해 대통령의 정책 기조를 이해하고 이를 이행함으로써 국가적 목적 달성에 이바지하려는 의지 또는 동기라고 할 수 있다. 일례로 대통령은 강 장관에게 남성·학연 위주의 폐쇄적이고 엘리트 지향적인 조직문화를 개선하라고 지시했다. 이에 강 장관은 외교부의 기존 조직문화를 "개방적인 외교부, 모두가 보람을 갖고 일하는 외교부, 국민과 소통하는 외교부"로 변화시키려 했다. 이처럼 강 장관은 임명권자가 자신을 신뢰하는 만큼, 자신 또한 임명권자에 신뢰를 주려고 하는, 즉 신뢰 관계를 쌍방향적인 관점으로 바라보고 있다. 또한, 공식적으로 공표된 내용을 자의적으로 해석·변경하지 않고 이를 이행하려는 모습은 공공리더십 ROLE 모델에서 정의한 신뢰와 유사하다.

그렇다면 강 장관은 위를 향한 신뢰만을 중요시했을까? 아니다. 강 장관은 조직문화 개선 과정에서 외교부 내부 구성원과도 신뢰를 형성하고자 노력했다. 하지만 기존 조직문화에 적응된 구성원들은 조직문화 개선에 상당한 저항이 있었고, 강 장관은 이 저항이 가장 어려웠다고 평가한다. 어려움에도 불구하고, 강 장관은 조직문화, 외교 업무 등에서 외교부 구성원들에게 장관으로서 신뢰를 전하고자 노력했다. 일례로, '외교부 패싱(passing)'으로 문제가 불거졌을 때, 강 장관은 "외교부 패싱은 없고, 현재 외교부는 우리가 해야 할 일을 하고 있다"라는 메시지를 대내·외적으로 전달하면서, 외교부 구성원들이 자신을 믿고 따를 수 있도록 했다. 이러한 대목에서, 5점으로 응답한 "부하 직원들은 내가 제시한 공식적인 메시지를 믿고 따른다," "나는 내가 제시한 공식적인 메시지와 행동의 결과에 책임을 다한다"라는 문항을 이해할 수 있다. 결론적으로 강 장관은 위를 향한 신뢰뿐 아니라 아래를 향한 신뢰 모두 중요시했으며, 이를 실천적인 행동으로 보여 주고자 끊임없이 노력했다.

2. Outstanding(공익 추구, 변화관리)

Outstanding 리더십은 공익 추구와 변화관리가 현저하게 돋보이는 리더십을 의미한다.

공익 추구는 국민과 사회의 이익과 발전을 위한 다양한 행정서비스를 기획하고 실행할 수 있는 의지를 의미하며, 국민과 사회에 관한 관심·행정서비스 제공 노력 및 점검 등의 총 4문항(5점 척도)으로 구성돼 있다. 강 장관의 공익 추구(4문항) 평균 점수는 4.75(σ= 0.43)다. 강 장관은 3문항에

[그림 4] 공익 추구 부문 리더십 진단

문항	점수
1. 나는 국민과 사회의 이익과 발전에 깊은 관심이 있다	5
2. 나는 행정서비스를 기획할 때 국민과 사회의 이익을 가장 우선시하고 있다	5
3. 나는 국민과 사회의 이익이 되는 행정서비스를 제공하기 위해 노력한다	5
4. 나는 실행된 행정서비스가 국민과 사회의 이익이 되는지 정기적으로 점검하고 개선한다	4
평균	4.75

5점을 부여했으나, "나는 실행된 행정서비스가 국민과 사회의 이익이 되는지 정기적으로 점검하고 개선한다" 문항은 4점으로 응답했다. 위 문항은 정치적 책무성(accountability)과 관련이 있다. 국제협력·외교 분야는 공익 실현을 측정·평가하기 어려울 뿐만 아니라 외교부의 판단과 결정은 국민 개개인의 삶에, 때로는 국가 전체에 심대한 영향을 끼칠 수 있다. 그러므로 외교부 장관은 책무성을 섬세하게 관리해야 한다. 따라서 외교부 장관은 공익을 위협하는 요소를 극복하고자 적극적으로 행동해야 하며, 부서·개인의 업무를 주기적으로 점검하고 평가할 필요가 있다. 하지만 강 장관은 다른 문항과 달리 해당 문항에 4점으로 응답했는데, 이 응답을 해석하기 위한 실마리를 인터뷰에서 찾아볼 수 있다.

인터뷰 과정에서, 강 장관은 "자신이 가지지 못한 부분을 솔직하게 이야기하고, 전문 분야의 직원들한테서 열심히 듣고 배웠으며, 이들에게 기회를 지속해서 부여했다"라고 언급했다. 즉, 강 장관은 자신이 지닌 전문성을 발휘할 수 있는 분야와 그렇지 않은 분야를 명확히 알고 있으며, 이를 솔직하게 밝히는 태도를 지니고 있다. 또한, 장관이 모든 부문에 일일이 개입해 관리하는 마이크로 매니지먼트(micro-management)보다는 권한과 임무를 위임함으로써 직원들이 자율성을 가지고 스스로의 전문 역량을 발휘하고 공익을 창출에 기여할 수 있다는 믿음을 갖고 있다고 볼 수 있다. 전문관료에 대한 높은 신뢰는 외교부 장관 재임 이전인 유엔(UN) 근무 경험을 통해 형성된 것으로 보이며 아시아소사이어티(Asia Society) 인터뷰에서 잘 나타나 있다. 강 장관은 UN 조직에 대한 비판적 시각에 대한 의견에 관한 질문에 대해 "국제기구의 관료가 그들의 일을 하게 두라. (그들에 대한) 정치적 영향력의 행사는 최소화해야 한다"라고 답하며, 전문관료에게 자율성을 부여할 때 조직의 미션 달성이 더 원활해질 것이라는 소신을 밝히고 있다.

하지만 강 장관은 저(低)성과자 또는 저(低)역량 보유자에게는 엄격한 관리자로서의 모습을 보여 준다. UN 근무 시절, 강 장관은 자신의 부서에서 근무하는 관리자가 내외부의 높은 기대에도 불구하고 직위에 부합하는 역량을 발휘하지 못하자 주변의 우려 속에서도 원칙과 절차에 따라 대응했다. 강 장관은 UN이란 조직은 세계 각국의 국민이 어렵게 낸 세금을 가지고 운영되는 조직이자 공익을 실현해야 하는 조직이어야 한다는 소신이 잘 드러난 사례로 볼 수 있다. 이러한 원칙의 준수는 직원들에게 경각심을 주고 조직 전체의 책무성이 높아지는 계기가 됐다.

[그림 5] 변화관리 부문 리더십 진단

문항	점수
1. 나는 평소 직무 분야에 대해 늘 새로운 것을 학습하고 우리 조직의 행정서비스에 연계, 적용한다	4
2. 나는 이해관계자와 갈등이 발생할 상황을 예측한다	4
3. 나는 변화하는 주변 환경을 지속적으로 파악하기 위해 정보를 수집한다	4
4. 나는 내 분야 외의 다양한 영역에 대해서도 예의주시한다	4
5. 나는 정보를 수집하기 위해 접근 가능한 다양한 방법을 활용한다	4
6. 나는 구성원들이 환경 변화를 받아들일 수 있도록 적극적으로 설명한다	4
7. 나는 다양한 채널과 방식으로 조직이 추구하는 정책 방향을 전달한다	4
평균	4

변화관리는 개인 및 조직이 변화 상황에 적절하게 적용 및 대응해 변화에 관한 저항 및 장애 요인을 예측하고 극복하는 것을 의미하며, 학습·갈등 예측·환경 변화 정보 수집·다양한 채널 활용 등 총 7문항(5점 척도)이 스파이더 웹으로 구성돼 있다. 강 장관의 변화관리(7문항) 평균 점수는 4.00(σ= 0.00)으로, 다른 하위 영역과 달리 변화관리의 모든 문항을 4점으로 응답했다.

강 장관이 변화관리의 모든 문항을 4점으로 응답한 점은 강 장관이 공공리더십 진단을 본인의 장관으로서의 임무 수행을 평가하는 작업으로 이해하고 있다는 점을 잘 보여 준다. 대통령은 강 장관에게 외교부가 지닌 폐쇄된 조직문화의 개선을 요구했고, 강 장관은 조직문화 개선이란 목표를 달성하고자 다각도로 노력했다. 하지만 강 장관의 노력에도 불구하고 외교부의 엘리트 지향적이고 폐쇄적인 문화를 완전히 해소하지는 못했다. 이에 강 장관은 "자신의 소임을 100% 완수하지 못했다"라고 스스로 평가하고 있으며, 이것이 변화관리 문항에 대한 응답에 반영돼 있다.

다만 강 장관이 본인의 소임을 100% 완수하지 못했다고 평가해서, 이것을 강 장관의 변화관리 리더십 역량의 한계를 드러내는 사례로 보기는 힘들 것이다. 당시 강 장관이 외교부에서 추구했던 변화는 조직 구조의 개편이나 제도의 도입과 같은 가시적 변화가 아니라 조직 구성원이 공유하는 규범과 가치, 즉 조직문화를 변화시키는 것이었기 때문에 구성원의 저항은 필연적으로 수반될 수밖에 없었다. 더욱이 관료의 자율성과 소통을 중시하는 강 장관 리더십의 특성상 구성원의 저항을 가볍게 넘기지 않았을 것이며, 이들과 소통을 통해 구성원의 저항을 완화하고 모두가 동의하는 방안들을 찾았을 것이다. 따라서 변화관리 문항에 대한 응답만으로 "강 장관의 변화관리 리더십 역량에 한계가 있다"라고 보기 어렵다.

3. Lamp(갈등 조정, 방향 제시)

Lamp 리더십은 대내적인 갈등 조정과 방향 제시 역량으로 등불 역할 하는 리더십을 의미한다.

[그림 6] 갈등 조정 부문 리더십 진단

문항	점수
1. 나는 갈등 발생 시 다양한 의견을 중재하려고 노력한다	5
2. 나는 갈등을 해결하기 위해 다양한 의견을 제공한다	4
3. 나는 의견 충돌 시 대화를 통해 상대방의 관점을 이해하려고 노력한다	5
4. 나는 의견 불일치 시 구성원들과 함께 해결하려고 노력한다	5
5. 나는 상대방의 의견을 절충해 공동 해결안을 찾으려고 노력한다	5
평균	4.8

갈등 조정은 이해관계자들의 니즈(needs)를 예측하고 상충된 의견을 중재하며 유연한 접근을 통해 갈등 확산을 방지하는 것을 의미하며, 갈등 중재·갈등 해결을 위한 방안 제시·대화·의견 절충 등 총 5문항(5점 척도)이 스파이더 웹으로 구성돼 있다. 강 장관의 갈등 조정(5문항) 평균 점수는 $4.80(\sigma=0.40)$이다. 총 5문항 중, 강 장관은 1문항(갈등 해결을 위한 방안 제시)을 4점으로, 나머지 문항은 모두 5점으로 응답했다.

강 장관은 "나는 갈등을 해결하기 위해 다양한 의견을 제공한다"라는 문항을 "본인의 소신에 따라 주도적으로 갈등 상황을 해소하고자 하느냐?"라는 의미로 받아들이고 있다. 이에 대해 강 장관은 매우 신중한 태도를 보인다. 본인이 지닌 주관적 판단 기준은 상당히 명확하지만, 갈등 상황의 특성이 다양할 수 있고, 관계되는 사람이나 기관의 가치 판단과 의사결정의 기준은 상대적일 수 있다는 점을 고려하고 있다. 그러므로 강 장관은 의견이 첨예하게 충돌하는 갈등 상황에서 다양한 의견을 들어보고 조정해야 하나, 이것이 어려운 경우가 반드시 발생한다고 봤다. 특히 본인에게 최종적인 결정 권한이 부여된 상황이 아니라 부처 간 협력과 조정이 필요하거나 정치적 판단의 중요성이 엄중해 개별 부처가 아닌 대한민국 정부 수준에서 최종 결정이 이뤄져야 한다면, 자신의 소신은 명확히 밝히지만 한 걸음 뒤에서 타 부처의 주장을 경청하고 자신의 소신과 비교하는 모습을 보였다. 이에 따라 강 장관은 "나는 갈등을 해결하기 위해 다양한 의견을 제공한다" 문항을 4점으로 응답한 것으로 보인다.

[그림 7] 방향 제시 부문 리더십 진단

문항	점수
1. 나는 위기 상황 발생 시 유관 부서와 협의하고 통제 및 권고 사항을 신속히 파악한다	5
2. 나는 한정된 자원을 고려해 우선순위에 맞게 신속히 대응한다	5
3. 나는 위기 상황에서도 적극적으로 위기 관련 정보와 대응 계획을 공유한다	5
4. 나는 위기 상황 발생 시 공식적인 커뮤니케이션을 추구한다	5
5. 나는 조직 목표나 정책을 앞장서서 실천하고 지지한다	5
6. 나는 조직이 추구하는 정책 방향을 구성원들에게 공유한다	5
7. 나는 조직이 추구하는 정책 방향을 구성원들이 공감할 수 있도록 노력한다	5
8. 나는 조직이 추구하는 정책 방향에 일치하는 행동을 한다	5
평균	5

방향 제시는 조직이 추구하는 정책 방향을 구성원들에게 명확하고 정확하게 제시하고 안내 및 공유하는 것을 의미하며, 위기 상황 발생 시 유관 부서와의 협의 및 대응계획 공유·자원 관리·조직 목표 및 정책 실천·정책 방향 공유 등 총 8문항(5점 척도)이 스파이더 웹으로 구성돼 있다. 강 장관의 방향 제시(8문항) 평균 점수는 5.00(σ= 0.00)으로, 모든 문항을 5점으로 응답했다. 이러한 응답은 강 장관의 리더십이 정책의 집행 과정과 위기 상황에서 특히 빛을 발한 점과도 일치한다고 볼 수 있다.

　인터뷰에서 강 장관이 소개한 2019년 5월 헝가리 부다페스트 선박 침몰 사건에 대한 대응 조치 사례는 이러한 점을 잘 드러내고 있다. 당시 강 장관은 중앙사고대책본부장으로 사고 현장에 직접 나가 사고 수습을 지휘했다. 이와 관련해, 일부 사람들은 "장관이 직접적으로 나서 해결해야 할 일이냐?"라는 반론을 제기하며, 강 장관의 대처를 비판했다. 하지만 강 장관은 '해당 사건은 우리 국민의 트라우마 차원에서 봐야 하므로, 영사 업무 담당자뿐만 아니라 장관이 직접 관심을 기울여야 하는 사건"이라 생각했고, 헝가리 당국과 협조하는 등 사고 수습을 위해 적극적으로 움직였다. 외교부의 적극적인 움직임으로 인해 사망자 수습 등 사고 대응이 원활하게 이뤄졌고, 해외에서 발생한 대형 사고 중 정부의 적극적인 대응이 돋보인 사례로 언급되고 있다.

　해당 사례는 강 장관이 위기 상황에서 유관 부서와 협의하고 대응하면서 외교부가 해야 할 일을 정확하게 제시한 것뿐만 아니라 외교부가 추구하는 정책 방향을 구성원들에게 공유하며 지지하는 모습도 등장했다. 외교부의 주요 역할은 국가 간 외교 관계 구축(대사)과 해외 체류 중인 자국민 보호(영사)로 구분된다. 이 두 역할 중, 국가 간 외교 관계 구축이 상대적으로 중요하게 여겨지고 영사 분야의 중요성에 대한 인식은 상대적으로 낮은 상황이었다. 이에, 강 장관은 해외 체류 국민 보호는 영사만의 일이 아니라, 부다페스트 선박 침몰 사고를 계기로 외교부가 중점으로 강화해야 할 조직 목표로 설정했다. 더불어 강 장관은 헝가리 부다페스트에서 영사 직원들과 함께 사고를 수습하면서, 외교부가 추구하는 정책 방향을 영사 직원들에게 공유하고 이들의 동기 수준을 높이려고 했다.

결론적으로 강 장관은 사람들을 이끄는 사람이 진정한 리더로 생각하고 있으며, 진정한 리더는 "결정적인 순간에 날카로움"을 갖추고 "구성원들이 리더를 자랑스럽게 여길 수 있도록 노력하는 태도"를 갖춰야 한다고 말한다. 부다페스트 선박 침몰 사건에서도 나타났듯이, 강 장관은 외교부가 국가 간 외교 관계 구축을 넘어 우리나라 국민이 전 세계에서 안전하고 자긍심을 가지고 다닐 수 있는 모습을 원하고 있으며, 이를 외교부·대사·영사 전 직원에게 공유하고 행동으로 보여 주고자 했다.

4. Echo(소통, 전문성)

Echo 리더십은 소통 역량과 전문성 역량을 통한 지속적인 울림을 주는 리더십을 의미한다.

[그림 8] 소통 부문 리더십 진단

문항	점수
1. 나는 구성원의 의견을 적극적으로 경청하기 위해 노력한다	5
2. 나는 목표 달성을 둘러싸고 벌어지는 이해관계자들과의 문제를 관심 있게 듣는다	5
3. 나는 업무에 있어 새로운 아이디어나 관점을 받아들이려고 노력한다	5
4. 나는 상대방의 피드백을 수용하려고 노력한다	5
5. 나는 구성원의 의견과 가치를 존중한다	5
6. 나는 구성원의 다양한 입장을 이해한다	5
7. 나는 구성원의 욕구와 감정적 변화에 민감하게 주의를 기울인다	5
8. 나는 의사결정 시 논리적으로 설득하고 상대방의 관점에서 공감을 끌어 낸다	5
평균	5

　소통은 공동의 목표 달성을 위해 이해관계자들과의 가교로서 진정성 있는 경청 및 의사 전달을 의미하며, 경청·아이디어 및 피드백 수용·구성원의 의견 및 가치 존중·논리적인 설득 등 총 8문항(5점 척도)이 스파이더 웹으로 구성돼 있다. 강 장관의 소통(8문항) 평균 점수는 5.00(σ= 0.00)으로 나타났다. 공공리더십 ROLE 모델의 여러 하위 요소 중, 강 장관이 돋보이는 역량은 소통 역량이라고 생각한다. 소통 역량과 관련해 중점적으로 다룰 요소는 '경청'과 '사람에 대한 사랑·존중'이다.

　강 장관은 리더십 커뮤니케이션의 핵심을 '잘 듣는 것(경청)'으로 정의하고 있다. 즉, 상대가 무엇을 이야기하려는 지를 파악해야 하는 것을 중요시하고 있으며, 이것이 '잘 듣기'의 요체라고 설명한다. 강 장관은 제4

대 유엔인권고등판무관 루이즈 아버(Louise Arbour)로부터 상대방의 이야기를 요점으로 메모하는 습관을 배웠고, 이를 체화해 자신의 소통 기술로 발전시켰다. 이러한 부분에서 강 장관의 소통 역량과 "나는 구성원의 의견을 적극적으로 경청하기 위해 노력한다" 문항이 연결될 수 있다.

이와 더불어, 경청은 강 장관과 외교부 구성원 간의 관계에서도 긍정적으로 작용했다. 일반적으로 높은 직위에 있을수록 더 많은 책임으로 인해 자기방어적인 모습을 지닐 가능성이 있다. 하지만 강 장관은 "나의 실수다"라고 빨리 인정하고 구성원들에게 신뢰를 전달하려고 했다. 이것이 가능했던 이유는 '경청'이란 요소가 바탕에 깔려 있었기 때문이다. 나의 실수를 인정하려면 내가 놓친 부분, 내가 잘못 생각한 부분 등을 객관적으로 판단할 수 있어야 한다. 하지만 이 판단은 스스로 할 수 없다. 왜냐하면, 고정관념에 빠져 자신의 결정을 합리화할 가능성이 높기 때문이다. 그러나 강 장관은 경청 능력의 중요성을 알고 오랜 시간 동안 학습해 왔기에 외교부 장관으로 역임하는 동안에도 상대방의 의도와 자기 생각을 객관적으로 비교할 수 있었다. 이는 "나는 목표 달성을 둘러싸고 벌어지는 이해관계자들과의 문제를 관심 있게 듣는다," "나는 상대방의 피드백을 수용하려고 노력한다" 문항에 대한 응답이 잘 나타내 주고 있다.

강 장관은 공직자라면 사람에 대한 사랑과 존중을 중요시해야 하며, 사람이란 존재 자체에 관심을 기울여야 한다는 관점을 지니고 있다. 이 관점은 순간의 판단과 결합해 상대방에게 지속적인 울림을 전해 줬다. 일반적으로 대다수 사람은 자신의 소신을 지니고 있고 그것에 맞게 행동한다. 강 장관 또한 이 의견을 인정하고 있다. 하지만 강 장관은 이 소신을 언제 어떻게 표현하고 이를 밀어붙여야 할지 아니면 접어야 할지에 대한 판단을 중요시한다. 즉, 자신의 소신도 중요한 만큼 상대방의 소신도 중요하다는 사실을 알고 있으며, 그 상황에 맞게 적절하게 대응하고자 한다. 결국, 강 장관은 상대방의 의견과 가치를 존중하고 상황을 이해한 다음에 본인의 의사를 논리적으로 설득하고 있다. 이는 UN 근무 시절에 경험한 저성과자와의 갈등, 외교부 장관으로서 구성원과의 접촉 등에서 잘 나타나고 있다.

결론적으로 '경청'과 '사람에 대한 사랑·존중'은 공동의 목표 달성을 위해 이해관계자들과의 가교 역할을 해 온 것을 넘어 강 장관의 공공리더십 ROLE 모델의 뿌리 역할을 맡고 있는 것을 보인다.

[그림 9] 전문성 부문 리더십 진단

문항	점수
1. 나는 내 의견을 효과적으로 전달한다	5
2. 나는 상대방의 요구를 정확히 파악하고 지원한다	5
3. 나는 현재 업무와 관련해 전문성을 보유하고 있다	5
4. 나는 업무 상 이슈가 발생하면 적절한 해결책이나 아이디어를 제공한다	5
5. 나는 새로운 상황이 요구하는 변화 방향에 맞는 해결안을 찾아서 적용한다	5
6. 나는 복잡한 자료와 정보들이 가지고 있는 이슈와 메시지를 잘 파악한다	5
7. 나는 한정된 자원을 고려해 업무 우선순위를 잘 파악한다	5
평균	5

전문성은 직무 전문 지식 및 관련된 영역에 관한 이슈 및 현상을 파악

하고 지속적으로 학습하며 행정에 연계 및 적용하는 것을 의미하며, 의견 전달·전문성 보유·해결책 제시·우선 순위 파악 등 총 7문항(5점 척도)이 스파이더 웹으로 구성돼 있다. 강 장관의 전문성(7문항) 평균 점수는 5.00(σ=0.00)으로 나타났다.

강 장관이 전문성을 쌓는 과정에서 주요하게 작용한 요인은 호기심과 개방성이라고 할 수 있다. 우선, 강 장관은 제1세대 방송인이었던 부친의 영향을 받아 공공성과 공익에 자연스럽게 관심을 가지게 됐고, 여기에 새로움에 대한 호기심을 갖고 모험을 해 보려는 태도를 더함으로써 공공 부문에서 다양한 경험을 할 기회를 포착할 수 있게 됐다. 강 장관은 새로운 분야에 도전할 때마다 개방적인 소통을 발휘함으로써 앞서 조직 구성원의 전문성을 적극적으로 활용하고자 했다. 이러한 점은 강 장관이 "자신이 가지지 못한 부분을 솔직하게 이야기하고, 전문 분야의 직원들한테서 열심히 듣고 배웠다. 또 언제든지 자신의 집무실에 찾아와 브리핑해도 된다"라는 진술에서 잘 확인된다. 또한 "장관이 나의 일에 관심이 있다"라는 메시지를 부하 직원들에게 전달하려는 데 중점을 뒀다. 강 장관의 소통 방법은 자신이 지닌 전문성과 직원들이 보유하고 있는 업무 지식을 결합함으로써 외교부 내·외부 상황을 즉시 파악하고 대처할 수 있는 역량으로 발현됐다. 이러한 사례는 "나는 현재 업무와 관련해 전문성을 보유하고 있다"와 "나는 상대방의 요구를 정확히 파악하고 지원한다" 문항이 강 장관의 리더십 소통에 어떻게 반영됐는지를 잘 보여 주고 있다.

강 장관이 지닌 전문성은 "나는 새로운 상황이 요구하는 변화 방향에 맞는 해결안을 찾아서 적용한다" 문항과도 연결돼 있다. 해리 해리스(Harry B. Harris, Jr.) 전 주한 미국 대사는 군사 분담금 협상 과정을 돌아보며 강 장관에 대해 "결정적인 순간에 송곳 같다"라고 표현했다. 해당 협상은 동아시아 정세나 예산 편성 등 다양한 분야에서 예측하지 못한 변수가 등장해 새로운 국면을 촉발할 가능성이 높았다. 강 장관은 급변하는 상황하에서도 핵심 사안을 명확히 포착하고 협상을 적극적으로 이끌었다는 점을 들어 해리스 대사가 본인을 '송곳 같다'라고 표현했을 것으로 추측한다.

II. 강경화 장관의 진성 리더십: 관료적 전문성을 무기로, 소통을 원리로, 인류애를 목적으로

강경화 장관의 리더십은 오랜 기간 한국의 공공기관, 정부조직, 그리고 유엔(UN)이라는 관료제 조직에서 성장한 경험에 크게 영향을 받은 것으로 볼 수 있다. 강 장관은 관료적 전문성에 대한 높은 신뢰와 기대를 갖고 있으며, 기술관료의 전문성과 공공 부문 종사자들의 높은 공직봉사동기(Public Service Motivation: PSM)가 긍정적인 효과를 발휘하기 위해서는 관료의 자율성이 상당 부분 보장돼야 한다는 믿음을 가지고 있다. 특히 조직 수장의 리더십이 이러한 조건의 형성에 크게 작용한다고 판단한다. 즉, 강 장관의 리더십 한 축은 관료들의 전문성을 적극적으로 활용할 수 있는 역량이라고 볼 수 있다.

그렇다고 해서 강 장관이 관료제의 한계를 도외시하고 있지는 않다. 거대 관료제하에서 쉽게 관찰할 수 있는 강한 위계질서에서 비롯되는 관료 행태의 부정적 현상에 대해서도 명확히 이해하고 있다. 강 장관은 인터뷰를 통해 우리 외교부뿐만 아니라 UN 조직에서도 경험했던 절차적 합리성을 위주로 한 조직관리 방식의 한계에서 비롯되는 조직 구성원들의 행태적 문제점을 지적하고 있다. 또한 강 장관은 문화 간 다양성에 관한 연구로 박사 학위를 받은 데서도 나타나듯이 조직별로 오랜 기간 형성된 문화적 특성에 대한 섬세한 진단을 통해 조직 구성원의 잠재력과 한계를 파악하고 여기서 발견되는 조직문화적 특성에 맞춰, 때로는 본인의 직책에 주어진 권한을 적극적으로 활용해 효과적 조직 운영을 저해하는 구성원을 제어하면서도, 때로는 관료의 자긍심과 조직에 대한 헌신을 북돋움으로써 조직 구성원 개개인의 책무성을 높이기 위한 균형 잡힌 리더십을 발휘한 것으로 파악된다.

언뜻 보면, 강 장관의 리더십 스타일은 상충하는 리더십 속성이 혼재한 것처럼 느껴질 수 있다. 하지만 강 장관의 리더십 스타일은 유사성이 있으면서도 상당히 대비되는 특성을 가진 두 조직 환경에 대한 경험이 반영된 것으로 생각한다. 다소 폐쇄적이고 경직되지만 높은 헌신성을 특징으로 하는 한국의 관료조직과 전문성에 대한 존중과 유연한 조직 운영을 지향하면서 집단주의보다는 개인주의적 속성이 강한 UN 조직, 양측에서 경험한 차별화된 관료문화의 영향을 크게 받은 것으로 볼 수 있다.

관료적 전문성이 강 장관이 리더로서 부여받은 책임과 과업을 완수하기 위한 결과물을 산출해 내는 핵심 도구로서 역할을 했다면, 소통은 문제 상황을 파악하고, 대안을 탐색하며, 원활한 의사결정을 도모하기 위해 조직 내·외부의 수많은 이해관계자와 정보 및 의견을 어떠한 걸림 없이 공유할 수 있게 한 관계 형성의 메커니즘이라고 볼 수 있다. 강 장관에게 좋은 소통이란 단순히 적극적으로 메시지를 주고받는 과정이 아니다.

강 장관은 관료제적 위계에 따른 수직적 소통을 리더와 팔로어가 서로를 이해하고 신뢰를 형성하는 활동으로 이해했다. 강 장관은 외교부 장관에 취임하며 대통령으로부터 외교부 개혁이라는 임무를 부여받았을 때 혁신의 방법론에 대한 구체적인 지시는 없었지만 개혁의 방향성을 대통령과 공감한 점, 그리고 임기 내내 대통령의 일관되고 지속적인 지원과 믿음이 혁신을 추진하는 원동력이 됐다고 밝힌 바 있다. 반면 리더로서 강 장관은 부하 직원들로부터 신뢰를 얻고 그들이 갖고 있는 외교 전문가로서의 역량을 충분히 이해하고 활용하고자 개방적인 소통에 큰 노력을 기울였고 조직 내의 신뢰를 형성하는 데 상당한 성과를 거뒀다. 이렇듯 상호 이해에 기반한 소통은 리더와 팔로어 간에 신뢰를 형성하는 중요한 원리로서 강 장관의 리더십 모형의 한 축을 차지한다.

강 장관에게 관료적 전문성이나 소통이 다분히 조직이 추구하는 가치를 현실에 구현하기 위한 도구적 역량이었다고 본다면, 강 장관 리더십의 궁극적 지향점은 한마디로 공공성(publicness)과 인류애(humanity)의 결합이다. 강 장관이 공공 부문을 활동의 장으로 선택한 이유에 대한 답변을 보면 강 장관이 영리를 목적으로 하는 기업 활동은 거의 고려해 보지 않았을 것이라는 점을 추론할 수 있다. 강 장관의 공공 부문에 대한 몰입은 다분히 가족적 배경에 기인한 것으로 보인다. KBS의 시작을 함께하며 평생 공영방송에 몸담은 부친의 영향이 강 장관의 가치관과 세계관 형성에 크게 작용했다는 점을 강 장관은 기존 인터뷰에서 반복적으로 밝히고 있다.

강 장관의 인간에 대한 존중은 여러 형태로 발견된다. 먼저, 강 장관은 정부가 국민을 위해 수행해야 할 가장 기본적인 책무가 국민 한 사람

한 사람의 인권을 보호해야 한다는 점을 명확히 하고 있다. 부다페스트 선박 사고의 사례에서 보듯이, 강 장관은 대한민국 정부가 국민 한 사람의 안전과 생명을 끝까지 보호한다는 믿음을 주려고 외교부의 모든 역량을 동원해 적극적 대응에 나선 바 있다. 이러한 태도는 외부로 표출되는 데 그치지 않고 조직 내부로도 동일하게 적용된다. 강 장관이 조직 내부의 저항을 극복해 내면서 외교부의 개혁에 매진했던 것은 단지 대통령의 명령 때문만이 아니라 외교부의 인적 구성의 다양성과 포용적이고 개방적인 조직문화의 형성이 국민을 보호하고 국민으로부터 신뢰받는 외교부를 만드는 조직의 자산이 될 것이라는 점을 확신했기 때문일 것이다. 이러한 내부 개혁은 일방적인 하향식 변혁이 아니라 조직 구성원들이 변화의 유용성을 체감하고 공감을 유도하는 방식으로 추진하면서도 그 궁극의 지향점은 일관되게 유지한 점에서 강 장관의 리더십이 진정성 있는 리더십(authentic leadership)으로 인정받을 수 있게 한 원동력이었다고 볼 수 있다.

강 장관의 리더십을 분석하면서 강 장관이 이제까지 경험한 리더십 역할과 새롭게 맡게 된 역할 사이의 차이점에 주목하게 됐다. 외교부 장관으로서 강 장관은 독보적 리더십을 발휘했지만, 동시에 그 역할은 대통령을 보좌하는 국무위원으로서, 그리고 NSC의 일원으로서의 책임도 함께 수반했다. 무엇보다 외교·국방·안보 분야의 복잡한 상호관계로 인해, 한 분야에서 완전히 독립적인 의사결정을 내리기는 어려웠을 것이다. UN에서의 경험 역시 최고위 간부로서 중요한 역할을 수행했지만, 조직 전체의 최종 의사결정권자로서의 위치는 아니었다. 이러한 맥락에서, 2024년부터 아시아소사이어티(Asia Society)의 회장(president) 겸 최고경영자(CEO)

로 활동하게 된 것은 강경화 리더십의 새로운 도전이 될 것이다. 이번 기회를 통해 강 장관은 명실상부한 조직의 최고 의사결정권자로서 리더십을 발휘할 수 있게 됐다. 강 장관의 '호기심'과 새로운 도전에 대한 '개방성'은 이러한 새로운 환경에서 그녀의 리더십을 더욱 발전시키고 진화시킬 것으로 예상해 본다. 강 장관이 그동안 쌓아온 관료적 전문성을 바탕으로, 소통을 핵심 원리로 삼아, 궁극적으로는 인류애를 실현하는 목적을 향해 나아가는 진성 리더십의 새로운 장을 열어 갈 것으로 기대한다.

부 록

KIPA 공공리더십 역량 진단지

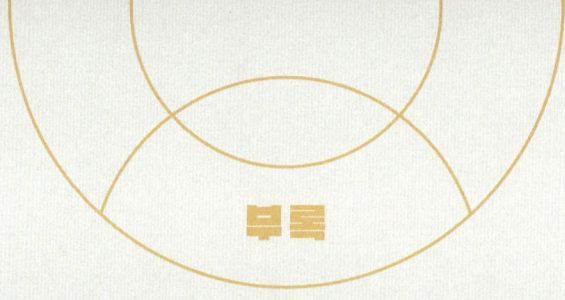

KIPA 공공리더십 역량 진단지

- 이 공공리더십 역량진단은 공공 리더가 반드시 갖춰야 할 핵심 역량 모델을 기반으로 만들어졌습니다. ROLE 모델이 그것입니다. 아무쪼록 이 진단지가 조직의 핵심 리더가 돼 현재 성과는 물론 미래 성과를 주도하길 희망하는 모든 사람에게 역량 개발 계획 수립의 길잡이가 되길 기원합니다.
- 이 진단 결과는 공공리더십 역량 개발을 지원하기 위한 목적으로만 활용되니 내 리더십 수준을 가감 없이 솔직하게 평가하는 게 중요합니다.

◇ 진단 대상
  - 이 진단 도구는 응답자의 공공리더십 수준을 파악하고자 개발됐습니다.
  - 이 진단 도구는 공공성의 중요성을 인식하고 공공성을 추구하는 리더가 되기를 희망하는 사람이라면 누구나 활용할 수 있습니다.

◇ **공공리더십 역량측정 도구**

- ◆ 공공리더십 역량측정 도구는 여덟 가지 핵심 역량을 기준으로 총 56개의 진단 문항으로 구성됐습니다. 역량별로 4~9문항으로 구성돼 있으며, 자가진단 및 타인진단(상사, 동료, 부하)이 가능합니다.
- ◆ 본인이 인식하는 역량 수준과 타인이 인식하는 역량 수준을 측정해 그 차이(gap)에 따라 본인의 강점과 약점을 파악하고, 약점을 집중적으로 개발해야 할 역량으로 인식함으로써 공공리더십 역량 개발 계획의 길잡이(guide line)로 활용할 수 있습니다.

역량별 개발 우선순위 도출

		바람직한 수준(동료평가)	
		High	Low
현재 수준 (자기평가)	High	유지·강화 역량	과잉 노력 역량
	Low	집중 개발 역량	추후 개발 역량

◇ **진단 결과의 해석**

- ◆ 이 진단 결과는 평소 업무 수행 중 보여 준 행동 관찰에 근거합니다.
- ◆ 다만, 조직 규모, 직무, 상황에 따라 필요한 역량 수준과 기준이 조금씩 다르게 나타날 수 있으므로, 이 진단 결과가 역량 발휘의 절대적 수준을 나타내는 것은 아닙니다. 해석에 주의를 요합니다.

◇ **공공리더십 역량진단 문항**

- 아래 질문은 귀하의 리더십을 평가하기 위한 질문입니다.
- 감정적인 평가는 응답자를 포함해 누구에게도 도움이 되지 않습니다. 가장 객관적인 관점에서 응답할 수 있도록 노력해 주시기 바랍니다.
- 항목마다 ①부터 ⑤까지의 척도 가운데 하나에 √ 표시를 하시면 됩니다.
- 여기에서 '나는'이라는 표현은 평가 대상자가 누구인지에 따라 다음과 같이 표현을 바꿔도 됩니다.
  - 평가 대상자가 나 자신일 경우 : 나의 동료들은 내가 … 있다고 생각한다
  - 평가 대상자가 타인(예; 나의 상사, 동료)일 경우 : 나의 상사는, 나의 동료는 …

1. 다음은 공공리더십 역량 중 '윤리성' 역량에 관한 질문입니다. 다음 문항을 읽으며 일치하는 번호에 표시해 주십시오.

윤리성	정책 및 예산 수립과 시행 과정에서 청렴성과 정직성을 발휘					
No	설문 문항	전혀 그렇지 않다	그렇지 않은 편이다	보통 이다	그런 편이다	매우 그렇다
1	나는 윤리의 중요성을 인식하고 있다	①	②	③	④	⑤
2	나는 윤리적 판단 기준을 명확히 이해하고 있다	①	②	③	④	⑤
3	나는 업무 수행이나 의사결정 시 규정과 절차 등 윤리적 기준을 적용한다	①	②	③	④	⑤

No	설문 문항	전혀 그렇지 않다	그렇지 않은 편이다	보통 이다	그런 편이다	매우 그렇다
4	나는 구성원들에게 비윤리적 행동을 하지 않도록 지도한다	①	②	③	④	⑤
5	나는 준법에 관한 강력한 의지를 구성원들에게 보여 준다	①	②	③	④	⑤
6	나는 업무 수행 시 법규와 조직 내부 기준 및 절차를 준수한다	①	②	③	④	⑤
7	나는 법률과 규칙에 위반해 업무를 수행하는 구성원이 없는지 수시로 점검한다	①	②	③	④	⑤
8	나는 업무 이해관계자에게 부정부패 방지를 위한 방침을 적극적으로 알린다	①	②	③	④	⑤

2. 다음은 공공리더십 역량 중 '신뢰' 역량에 관한 질문입니다. 다음 문항을 읽으며 일치하는 번호에 표시해 주십시오.

신뢰	대내외적으로 공표된 내용에 대해 자의적인 해석이나 변경을 하지 않고 공식적인 메시지와 행동을 제시					
No	설문 문항	전혀 그렇지 않다	그렇지 않은 편이다	보통 이다	그런 편이다	매우 그렇다
1	나는 구성원들을 공정하게 대한다	①	②	③	④	⑤
2	나는 대내외적인 관계 형성 시 편견을 배제하려고 노력한다	①	②	③	④	⑤
3	나는 의사결정을 위한 과정 및 절차를 일관되게 적용한다	①	②	③	④	⑤
4	나는 의사결정 과정 및 절차에서 객관성을 가지고 판단한다	①	②	③	④	⑤
5	나는 성별, 지연, 학연, 교육 수준 상관없이 공정하게 평가한다	①	②	③	④	⑤
6	나는 신뢰할 수 있다	①	②	③	④	⑤
7	나는 구성원들을 속이지 않는다	①	②	③	④	⑤
8	부하 직원들은 내가 제시한 공식적인 메시지를 믿고 따른다	①	②	③	④	⑤
9	나는 내가 제시한 공식적인 메시지와 행동의 결과에 책임을 다한다	①	②	③	④	⑤

3. 다음은 공공리더십 역량 중 '공익 추구' 역량에 관한 질문입니다. 다음 문항을 읽으며 일치하는 번호에 표시해 주십시오.

공익 추구	국민과 사회의 이익과 발전을 위한 다양한 행정서비스를 기획하고 실행할 수 있는 의지					
No	설문 문항	전혀 그렇지 않다	그렇지 않은 편이다	보통 이다	그런 편이다	매우 그렇다
1	나는 국민과 사회의 이익과 발전에 깊은 관심이 있다	①	②	③	④	⑤
2	나는 행정서비스를 기획할 때 국민과 사회의 이익을 가장 우선시하고 있다	①	②	③	④	⑤
3	나는 국민과 사회의 이익이 되는 행정서비스를 제공하기 위해 노력한다	①	②	③	④	⑤
4	나는 실행된 행정서비스가 국민과 사회의 이익이 되는지 정기적으로 점검하고 개선한다	①	②	③	④	⑤

4. 다음은 공공리더십 역량 중 '변화관리' 역량에 관한 질문입니다. 다음 문항을 읽으며 일치하는 번호에 표시해 주십시오.

변화관리	개인 및 조직이 변화 상황에 적절하게 적용 및 대응해 변화에 관한 저항 및 장애 요인을 예측하고 극복					
No	설문 문항	전혀 그렇지 않다	그렇지 않은 편이다	보통 이다	그런 편이다	매우 그렇다
1	나는 평소 직무 분야에 대해 늘 새로운 것을 학습하고 우리 조직의 행정서비스에 연계, 적용한다	①	②	③	④	⑤
2	나는 이해관계자와 갈등이 발생할 상황을 예측한다	①	②	③	④	⑤
3	나는 변화하는 주변 환경을 지속적으로 파악하기 위해 정보를 수집한다	①	②	③	④	⑤

4	나는 내 분야 외의 다양한 영역에 대해서도 예의주시한다	①	②	③	④	⑤
5	나는 정보를 수집하기 위해 접근 가능한 다양한 방법을 활용한다	①	②	③	④	⑤
6	나는 구성원들이 환경 변화를 받아들일 수 있도록 적극적으로 설명한다	①	②	③	④	⑤
7	나는 다양한 채널과 방식으로 조직이 추구하는 정책 방향을 전달한다	①	②	③	④	⑤

5. 다음은 공공리더십 역량 중 '소통' 역량에 관한 질문입니다. 다음 문항을 읽으며 일치하는 번호에 표시해 주십시오.

소통		공동의 목표 달성을 위해 이해관계자들과의 가교로서 진정성이 있는 경청 및 의사 전달				
No	설문 문항	전혀 그렇지 않다	그렇지 않은 편이다	보통 이다	그런 편이다	매우 그렇다
1	나는 구성원의 의견을 적극적으로 경청하기 위해 노력한다	①	②	③	④	⑤
2	나는 목표 달성을 둘러싸고 벌어지는 이해관계자들과의 문제를 관심 있게 듣는다	①	②	③	④	⑤
3	나는 업무에 있어 새로운 아이디어나 관점을 받아들이려고 노력한다	①	②	③	④	⑤
4	나는 상대방의 피드백을 수용하려고 노력한다	①	②	③	④	⑤
5	나는 구성원의 의견과 가치를 존중한다	①	②	③	④	⑤
6	나는 구성원의 다양한 입장을 이해한다	①	②	③	④	⑤
7	나는 구성원의 욕구와 감정적 변화에 민감하게 주의를 기울인다	①	②	③	④	⑤
8	나의 리더는 의사결정 시 논리적으로 설득하고 상대방의 관점에서 공감을 끌어낸다	①	②	③	④	⑤

6. 다음은 공공리더십 역량 중 '전문성' 역량에 관한 질문입니다. 다음 문항을 읽으며 일치하는 번호에 표시해 주십시오.

전문성	직무전문지식 및 관련된 영역에 관한 이슈 및 현상을 파악하고 지속적으로 학습하며 행정에 연계 및 적용					
No	설문 문항	전혀 그렇지 않다	그렇지 않은 편이다	보통이다	그런 편이다	매우 그렇다
1	나는 내 의견을 효과적으로 전달한다	①	②	③	④	⑤
2	나는 상대방의 요구를 정확히 파악하고 지원한다	①	②	③	④	⑤
3	나는 현재 업무와 관련해 전문성을 보유하고 있다	①	②	③	④	⑤
4	나는 업무상 이슈가 발생하면 적절한 해결책이나 아이디어를 제공한다	①	②	③	④	⑤
5	나는 새로운 상황이 요구하는 변화 방향에 맞는 해결안을 찾아서 적용한다	①	②	③	④	⑤
6	나는 복잡한 자료와 정보들이 가지고 있는 이슈와 메시지를 잘 파악한다	①	②	③	④	⑤
7	나는 한정된 자원을 고려해 업무 우선순위를 잘 파악한다	①	②	③	④	⑤

7. 다음은 공공리더십 역량 중 '갈등 조정' 역량에 관한 질문입니다. 다음 문항을 읽으며 일치하는 번호에 표시해 주십시오.

갈등 조정	이해관계자들의 니즈(needs)를 예측하고 상충된 의견을 중재하며 유연한 접근을 통해 갈등 확산을 방지					
No	설문 문항	전혀 그렇지 않다	그렇지 않은 편이다	보통이다	그런 편이다	매우 그렇다
1	나는 갈등 발생 시 다양한 의견을 중재하려고 노력한다	①	②	③	④	⑤
2	나는 갈등을 해결하기 위해 다양한 의견을 제공한다	①	②	③	④	⑤

3	나는 의견 충돌 시 대화를 통해 상대방의 관점을 이해하려고 노력한다	①	②	③	④	⑤
4	나는 의견 불일치 시 구성원들과 함께 해결하려고 노력한다	①	②	③	④	⑤
5	나는 상대방의 의견을 절충해 공동 해결안을 찾으려고 노력한다	①	②	③	④	⑤

8. 다음은 공공리더십 역량 중 '방향 제시' 역량에 관한 질문입니다. 다음 문항을 읽으며 일치하는 번호에 표시해 주십시오.

방향 제시	조직이 추구하는 정책 방향을 구성원들에게 명확하고 정확하게 제시하고 안내 및 공유					
No	설문 문항	전혀 그렇지 않다	그렇지 않은 편이다	보통 이다	그런 편이다	매우 그렇다
1	나는 위기 상황 발생 시 유관 부서와 협의하고 통제 및 권고 사항을 신속히 파악한다	①	②	③	④	⑤
2	나는 한정된 자원을 고려해 우선순위에 맞게 신속히 대응한다	①	②	③	④	⑤
3	나는 위기 상황에서도 적극적으로 위기 관련 정보와 대응 계획을 공유한다	①	②	③	④	⑤
4	나는 위기 상황 발생 시 공식적인 커뮤니케이션을 추구한다	①	②	③	④	⑤
5	나는 조직 목표나 정책을 앞장서서 실천하고 지지한다	①	②	③	④	⑤
6	나는 조직이 추구하는 정책 방향을 구성원들에게 공유한다	①	②	③	④	⑤
7	나는 조직이 추구하는 정책 방향를 구성원들이 공감할 수 있도록 노력한다	①	②	③	④	⑤
8	나는 조직이 추구하는 정책 방향에 일치하는 행동을 한다	①	②	③	④	⑤

** 수고하셨습니다 **

저자 소개

경세제민의 공공리더십

[연구 책임]

◇ **은재호**
한국행정연구원 선임연구위원
프랑스 고등사범학교(ENS-Paris Saclay) 정치학 박사(정책학 전공)
주요 연구 분야: 공공리더십, 갈등관리와 거버넌스, 정책변동, 정부개혁

[연구 참여]

◇ **최병윤**
한국행정연구원 부연구위원
고려대학교 행정학 박사(행정학 전공)
주요 연구 분야: 공공리더십, 행정 혁신, 인사조직

◇ **엄석진**
서울대학교 행정대학원 교수
서울대학교 행정학 박사
주요 연구 분야: 공공리더십과 거버넌스, 정부의 디지털 혁신,
           한국행정의 역사적 분석, 행정이론

◇ **양재완**
한국외국어대학교 경영대학 교수, 국제교류처장
미국 버지니아 공대(Virginia Polytechnic Institute and State University)
       경영학 박사(매니지먼트 전공)
주요 연구 분야: 리더십, 전략적 인적자원관리, HR digital transformation(Artificial
           Intelligence, Workforce/HR Analytics),
           한국의 사회변화와 인적자원관리 쟁점

◇ **최우재**
청주대학교 경영학과 교수
미국 오하이오 주립대학교(Ohio State University) 박사(인적자원개발[HRD] 전공)
주요 연구 분야: 리더십, 인적자원개발시스템 및 성과, 긍정심리자본, 지속가능성

◇ **김현준**
고려대학교 행정학과 교수
미국 Syracuse University 행정학 박사
주요 연구 분야: 협업적 공공관리, 공공서비스 디자인, 성과관리, 전자정부

[연구 지원]

◇ **나지석**
한국행정연구원 행정원

◇ **송현호**
한국행정연구원 연구보조원

경세제민의
공공리더십

전직 장관 4인으로 본 공직리더의 길